Victor Laverrenz

Die Amerikafahrt von Prinz Heinrich von Preußen. Bruder von Kaiser Wilhelm II.

SEVERUS Verlag

ISBN: 978-3-95801-551-7
Druck: SEVERUS Verlag, 2017

Satz und Lektorat: Laura Fricke

Der SEVERUS Verlag ist ein Imprint der Diplomica Verlag GmbH.
Bibliografische Information der Deutschen Nationalbibliothek:
Die Deutsche Nationalbibliothek verzeichnet diese Publikation in der Deutschen Nationalbibliografie; detaillierte bibliografische Daten sind im Internet über http://dnb.d- nb.de abrufbar.

Victor Laverrenz

Die Amerikafahrt von Prinz Heinrich von Preußen

Bruder von Kaiser Wilhelm II.

SEVERUS

Editorische Notiz:

Der Text der vorliegenden Edition folgt der Ausgabe:
Victor Laverrenz: Prinz Heinrichs Amerikafahrt, Verlag von Herm. J. Meidinger, Berlin.

Der Text wurde aus Fraktur übertragen. Die Orthographie wurde behutsam modernisiert, grammatikalische Eigenheiten bleiben gewahrt. Die Interpunktion folgt der Druckvorlage. Der Inhalt ist im historischen Kontext zu lesen.

Inhalt

Abschied des „Kronprinz Wilhelm“ von Bremerhaven

Heinrich, Prinz von Preußen

1. Deutschland und Amerika

Alte Freundschaft – Friedrich der Große und die nordamerikanischen Kolonien – Der Unabhängigkeitskrieg und Preußens Politik – Benjamin Franklin und George Washington – Der erste Handelsvertrag zwischen Preußen und den Vereinigten Staaten – Bismarck und die Union – Wilhelm II., ein Friedenskaiser – Die „Hand-in-Hand-Politik" – Amerikanischer Geschäftssinn und deutsche Kunst – Die Mission des Prinzen Heinrich

Die freundschaftlichen Beziehungen zwischen Deutschland und den Vereinigten Staaten von Nordamerika sind keineswegs neueren Datums oder gar, wie von interessierter Seite behauptet wurde, künstlich geschmiedet und aufgebauscht worden; sondern sie sind so alt wie die amerikanische Union selbst, ja man kann sagen noch älter, denn sie bestanden bereits – ein „Deutschland" gab es damals noch nicht –

zwischen Preußen und Nordamerika, ehe das letztere seine Unabhängigkeit errungen hatte.

Schon die Kolonien, welche vor hundertfünfundzwanzig Jahren ihre Freiheit und Selbständigkeit erkämpften, besaßen keinen wärmeren und uneigennützigeren Freund, als den Philosophen auf dem Throne, den Weisen von Sanssouci. Friedrich der Große, obzwar absoluter Monarch, der, wo er es für sein Reich für heilsam erachtete, mit unnachsichtiger Strenge regierte und selbst vor despotischen Maßregeln nicht zurückschreckte, stand dennoch in geistiger Beziehung jenen Männern nahe, welche die Losreißung der Kolonien von dem Mutterlande vollzogen. Er hegte im Innern seines Herzens Anschauungen und Ideale, die von denjenigen des „Radikalen" Jefferson wenig verschieden waren.

Aber der Fürst hatte durch seine bitteren Erfahrungen während eines Lebens voller Kämpfe den Glauben an die Menschheit verloren und verzweifelte an der Möglichkeit, seine Ideale in das praktische Leben übersetzen zu können, wogegen der Verfasser der Unabhängigkeitserklärung von Nordamerika bis an sein Ende ein Schwärmer blieb. Im Wesentlichen bestand der Unterschied zwischen den beiden großen Männern nur in der Form, welche ihre ursprünglich sehr ähnlichen Anschauungen unter den Einwirkungen ihrer Schicksale annahmen.

Bereits in der Zeit, da sich in den englischen Kolonien Nordamerikas die ersten Anzeichen von dem heraufziehenden Gewitter eines Befreiungskrieges bemerkbar machten, beschäftigte sich der Preußenkönig gern und seiner Geistesrichtung entsprechend wissenschaftlich mit einer Bewegung, für deren Fortgang und Erfolg sich die Denker des damaligen Europa lebhaft interessierten. Sehr bemerkenswert ist eine Äußerung Friedrichs des Großen, die er nach seiner schweren Krankheit (1775) in einem Briefe tat. Er schrieb damals:

„Während meines Krankseins habe ich viele Augenblicke mit Nichtstun zubringen müssen; meinen Geist aber beschäftigten folgende Gedanken. Es scheint mir sehr hart, freie Untertanen, die nur ihre Privilegien gegen die Übergriffe und Vergewaltigungsmaßregeln eines Ministeriums verteidigen, als Rebellen zu brandmarken."

Dies bezog sich auf die Proklamation Georges III., worin die Insurgenten in Amerika Verräter genannt werden. „Je mehr ich über die

Maßregeln der englischen Regierung nachdenke, umso mehr erscheinen mir dieselben als willkürlich und despotisch. Die englische Verfassung selbst scheint zum Widerstande zu ermächtigen. Dass der Hof die Kolonien herausgefordert hat, seinen Maßregeln Widerstand entgegenzusetzen, kann niemand bezweifeln. Die Regierung erfindet neue Abgaben, will kraft ihrer eigenen Machtvollkommenheit sie den Kolonien in offenbarem Widerspruche mit deren Privilegien auferlegen; die Kolonien verweigern keineswegs ihre früheren Abgaben, verlangen vielmehr nur hinsichtlich der neuen auf eine Stufe mit England gesetzt zu werden; doch die Regierung will ihnen das Recht, sich selbst zu besteuern, nicht einräumen. Das ist die ganze Geschichte dieser Verwickelungen."

Schon vor den entscheidenden Ereignissen des Jahres 1776 in Philadelphia sah Friedrich mit scharfem Blick, was kommen musste, voraus. In den Befreiungskämpfen der Schweizer und Niederländer fand er Analogien, die es ihn „wenigstens nicht unwahrscheinlich" dünken ließen, dass die Ereignisse sich in Amerika wiederholen könnten, und nach den taktischen Erfolgen George Washingtons bei Trenton und Princeton soll er als strategischer Kritiker diesen amerikanischen Waffentaten die höchste Anerkennung gezollt haben. Auch stand es für ihn fest, dass Frankreich früher oder später in den Krieg als Bundesgenosse der Kolonien direkt werde eingreifen müssen, denn „das französische Interesse erheischt eine Schwächung Großbritanniens, und der Weg zu diesem Ziel führt über den Verlust der Kolonien des letzteren. Die Unabhängigkeit der Kolonien wird für Frankreich die Kosten des Krieges mehr als aufwiegen."

Direkt konnte der König, wie die Interessen seiner Politik es verlangten, der Sache des jungen Gemeinwesens jenseits des Weltmeeres nicht helfen; indirekt aber ließ er es an Sympathieäußerungen für dasselbe nicht fehlen. Sein Verbot, dass die Hilfstruppen, welche England in Hessen, Braunschweig, Ansbach-Bayreuth und anderen deutschen Kleinstaaten von deren gewissenlosen Herrschern kaufte, preußische Lande zukünftig passierten, fand einen freudigen Widerhall in ganz Europa, wo die öffentliche Meinung von Anfang an ganz entschieden die Bestrebungen der Kolonien begünstigt hatte. Den amerikanischen Delegierten ließ er sagen, dass jenes Reskript erfolgt sei, „um ihnen seinen guten Willen zu zeigen".

Dem Waffenversand aus preußischen Landen nach Häfen in den Vereinigten Staaten wurde von der Regierung kein Hindernis in den Weg gelegt, während im Januar 1778 der preußische Gesandte in Paris in einem Schreiben an Benjamin Franklin auf Befehl seines Herrn sagen musste: „Es ist der Wunsch des Königs, dass Ihre edlen Bestrebungen von vollständigem Erfolge gekrönt werden mögen. Er wird nicht zögern, Ihre Unabhängigkeit anzuerkennen, nachdem Frankreich, das an dem Ausgange dieses Kampfes direkter interessiert ist, das Beispiel gegeben haben wird."

Die Anfänge der Bemühungen zum Abschluss eines Handelsvertrages mit Preußen reichen in die Zeit zurück, wo der Entschluss der Kolonien, mit dem Mutterlande vollständig zu brechen, noch keineswegs feststand. Zum ersten Male scheint der Gedanke, direkte Handelsbeziehungen zwischen Amerika und Preußen anzubahnen, im Mai 1776 angeregt worden zu sein. Anfangs allerdings wies der König die Idee weit von sich; der Plan erschien ihm als „höchst problematisch", zumal er ohne Kriegsflotte nicht imstande sein würde, einen solchen Handel zu schützen; er gab daher Befehl, dem von einem der amerikanischen Kommissäre in Paris nach Potsdam entsandten Unterhändler eine höflich ablehnende Antwort zu erteilen.

Nicht mehr Glück hatte Franklin, der am 14. Februar 1777 von Paris aus dem König eine Abschrift der Unabhängigkeitserklärung mit einem Begleitschreiben zugehen ließ, worin der innige Wunsch der Vereinigten Staaten, zu gegenseitigem Vorteil ein freundliches Handelsverhältnis zwischen den beiden Ländern anzuknüpfen, zum ersten Male amtlichen Ausdruck erhielt. Die Antwort des großen Königs lautete: „Ich besitze keine Flotte. Da mir Kriegsschiffe fehlen, um den Handel zu schützen, könnte der direkte Verkehr nur unter der Flagge der Niederlande vonstattengehen, die von England aber nicht mehr

Benjamin Franklin (1706-1790)

respektiert wird. Unter günstigeren Umständen möchte unsere schlesische Leinwand, möchten unsere Wollwaren und andere Industrieerzeugnisse einen neuen Markt finden." In demselben Erlass aber, der die ablehnende Antwort, die dem amerikanischen Agenten zu erteilen wäre, in dieser Weise begründet, befindet sich von des Königs Hand eine dreimal unterstrichene Randbemerkung für den Kabinettsminister, dass nichts gesagt oder getan werden dürfe, was das amerikanische Volk zu kränken oder zu verletzen in der Lage wäre.

Friedrich der Große (1712-1786)

Von dieser freundlich abwartenden Politik, die das Interesse seines Staates bedingte, als dessen erster Diener der König sich, wie bekannt, stets betrachtete, ist Friedrich, solange zwischen den Vereinigten Staaten und dessen Verbündeten einerseits und England andrerseits der Kriegszustand währte, nicht um eines Haares Breite abgewichen. Inzwischen ließ auch das englische Ministerium, dem starken Druck der öffentlichen Meinung in London zu Gunsten einer Wiederanknüpfung freundschaftlicher Beziehungen zu dem bei allen Volksklassen in

England höchst populären großen Preußenkönig Folge gebend, es an Annäherungsversuchen nicht fehlen; Friedrich aber gab durch seinen Gesandten, der seine Ansichten darüber hatte sondieren müssen, in der ihm eigenen unzweideutigen Weise zum bündigen Bescheid: „Ich will mit England nichts mehr zu tun haben. Eine gebrannte Katze scheut das Feuer, sagt das Sprichwort. Wenn jene Krone mir alle Schätze der Welt zu Füßen legen wollte, so würde ich ihr nicht einmal zwei Korporalschaften meiner Truppen zur Verfügung stellen, um gegen die Kolonien zu kämpfen!"

Acht Jahre später hatten die Engländer im Frieden zu Versailles (1783) wohl oder übel die völlige Unabhängigkeit der Vereinigten Staaten anerkennen müssen, und Friedrich sah nun endlich die Möglichkeit, sein wiederholt gegebenes Versprechen, mit der jüngsten Nation auf dem Erdenrunde in völkerrechtliche Beziehungen zu treten, voll und ganz einzulösen.

„Ich habe nur eine Kauffahrteiflotte", hatte er damals Arthur Lee und anderen amerikanischen Emissären, die für einen Handelsvertrag mit Preußen zu wirken nicht müde geworden waren, bedeuten lassen, „sobald aber das Verhältnis der Kolonien zu England dauernd geregelt sein wird, soll meinerseits von Herzen gern ein Freundschafts- und Handelsvertrag mit der Union folgen."

Friedrich II. war der einzige unter den Herrschern Europas, der sein Wort zu halten keine Ausflüchte suchte, nachdem die geforderten Vorbedingungen dazu ihm als erfüllt erschienen. Der von ihm zunächst auf zehn Jahre (1785-1795) abgeschlossene Vertrag mit den Vereinigten Staaten bildet einen der letzten und zugleich weisesten Regierungsakte des großen Königs und verkörpert in seinen Bestimmungen die erhabensten Grundsätze des Völkerrechtes. In einer Zeit, wo wie heute noch manches menschliche und göttliche Recht brutal mit Füßen getreten wird, wirkt es besonders erfrischend, einige Punkte zu hören, welche schon damals, über ein Saeculum vor unserm „aufgeklärten" Zeitalter, von dem großen Philosophen aufgestellt wurden, wie: der Handel mit Waffen, Munition und Kriegsbedarf aller Art wird aus der Reihe der Konterbande gestrichen; Freischiff deckt freie Ware; Kaperei wird als Seeraub gebrandmarkt; Gewissensfreiheit, sowie freie Religionsübung wird den Staatsangehörigen des einen Teiles im

Lande des anderen zugesichert und sollen solche auch in Kriegszeiten unbehelligt im Lande bleiben und ihren Geschäften ungehindert nachgehen dürfen.

Für George Washington empfand Friedrich der Große die höchste Bewunderung und Anerkennung seiner Talente als Feldherr und Staatsmann. Unter den Schätzen Mount Vernons befindet sich ein preußischer Ehrendegen aus Potsdam mit der Inschrift: „Von dem ältesten General der alten Welt dem größten der neuen". In den Worten dieser Widmung liegt weit mehr als eine persönliche Höflichkeitsphrase, die höchste neidlose Anerkennung nämlich der Vorteile einer neuen Kriegskunst, deren Erfolge, besonders in der Verteidigung, die berühmte und erprobte Lineartaktik Friedrichs als veraltet erscheinen lassen mussten.

Das amerikanische Volk aber wird, wie seine großen Männer wiederholt erklärt haben, niemals vergessen, dass in seiner Sturm- und Drangperiode der größte Geist des Jahrhunderts der Aufklärung, der weitsichtigste Herrscher in der Reihe der Hohenzollernfürsten, die Gerechtigkeit des Ringens um seine Existenz vor aller Welt anerkannt und laut verkündet hat. Das Bündnis zwischen Friedrich dem Großen und George Washington bildet die Grundlage der freundschaftlichen Beziehungen, die im wahrsten Sinne traditionell bestehen zwischen Deutschland und den Vereinigten Staaten.

George Washington (1732-1799)

Auf den Handelsvertrag, welchen der große Friedrich noch im letzten Jahre seines Lebens geschlossen, spielte Deutschlands größter Kanzler, Otto von Bismarck, damals noch Graf, an, als er vor vierunddreißig Jahren den Bancroft-Vertrag im deutschen Reichstage, wie folgt begründete: „Ich bitte Sie also, dem

Vertrage, so wie er hier ist, Ihre Zustimmung zu geben, an der versöhnlichen und an der freundschaftlichen Handhabung desselben keinen Zweifel zu hegen, sondern deren versichert zu sein, zwischen diesem Bunde und dem jenseits des Weltmeeres, mit welchem uns die Bande der Blutsverwandtschaft in dem Maße verbinden, dass in keinem Lande außerhalb Deutschlands auch nur annähernd eine solche Zahl Deutscher, ja, in Deutschland geborener Deutscher sich befindet, und daß in keinem Lande der Welt die Deutschen, die in allen Ländern der Welt sich als Gäste oder als Auswanderer wiederfinden, sich eine so warme Anhänglichkeit an ihre ältere Heimat bewahrt haben, wie dort. Lassen Sie uns den Vorzug, den der Herr Vorredner auf dieser Tribüne berührt hat, der älteste Bundesgenosse des nordamerikanischen Gemeinwesens zu sein von der ersten Zeit der Unabhängigkeitserklärung her, sehr hoch anschlagen und sehr wert halten."

Der Vertrag kam zustande und wurde am 3. April 1868 ratifiziert. Der eigentliche Abschluss war bereits am 22. Februar, Washingtons Geburtstag, erfolgt. Es ist sicherlich nicht ein bloßer Zufall gewesen, dass auch das diesmalige Eintreffen des Prinzen Heinrich auf den 22. Februar projektiert war, wenn auch der große Kalendermacher, das Wetter, den 22. in einen 23. umwandelte. Der Tag ist bereits zwischen den beiden Nationen als ein wichtiger Gedenk- und Erinnerungstag geheiligt.

Die wertvollen Dienste, welche Friedrich der Große einst der um ihre Existenz ringenden jungen Nation geleistet, leben in der Erinnerung des amerikanischen Volkes in ungetrübter Frische fort, und die Union hat es nicht vergessen, dass der gerechte und menschliche König es dem frivolen England verwehrte, die von irregeleiteten Fürsten verkauften deutschen Landeskinder sein Gebiet passieren zu lassen. Handelte der große König hierbei auch vorzugsweise den Geboten der Menschlichkeit folgend, so war sein Vorgehen dennoch für die Union von größtem Wert.

Jetzt hat Kaiser Wilhelm II. die Arbeit wieder aufgenommen, welche sein großer Vorfahr begonnen. Unser tatkräftiger, noch immer jugendlicher Kaiser, eine impulsive Natur im besten Sinne des Wortes, hat zum Glück nicht nur des deutschen Volkes, sondern man kann wohl behaupten fast sämtlicher Nationen des Erdballes, es eingesehen, dass die friedliche Entwicklung der Völker am sichersten die Entfaltung alles Fortschrittes in der Kultur bedingt, dass in friedlichem Wettbewerb die Kräfte sich wohl aneinander messen und dadurch, dass sie sich gegenseitig vorzukommen suchen, stählen, dass nur dies allein aber die Menschheit vorwärtsbringen und dem Ziele, nach welchem wir alle streben, nahe rücken kann: der möglichsten Vervollkommnung des Menschengeschlechtes. Jeder Krieg, auch der siegreiche, zehrt schließlich am Marke des Volkes, und deshalb betrachtet Kaiser Wilhelm es als seine von Gott überkommene, heilige Mission, ein Hort des Friedens zu sein.

Wilhelm II., Deutscher Kaiser, König von Preußen

Seine Taten sind nicht kriegerischer Natur, aber dennoch sind mit ehernem Griffel seine von durchschlagendstem Erfolge gekrönten Bestrebungen nach Friede und Freundschaft in die Tafeln der Geschichte eingegraben. Die Entsendung des kaiserlichen Bruders nach Amerika bedeutet nicht nur – wie neidisch beiseite stehende Missgünstige zu behaupten suchen – eine leere Höflichkeit, nicht nur einen Austausch von formellen Versicherungen gegenseitiger Hochachtung, sondern die Festigung eines Bandes, das zwei Nationen mehr als ein Jahrhundert lang verknüpft hat und auch in Zukunft aneinander ketten muss; Nationen, die durch ihre Abstammung, wie ihre Entwicklung bestimmt sind, zum Wohle der ganzen Menschheit „Hand in Hand" zu wirken.

Wer gewohnt ist, seine Blicke nicht an der Oberfläche haften zu lassen, sondern tiefer in das Wesen der Dinge einzudringen, der wird erkennen, dass die beiden Völkerschaften, Deutschland und die Union, voneinander gelernt haben und sich unbewusst gegenseitig zu ergänzen bestrebt sind.

Der deutsche Träumer und unpraktische Denker hat sich die amerikanische Tatkraft zu eigen gemacht und weiß dasjenige, was sein grübelnder Geist früher nur für andere, praktischer Veranlagte, zu ersinnen und entdecken vermochte, sich selbst nutzbar zu machen und auszubeuten. Der Amerikaner, der sich einst mit ausgesprochener Vorliebe auf das beschränkte, was unmittelbaren, praktischen Vorteil brachte, hat die von dem Deutschen stets verstandene und vielleicht manchmal überschätzte Bedeutung der Wissenschaft erkannt, sich mit seinem unbezwinglichen Ehrgeiz und seiner ganzen Tatkraft auf dieses Gebiet geworfen, ist zum Forscher geworden und strebt den Idealen entgegen, die bisher in seiner Seele schlummerten.

Deutsche Kunst findet in Amerika seit langem nicht nur begeisterte Anerkennung, sondern auch den klingenden Lohn, der unsere Künstler immer wieder hinübertreibt über den Ozean in das gelobte Land, und von drüben pilgert unaufhaltsam der Strom derjenigen über das Meer, die hier aus dem Bronnen der Kunst Kraft und Erbauung schöpfen wollen.

Wenn das amerikanische und das deutsche Volk gelernt haben, dass sie dieselben hohen Ziele verfolgen, dass sie in dem Streben nach den Gütern, welche der edle Mensch als die höchsten erkannt hat, eines Herzens und eines Sinnes sind, dann wird ihre Freundschaft fest geschlossen sein und weder durch Verfolgung eigennütziger Interessen, noch durch Machenschaften übelwollender Neider gestört werden können. Es gilt nur, den Völkern das, was sich ohne ihr Wissen vollzieht, zum Bewusstsein zu bringen, und nichts konnte dazu mehr beitragen, als der weitsichtige und glückliche Gedanke des deutschen

Kaisers, dem amerikanischen Volke ein deutliches und so überaus liebenswürdiges Zeichen seiner Gesinnung und seiner richtigen Erkenntnis der bestehenden Verhältnisse zu geben.

Nicht das Heute oder das Morgen kommt dabei in Betracht, sondern die Zukunft der beiden Völker, die so eng durch die Bande des Blutes und des Geistes verbunden sind, weit über die Grenzen hinaus, die wir sehen oder auch nur ahnen können. Der gegenseitigen Wertschätzung, Anpassung und Ergänzung, die bereits so schöne Früchte getragen, wird die Bahn frei gemacht, und alle kleinlichen Vorurteile, alle von Neid und Eifersucht gezeitigten Ränke können nicht länger hindernd in den Weg treten. Mit unaufhaltsamer Gewalt drängt die Entwicklung beider Völker den lichten Höhen zu, die noch kein anderes Volk erreicht hat, deren Erklimmen ein Maß von Kraft und geistigen Gaben fordert, wie sie noch kein Volk vordem besessen.

Die glänzenden Feste sind verrauscht, der Jubel verklungen, die Wogen spontaner Begeisterung haben sich wieder geglättet, aber eins dürfen und wollen wir nicht vergessen: Das Werk unseres Kaisers, der Handschlag, den er dem amerikanischen Volke gegeben und der von diesem, warm, wie er geboten, erwidert worden ist, darf nicht spurlos vergehen wie wonniger Wind nach rauen Winterstürmen, sondern es muss bestehen bleiben als ein Denkmal der Freundschaft, dauernder als Stein und Erz, und wir haben die Pflicht, es zu erhalten, damit es herrlich gedeihe und blühe und Früchte trage für immerdar.

Die schöne Aufgabe, die beiderseitigen Interessen der mächtigen Nationen zu vollem Bewusstsein zu bringen, fiel dem Prinzen Heinrich zu, dem Bruder unseres Kaisers, und wahrlich keinen würdigeren Vertreter seiner Person und des gesamten deutschen Volkes hätte der Monarch für diese wichtige Mission auswählen können. Prinz Heinrich von Preußen ist nicht nur ein echter Hohenzoller, von ritterlicher und sympathischer Erscheinung, die auf den ersten Blick gefangen nimmt, von gewinnendster, persönlicher Liebenswürdigkeit und seltenem Takt, sondern er ist auch ein Fachmann im Seewesen, von umfassender Weltkenntnis, befahren in allen Meeren, ein Kenner aller Länder und in seinem Spezialberuf voll anerkannt und hoch bewertet von allen denjenigen, die Gelegenheit hatten, ihn in der Ausübung seiner Pflichten kennen zu lernen, in erster Linie auch von den amerikanischen Admiralen.

Zu mehreren Malen bereits hat der Hohenzollernprinz durch die Tat bewiesen, dass er für wichtige diplomatische Missionen von Erdteil zu Erdteil die berufene Persönlichkeit ist, so in besonders glänzendem Maße vor vier Jahren, als er von seinem kaiserlichen Bruder nach dem fernen Ostasien entsandt wurde, um dort den deutschen Namen zur Geltung zu bringen. Und wie hat er seine durchaus schwierige Aufgabe gelöst?

Das große Werk gelang ihm beinahe spielend; er durchbrach die verknöcherten Formen des blind sich dem Kulturfortschritt und der rastlos vorwärtsstrebenden Entwicklung des Menschengeschlechts verschließendem veralteten chinesischen Zeremoniells und öffnete eine Bresche in den verstockten Traditionen des hartnäckig an seinem Zopfe haftenden Volkes für europäische Gesittung und moderne Anschauungsweise. An jene mit bewunderungswürdigem Takt und Verständnis von dem Prinz-Admiral durchgesetzten Änderungen des internationalen Verkehrs knüpft jetzt, nachdem die inzwischen eingetretene Auflehnung der Barbarei gegen das Neue von der vereinten Kraft der Kulturnationen niedergezwungen ist, die chinesische Dynastie wieder an, um für ein verjüngtes China die passenden Äußerlichkeiten zu finden. Der Bann ist gebrochen, und wenn der Jahrtausende alte Zopf auch nicht mit einem Male von den harten Köpfen der Chinesen fällt, der erste Schritt ist doch getan und er wird seine Früchte zeitigen.

Gänzlich verschieden von der China-Mission des Prinzen war seine Amerikafahrt. Hier galt es nicht zu sichern oder zu werben, sondern Freunde zu begrüßen, Freunde des deutschen Volkes, deren Interessen mit den unsrigen gemeinsam laufen. Aber auch hier hat der Hohenzollernsohn seine Aufgabe nicht nur voll, sondern wider Erwarten glänzend erfüllt. Die begeisterte Aufnahme, welche er drüben gefunden, und die warmen Worte der Freundschaft, welche er uns über den Ozean zurückgebracht hat, geben uns die sichere Gewähr, dass ein festes, unzerreißbares Band die beiden mächtigen Nationen diesseits und jenseits des Atlantik umschlingt, beiden zur Wohlfahrt und zum Heile.

Theodore Roosevelt, Präsident der Vereinigten Staaten

2. Des Prinz-Admirals Sturmesfahrt

Im Schlosse zu Kiel – Abschiedsfeier im Kaiserlichen Yachtklub – Bremerhaven und der „Kronprinz Wilhelm" – Vorbereitungen an Bord – Der Obersteward, eine wichtige Persönlichkeit – Die letzte Instruktionsstunde – Der Stab des Lloyddampfers – Prinz Heinrich schreibt Ansichtspostkarten – Die Ausfahrt des „Kronprinz Wilhelm" – Das Gefolge des Hohenzollern-Admirals – Prinz Heinrich in amerikanischer Beurteilung – Der fürstliche Gast mitten unter den Passagieren – Zeichner und Photographen – Abführung eines Aufdringlichen – Quer durch die Nordsee – Sturm auf dem Atlantik – Die Seekrankheit und ihre Opfer –Kapitän Richter – Immer noch Sturm – Besuch in der Maschine – Drahtlose Telegraphie – Generalprobe unter schwierigen Verhältnissen – Das Captain Dinner – Ein fideles Konzert – Der Namenszug des Prinzen auf der Auktion – Eine Depesche an Präsident Roosevelt – Washingtons Geburtstag

In Not geduldig,
Im Glücke gütig,
Frisch vorwärts in Gefahr.

Heinrich, Prinz von Preußen

Auf dem Hofe des Kieler Schlosses, welches das Heim des Prinzen Heinrich und seiner Familie, voran die Prinzessin Irene, seine hohe Gemahlin, bildet, herrschte eine fieberhafte Tätigkeit. Die Dienerschaft war damit beschäftigt, unter Aufsicht des Reisemarschalls des Prinzen die Gepäckstücke für die Amerikafahrt zur Abholung bereit zu stapeln. Es war ein stattlicher Posten, denn nicht nur die immerhin für eine repräsentative Fahrt über den Ozean notwendigen Garderobegegenstände und sonstigen Gebrauchs-Utensilien galt es versandfähig zu machen, sondern auch die mancherlei Geschenke größeren und kleineren Umfanges, welche der Prinz in dem gastlichen Lande, welchem sein Besuch galt, zu verteilen gedachte.

Der Sendbote seines kaiserlichen Bruders selbst aber widmete die Abschiedsstunden seiner Familie und zeigte sich auch hierin wieder als ein echter Hohenzoller, der das wahre Glück seines Lebens im eigenen Heim sucht und findet. In dem idyllischen Park hinter dem hochgelegenen Schlosse, abgeschieden von dem lärmenden Treiben der Welt und unberührt von der Hast, welche draußen herrschte, tummelte sich der glückliche Familienvater im trauten Kreise der Seinen – im Schnee.

Am Abend vor der Abfahrt begab sich Seine Königliche Hoheit in den Kaiserlichen Yacht-Klub, wo er regelmäßig die Abendstunden des Donnerstags zu verbringen pflegt, wenn er in Kiel verweilt. Es waren an jenem Abend etwa zwanzig der älteren Mitglieder im Klub versammelt, zum großen Teil Marine-Offiziere, darunter Admiral von Köster, Vize-Admiral von Arnim und Kontre-Admiral Fischel.

Natürlich bildete die bevorstehende Amerika-Fahrt des Prinzen den allgemeinen, nahezu ausschließlichen Gesprächsstoff, und den drei Bowlen, welche man gebraut hatte, wurde tapfer zugesprochen; manches Glas auf glückliche Fahrt war geleert. Bevor sich der Prinz verabschiedete, brachte er noch einen Toast auf die Vereinigten Staaten von Nordamerika aus, der mit Begeisterung aufgenommen wurde und in ein dreimaliges Hoch ausklang. Dann nahm der Hohenzollernspross Abschied, und mancher kurze warme Händedruck sprach beredter zum Herzen, als langatmige Reden.

Am anderen Morgen um 8.30 Uhr erschien Prinz Heinrich, gefolgt von dem Hofmarschall Freiherrn von Seckendorff, dem Adjutanten Kapitän-Leutnant von Egidy, Schmidt von Schwind und Kapitänleutnant Karpf, dem künftigen Führer der neuen Rennyacht auf dem Bahnhof, wo bereits die Admirale von Köster, von Arnim, von Prittwitz und Gaffron, sowie zahlreiche höhere Marineoffiziere seiner harrten.

Pünktlich zur festgesetzten Stunde – Hohenzollernfürsten sind immer pünktlich – setzte sich der Zug, begleitet von den heißen Segenswünschen der Zurückgebliebenen, in Bewegung und strebte der alten Hansestadt Bremen zu. Prinz Heinrich stand noch lange am Wagenfenster und blickte zurück auf sein liebes Kiel, aus dessen Hafen ihm die mit Wimpeln gezierten Mastspitzen der Schiffe ein letztes Lebewohl herüberzuwinken schienen. Er verließ wie jeder andere Seemann Weib und Kind, um über das Meer zu gehen, und nur derjenige weiß die ganze Schwere der Aufgabe zu erfassen, der selbst schon von den Lieben Abschied genommen, um sich dem immerhin unberechenbaren Ozean anzuvertrauen, in Sonderheit im Winter, wo raue Stürme ihn durchtosen und der Kampf der Elemente gegen Menschenwerk ein heftigerer ist, als im Sommer.

Die Eisriesen der nordisch-germanischen Götterwelt haben, wie die deutsche Sage so tiefsinnig lehrt, auch heute noch Gewalt über die guten Gottheiten, die dem Menschen wohlwollen, und mancher brave Seemann hat schon durch Winterstürme seinen Tod in den aufgewühlten Fluten gefunden.

Doch fort mit so traurigen Bildern! Sie waren es nicht, die dem Königssohne vorschwebten, als jetzt der Zug dahinrollte, und sein blaues Hohenzollernauge sinnend auf den Gefilden ruhte, die unter der weißen Schneedecke schlummerten. Heute schienen die bösen Winterriesen keinen Gebrauch von ihrer vernichtenden Gewalt zu machen, denn ein klarer, tiefblauer Himmel wölbte sich über der friedlichen Landschaft.

Gegenüber der Abfahrtshalle des „Norddeutschen Lloyd" in Bremerhaven lag der mächtige Rumpf des „Kronprinz Wilhelm", aus dessen vier gewaltigen Schloten dicke Rauchwolken langsam gen Himmel zogen. Das stolze Schiff hatte seine schmuckste Toilette angelegt; alle mit Farbe bedeckten Teile waren frisch gestrichen und das Messingwerk blitzte spiegelblank geputzt in der verheißungsvoll herniederscheinenden Sonne.

Von den Masten wallten die bunten Flaggen herab und pendelten sanft im Winde. Unten im Salon und in den Gängen des schwimmenden Hotels herrschte, wie dies stets vor der Abfahrt eines solchen Kolosses zu geschehen pflegt, allgemeine Aufregung. Heute freilich war sie noch um einige Grade gesteigert, denn es gehört zu den Seltenheiten, dass ein Hohenzollernprinz mit einem regulären Schnelldampfer reist.

Eine der wichtigsten Personen an Bord war diesmal nicht Kapitän A. Richter, der Führer des schönen Dampfers, oder Ober-Ingenieur E. Prillwitz, sondern der Obersteward Rabbien, der wie ein Feldherr mit Adlerblick die ihm zur Verfügung stehenden Truppen, ein ganzes Heer von Stewards, und deren Leistungen musterte. In der Tat, er konnte stolz darauf sein, was seine Untergebenen unter seinem Oberbefehl zustande gebracht hatten: die langen Tafeln des luxuriös eingerichteten Speisesaales gaben Kunde von der ausgesuchten Sorgfalt, mit der hier gedeckt worden war. Blumenschmuck und kunstvoll gefaltete Servietten, tadellos ausgerichtete Salzfässer, blitzende Messer und Gabeln und leuchtende Löffel, mit kunstvollen Früchteaufbauten versehene Tafelaufsätze, blendend polierte Teller und wie zur Parade aufmarschierte Brötchen erzählten von dem ungeheuren Fleiß, welcher auf dieses in seinen Einzelheiten und in seiner Gesamtwirkung bewunderungswürdige Kunstwerk verwendet worden war. Vor der Nische des Prinzen, in der ein Tisch weggenommen war, um den Tafelgästen Seiner Königlichen Hoheit etwas mehr Bewegungsfreiheit zu gewähren, prangte ein goldenes, mit Blumen umranktes Gitter, welches den Fürstensohn vor allzu aufdringlichen Blicken schützen sollte.

Speisesaal auf dem „Kronprinz Wilhelm"

„Die Passagiere brauchen dem Prinzen nicht die Happen im Munde zu zählen", hatte Herr Rabbien gesagt, und Freude verklärte sein Antlitz, als er jetzt zum allerletzten Mal seinen Blick über das wohlgelungene Werk schweifen ließ. Zagend und verschüchtert standen die Stewards vor dem Gewaltigen und wagten nicht einmal mit den Servietten zu wedeln, die doch sonst in unausgesetzter Bewegung sind.

Aber noch sind die ins Unendliche geschraubten Ansprüche des Oberstewards nicht erfüllt. Er beordert seine Garde in die Office oder Pantry zur allerletzten Instruktion. Hier gibt er ihnen in gedrängter

Kürze einen auf den Schiffssteward zugeschnittenen Knigge über den Umgang mit Menschen, soweit die letzteren wenigstens der ersten Klasse der Lloydpassagiere angehören.

„Vor allen Dingen nicht den Bart aufzwirbeln im Salon. Überhaupt ist jeder provokatorische Bart verpönt, insonderheit solchen Leuten gegenüber, die keinen zu tragen pflegen oder bei denen der Bartwuchs zu wünschen übrig lässt. Unter keinen Umständen dürfen auch den trinkgeldverheißendsten Passagieren Streichhölzer verabfolgt werden. Zum Zigarrenanzünden ist die elektrische Vorrichtung da; dito zum Anwärmen von Milch und zum Heißmachen von Brennscheren. Streichhölzer sind unverantwortlich auf einem Schiff, wo es Teppiche gibt, die 20 000 Mark kosten."

Auch der Kapitän mit seinen Offizieren hatte angesichts der nahe bevorstehenden Abfahrt viel zu tun. Den Stab des „Kronprinz Wilhelm" bildeten: Kapitän A. Richter, erster Offizier C. Woltemas, zweite Offiziere L. von Zwierlein, A. Tielbar und W. Spangenberg, dritter Offizier H. Zuppe, vierter Offizier Franz Schmidt, Oberingenieur E. Prillwitz, Schiffsärzte Dr. Fischer und Dr. Kliemann. Kajütspassagiere waren 300, Zwischendecker 750 eingeschifft.

Während sich hier an Bord alle Hände in vollster Tätigkeit befanden, drängten sich draußen auf dem Kai gewaltige Menschenmassen, um der Ausfahrt des Hohenzollernsprossen zuzuschauen. Plötzlich kam Bewegung in die Menge. Die Hälse reckten sich, jeder suchte sich so groß wie möglich zu machen, denn der prinzliche Sonderzug war eingetroffen. Nur mit Mühe vermochte die Hafenpolizei dem Publikum zu wehren, um die Passage freizuhalten. Jetzt erschien der Generaladjutant des Prinzen; aber dieser selbst ließ noch auf sich warten.

„Einen Augenblick, lieber Plessen, ich komme gleich", so hatte der Prinz seinem Begleiter zugerufen, als er den für ihn reservierten Wartesalon betrat. „Ich will nur an meine Frau und die Jungen ein paar Ansichtspostkarten schreiben; die Kinder haben so schrecklich darum gequält." Und so schrieb denn der kaiserliche Prinz, wie jeder gute und besorgte Familienvater, wenn er eine Reise tut, Ansichtspostkarten und las dieselben, ehe er sie zur Beförderung übergab, seinem Gefolge vor, welches in ein herzliches Lachen ausbrach. Der Inhalt war überaus launig, aber nur für Eingeweihte bestimmt.

Prinz Heinrichs Einschiffung auf den „Kronprinz Wilhelm“ über den Dampfer „Glückauf“

Jetzt schreitet Prinz Heinrich dem am Kai liegenden Dampfer „Glückauf“ zu, über den hinweg der Weg auf den „Kronprinz Wilhelm“ führt. Da erhebt sich unter dem Publikum plötzlich eine laute Stimme: „Prinz Heinrich, Hurra! Hurra! Hurra!“ Und in volltönendem Chor stimmen alle die Tausende in den Ruf ein. Hüte und Mützen fliegen in die Luft und die Taschentücher wehen wie ein weißer Schleier in rhythmischen Bewegungen über den Köpfen der Menge. Die Taue werden losgeworfen, langsam geht die Maschine an und majestätisch setzt sich der Leviathan des Meeres in Bewegung. Noch einmal erbraust das tausendstimmige Hurra, als der Prinz auf dem Sonnendeck sichtbar wird und die letzten Grüße nach dem Lande hinübersendet. Dann verschwindet allmählich der hohe Rumpf des Schiffes für die am Ufer Stehenden. „Ade, Ade, du Fürstensohn! Glückliche Fahrt! Und gesunde Heimkehr!“

Langsam „mahlt sich“ das mächtige Schiff vorwärts durch die mit dem Flutstrom treibenden Eisschollen an dem schwarz und unheimlich aussehenden Rumpf des trotzig dreinblickenden japanischen Kriegsschiffes „Satsuma“ vorbei, und als der Begeisterungsruf der Bremerhavener in der Ferne verhallt war, da zog sich der Fürst auf kurze Zeit in seine Gemächer zurück, um das offizielle Ehrenkleid mit der bequemen Hausuniform des Kaiserlichen Yachtklubs zu vertauschen, in dem wir von nun an den Prinzen fast stets an Bord erblicken. Auch das Gefolge Seiner Königlichen Hoheit erschien zum großen Teil in dieser einfachen Tracht, und wir haben jetzt Muße, die Herren näher zu betrachten.

Der bekannteste unter ihnen ist wohl der Vize-Admiral von Tirpitz, Staatssekretär des Reichs-Marine-Amts, ein hochgewachsener, schlanker, aber kräftig gebauter, echt germanischer Recke, dessen edles Antlitz ein langer, blonder Vollbart umrahmt. Seine sympathischen Züge zeichnen sich durch den Ausdruck ruhiger Entschlossenheit aus. Man sieht ihm an, dass man in ihm einen Mann vor sich hat, der sich nicht überstürzt, aber mit Zähigkeit auf die Ausführung einmal gefasster Entschlüsse hinarbeitet.

Die zweite Exzellenz im Gefolge des Prinzen ist der General der Infanterie, Generaladjutant v. Plessen. Er gehört dem ersten Garde-Regiment zu Fuß an und steht bei dem Kaiser in hoher Gunst. General v. Plessen ist ungefähr 60 Jahre alt, schlank und von hohem Wuchs. Sein Haar zeigt bereits hellen Silberglanz, aber in seiner Haltung, in seinem ganzen Auftreten liegt so viel jugendfrische Elastizität, dass niemand in ihm einen Offizier vermuten würde, der bereits die höchsten Sprossen der militärischen Rangleiter erstiegen hat. Seine fast ungewöhnliche Körpergröße hat ihm die populäre Bezeichnung „Der lange Plessen“ eingebracht.

Als dritten im Gefolge nennt die Passagierliste den Vize-Admiral à la suite der Marine, Herrn v. Eisendecher. Von allen Herren der Begleitung ist Vize-Admiral v. Eisendecher wohl in den Vereinigten Staaten am bekanntesten; nachdem er das Deutsche Reich als Gesandter in Tokio vertreten hatte, wurde er in derselben Eigenschaft nach Washington versetzt und hat dort Ende der achtziger Jahre als deutscher Gesandter gewirkt. Zurzeit ist er preußischer Gesandter in Baden.

Ferner begleitet den Prinzen der Chef seines Hofstaates, Hofmarschall Freiherr von Seckendorf, Vize-Admiral à la suite der Kaiserlichen Marine. Herr v. Seckendorff, dessen Gemahlin dem Hofstaat der Prinzessin Heinrich vorsteht, ist eine imposante Erscheinung von hohem

Staatsminister v. Tirpitz (Vizeadmiral)
Freiherr v. Seckendorf (Vizeadmiral) / v. Eisendecher (Vizeadmiral)
General v. Plessen

v. Grumme (Korvettenkapitän) / v. Müller (Kapitän z.S.)
Schmidt v. Schwind (Kapitänleutnant) / v. Trotha (Kapitänleutnant)
Dr. Reich (Marinestabsarzt)

Wuchs und starkem Körperbau. Sein Haupthaar ist leicht ergraut und ein kurzgehaltener Bart umrahmt den unteren Teil seines Gesichts.

Unter den jüngeren Herren des Gefolges befinden sich der Kapitän zur See, Flügeladjutant des Kaisers, v. Müller, und der Korvettenkapitän Flügeladjutant v. Grumme. Kapitän zur See von Müller, dessen freundlicher Fürsorge die den Prinzen auf dieser Reise befindlichen Vertreter der Presse anvertraut sind, ist von untersetztem Wuchs; aus dem glattrasierten Gesicht blicken zwei kluge Augen hervor – den „kleinen Müller" nennt ihn vulgär das Volk. Von den drei persönlichen Adjutanten des Prinzen begleiten ihn zwei auf der Reise, die Herren Kapitänleutnant Schmidt von Schwind und der Kapitänleutnant von Egidy, letzterer ein Sohn des vor zwei Jahren verstorbenen ehemaligen Husarenoberst Moritz v. Egidy, des Verfassers der „Ernsten Gedanken". Der Marine-Stabsarzt Dr. Reich, Leibarzt des Prinzen, ein lebenslustiger, freundlicher Herr, dessen stets vergnügtes Gesicht genügen müsste, jeden Kranken, der es erblickt, gesund zu machen, Kapitänleutnant v. Trotha, Adjutant des Staatssekretärs v. Tirpitz, und als Reisemarschall der Hofstaatssekretär Hintze vervollständigen die Begleitung des Kaisersohnes.

An Bord des „Kronprinz Wilhelm" (2.v.l. bis 2.v.r.): Kapitän Richter, Staatssekretär v. Tirpitz, General v. Plessen, Prinz Heinrich

Die Persönlichkeit des Prinzen Heinrich ist in Deutschland so bekannt, dass es nicht angebracht erscheint, hier eine eingehende Charakteristik derselben zu entwerfen. Indessen dürfte es interessieren, wie der „demokratische" Amerikaner über den Bruder des deutschen Kaisers urteilt.

Ich möchte sagen, das Urteil gerade eines Angehörigen der „Neuen Welt" über einen deutschen Prinzen ist in gewisser Hinsicht höher zu bewerten, als das eines Deutschen, da es unter allen Umständen ein objektiveres ist. Der Amerikaner sieht in dem Prinzen Heinrich nicht, wie der Deutsche, den angestammten Fürstensohn; er hat nicht nur keine Sympathien für die monarchische Regierungsform, sondern im Gegenteil eine tiefgewurzelte Abneigung gegen dieselbe. Wenn unter diesen verschärften Bedingungen ein deutscher Fürst vor seiner Kritik besteht, so ist dies weit höher anzuschlagen, als bei einem enthusiastisch veranlagten Deutschen, der von vornherein seinem Herrscherhause in Liebe und Verehrung zugetan ist. Darum möchte ich hier die Skizzierung eines amerikanischen Journalisten wiedergeben, der sich zwar nach unseren Begriffen etwas drastisch ausdrückt, aber dennoch deutlich erkennen lässt, einen wie tiefen Eindruck die Persönlichkeit des preußischen Prinzen auf ihn gemacht hat. Der Korrespondent der New Yorker Staatszeitung schreibt seinem Blatte Folgendes:

„Der Eindruck, welchen man von dem Prinzen bei der ersten Bekanntschaft bekommt, ist ein höchst angenehmer. Es liegt etwas sehr Offenes und Seemännisches in seiner Erscheinung; eine vollständige Abwesenheit alles Affektierten zeigt sich in seinem natürlichen, sympathischen Wesen. Er spricht mit freier Lebhaftigkeit und gestikuliert oft mit seinen starken muskulösen Händen, welche aussehen, als ob sie beim Seilziehen gute Dienste verrichten könnten. Ein ansprechendes Lächeln und ein herzliches Lachen erhöhen den Eindruck, welcher einen meiner Freunde, der ihn gut kennt, zu dem Ausspruch bewog: ‚Der Prinz ist kein Prinz, es ist ein ganz famoser Kerl.' Er spricht englisch mit einem kaum merklichen ausländischen Akzent und weder darin, noch in seiner Erscheinung liegt irgendetwas, was andeutete, dass man nicht mit einem englischen Offizier spricht. Er ist entschieden hübscher als sein Bruder der Kaiser, und es fehlt ihm vollständig der ernste Ausdruck, welcher diesen kennzeichnet."

Der Prinz bewegte sich – ebenso wie sein Gefolge – an Bord des „Kronprinz Wilhelm“ mit einer Ungeniertheit, die allgemeines Erstaunen erregte und namentlich den Amerikanern, die sich einen deutschen Fürsten nicht anders, als eingeengt durch lästige und „altmodische“ Etikettevorschriften denken konnten, gewaltig imponierte. Auf dem Promenadendeck standen die Deckstühle der Herren nicht abgesondert von denen der anderen Passagiere, sondern mitten dazwischen, und eine der ersten Anordnungen des Prinzen war die, dass er das goldene Gitter im Salon, welches ihn verbergen sollte, entfernen ließ. Geradezu Sensation aber erregte es, als er des Abends in dem allgemeinen Rauchsalon erschien, in welchem er sich regelmäßig nach dem „Diner“ einzufinden pflegte.

Prinzen-Gemächer auf dem „Kronprinz Wilhelm“

Natürlich entstand eine liebenswürdige Belagerung namentlich durch die Damen, und man kann behaupten, dass niemals das Rauchzimmer eines Ozeandampfers so stark von dem weiblichen Teile der Reisegesellschaft besucht worden ist, wie das des „Kronprinz Wilhelm“ auf dieser Fahrt. Einige der Damen ergaben sich einem regelrechten „Prinzenkultus“ und bestellten jedes Mal, sobald ihr Ideal ein Glas Bier beordert, „genau von demselben Bier“, welches der Prinz bekam. Die Herren Zeichner an Bord verübten zunächst ihre Attentate im Rauchzimmer höchst diskret, indem sie verstohlen das Skizzenbuch unter der Tischplatte hielten. Dann aber, als sie sahen, dass das Vorbild ihrer Porträtkünste liebenswürdig aushielt und Gefallen an den Bildern fand, ließ ihre Schüchternheit nach, und der Prinz gewährte einigen Herren regelrechte Sitzungen von 10 Minuten Dauer.

Sogar eingestandene Karikaturen-Zeichner fanden Gnade vor den Augen des allezeit zu Scherz und Frohsinn aufgelegten hohen Herrn, und besonders gefiel ihm ein Blatt des deutsch-amerikanischen Humoristen, Herrn von Gerichten aus San Francisco, der ein Konterfei entworfen hatte mit der Unterschrift „Volldampf voraus." Es zeigte den Prinzen am Rauchtisch sitzend mit einer Riesenzigarre im Munde. Das „Opfer" des genialen Bildscherzes verstand den Spaß, lachte aus vollem Herzen und bestellte sofort ein solches Bild. Jovial fügte der Prinz hinzu: „Das muss ich unbedingt meiner Frau schicken."

Im Allgemeinen pflegte Prinz Heinrich Zigaretten zu rauchen; aber in vorgerückterer Abendstunde ging er – auch hierin ein echter Seemann – zu seiner geliebten, kurzstieligen Briar-Pfeife (vulgo: Nasenwärmer oder Stummel) über, die er mit den Worten: „So, jetzt wollen wir mal eine christliche Pfeife rauchen", hervorholte. Verließ er das Rauchzimmer, so vergaß er nie, den Herren seiner Begleitung zuzurufen, sie möchten sich nicht stören lassen, sondern bleiben, solange es ihnen beliebe. Er begab sich sodann nach seiner Kabine und jagte die dort wartenden Stewards, ohne sich ihrer Hilfe zu bedienen, hinaus mit den Worten: „Nun macht euch aber schleunigst dünne."

Den Attacken der Photographen hielt er wacker Stand, solange diese sich in den Grenzen der Schicklichkeit hielten. Dreiste Herren aber wusste er mit scharfem Sarkasmus abzuführen. So baute einmal ein aufdringlicher Patron seinen mächtigen Apparat, nicht etwa nur eine Amateur-Kamera, sondern einen wahren Riesenkasten in wenigen Fuß Entfernung vor dem Prinzentische auf und begann Aufnahmen zu machen, wobei er sich zur Erzeugung des Blitzlichtes eines Pulvers bediente, das einen abscheulichen Qualm entwickelte und einen widerlichen Geruch hinterließ. Der Prinz ließ den dreisten Herrn zu sich rufen und fragte ihn dann ganz ruhig, ob er auch die Erlaubnis der anwesenden Damen zur Vornahme seiner Experimente eingeholt habe. Der Wink half. Photograph und Kasten verschwanden von der Bildfläche.

Bei Tage hielt sich Prinz Heinrich viel auf der Kommandobrücke auf und beobachtete die Navigierung des Schiffes sowie den Ozean. Seemann durch und durch fasste er den Entschluss, sein Domizil hier oben dauernd aufzuschlagen, und bat Kapitän Richter, ihm seine auf dem Bootsdeck gelegene Kabine abzulassen, was natürlich sofort geschah, und so logierte denn der Bruder unseres Kaisers während der ganzen Fahrt nicht in den für ihn reservierten Luxuskammern, sondern in den luftigen Diensträumen des Leiters des stolzen Lloyddampfers.

In der Nordsee hatte der „Kronprinz Wilhelm" das herrlichste Wetter. Borkum-Feuerschiff, Dover, Southampton und Cherbourg wurden passiert, ohne dass sich irgendetwas Besonderes ereignet hätte. Am Sonntagabend hatte der Dampfer Cherbourg, den französischen Kriegshafen, in welchem noch ein bedeutender Zuwachs an Passagieren, meist Amerikanern, stattgefunden, verlassen, und am Montag früh 7 Uhr wurde der letzte Vorposten europäischen Landes, die Scilly-Inseln, passiert.

Nun trat der Atlantik seine Herrschaft an und seine langen, mächtigen Wogen rollten von Westen her gegen den rastlos vorwärts arbeitenden Steamer an. Der bisherige Ostwind war umgesprungen und wehte nun dem „Kronprinz Wilhelm" direkt entgegen. Wer etwas von Witterungskunde verstand, beobachtete besorgt den Barometer, dessen unverrückbar hoher Stand bis jetzt allgemein entzückt hatte.

Es sollte sich jählings ändern. Schon gegen Morgen schwoll der Wind zum Sturme an und warf einen großen Teil der Passagiere auf das Krankenbett. Es ist ja nur die Seekrankheit, welche sie befallen hat, aber jeden, der von ihr betroffen wird, dünkt sein Zustand so jämmerlich, dass er dem Tode näher zu sein glaubt, als dem Leben. Die Tafel wies schon zum Lunch große Lücken auf, und nicht einmal das prinzliche Gefolge konnte sich der unwiderstehlichen Macht Ägirs ganz entziehen.

Die Burschen und sonstiges Dienstpersonal lagen fast ausnahmslos darnieder und von einem wurde sogar erzählt, er habe in seiner Verzweiflung über Bord springen wollen. Es ist aber von der Natur wieder einmal weise eingerichtet, dass der von der schrecklichen Seekrankheit Gepackte zugleich so energielos und apathisch wird, dass er trotz seiner Verzweiflung gar nicht im Entferntesten daran denkt, über Bord zu springen.

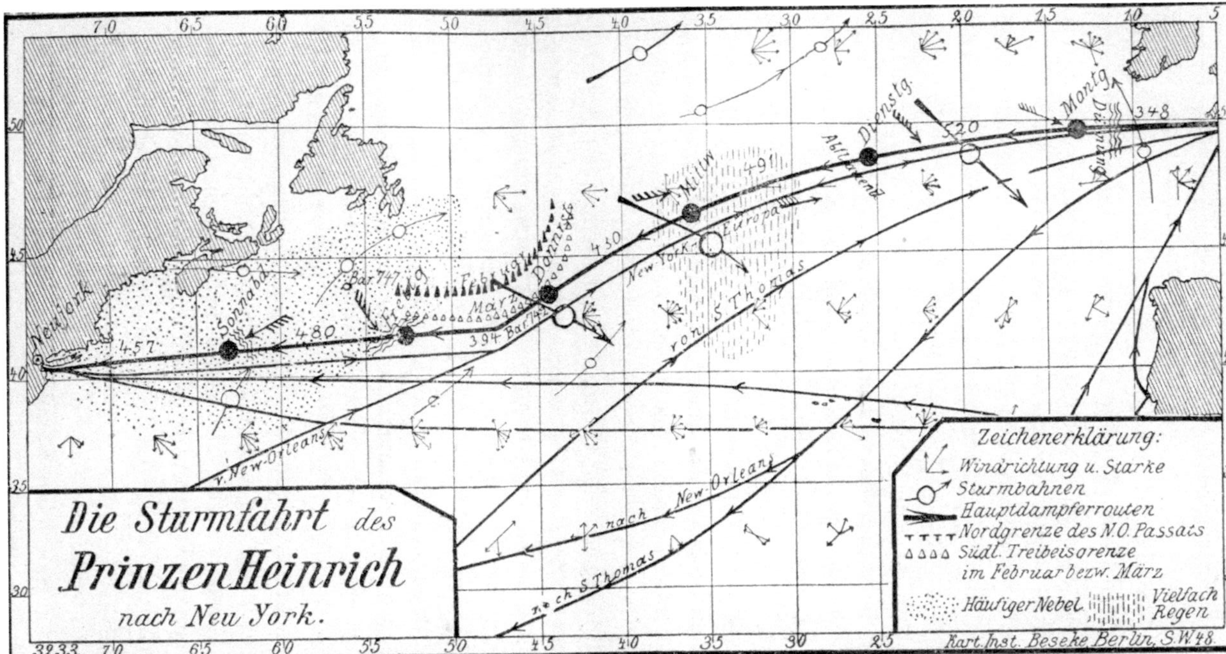
Die Sturmfahrt des Prinzen Heinrich nach New York.
Zeichenerklärung:
Windrichtung u. Stärke
Sturmbahnen
Hauptdampferrouten
Nordgrenze des N.O. Passats
Südl. Treibeisgrenze im Februar bezw. März
Häufiger Nebel
Vielfach Regen
Newyork
Sonnabd
Montg
Dienstg
Mittw
Donnrstg
Abflauend
Dünung
Februar
März
New-York
Europa
von S. Thomas
nach S. Thomas
nach New-Orleans
v. New-Orleans
Kart. Inst. Beseke Berlin, S.W. 48.
3233.

Eine kindergesegnete Familie hatte zur „Bedienung“ eine Gouvernante und zwei Dienstmädchen mitgenommen. Alle drei verfielen dem Winke Neptuns mit dem Dreizack, und es blieb somit nur die einigermaßen haltbare Hausfrau übrig, die nun ihrerseits ihre drei „Stützen“ bedienen musste. Sollte man es für möglich halten, dass auch die Kapelle der zweiten Matrosen-Division von dem allgemeinen Jammer angesteckt wurde? Von den 38 Mann, die Herrn Kapellmeister Wöhlbier zur Verfügung standen, „erkrankten“ nicht weniger als 20. Da war es denn kein Wunder, dass es dem Prinzen Heinrich auffiel, wie „dünn“ die Tafelmusik zum Diner aufspielte. Von seinem fürstlichen Herrn darüber befragt, erwiderte Herr Wöhlbier mit schlecht verhehlter Verzweiflung: „Königliche Hoheit, was soll ich machen, wenn von meiner Kapelle mehr als die Hälfte krank liegt?“

Den Prinzen focht die allgemeine Misere nicht an. Im Gegenteil, als es begann auf dem „Kronprinz Wilhelm“ zu wackeln, gab er seinen beabsichtigten Besuch in der Maschine keineswegs auf, sondern studierte dieselbe unter Führung des Oberingenieurs Prillwitz eingehend. Einen Heizer, der unter seinem Kommando auf dem Küstenpanzer „Beowulf“ gedient hatte, erkannte er trotz des rußgeschwärzten Antlitzes wieder und unterhielt sich mit ihm einige Augenblicke auf das Leutseligste.

Dem bösen Montag folgte ein noch schlimmerer Dienstag. Der Sturm hatte zugenommen und begann jetzt geradezu gefährlich zu werden. Während der Prinz neben Kapitän Richter auf der Kommandobrücke stand, wurde von einer Sturzsee einer der großen Ventilatoren vom Bootsdeck herabgebrochen. Ein Matrose ward von dem sich über Deck ergießenden Wasserschwall erfasst und so stark gegen die Bordwand geschleudert, dass er den rechten Arm brach und in das Lazarett geschafft werden musste. Von der Reling schlugen überkommende Seen mehrere Stücke weg und das Vorderschiff war überhaupt unpassierbar.

Für jeden, der seefest ist, bietet ein Sturm ein wunderbar schönes, man kann wohl sagen, unübertreffliches Schauspiel. Vom hohen Bord des sicheren Schiffes kann man stundenlang hinabschauen auf das Toben der See. Wie sie herangerollt kommen, die mächtigen Wasserberge, als wollten sie Schiff und Besatzung unter ihrer Flut begraben. Wild erheben sich ihre Kämme und brausend rollt der Wasserschwall der sich überstürzenden Woge hinab in das Wellental.

Aber der Riese schlägt nicht mit seiner vollen Gewalt gegen die eisernen Planken des Schiffes, sondern er hebt es auf seinem Rücken empor, um es dann mit schwerer Wucht wieder niedertauchen zu lassen, dass der weiße brodelnde Schaum rechts und links zur Seite rauscht. Ab und zu stürzt eine Woge über Deck. Donnernd schlägt sie gegen den Bug des Fahrzeuges, dasselbe gleichsam verächtlich zur Seite schleudernd. Ein Zittern geht durch das ganze Schiff und es ächzt und stöhnt in seinen Verbänden. Über das Vordeck aber ergießt sich dann die Flut in rauschenden Kaskaden und schwemmt alles hinweg, was nicht niet- und nagelfest ist. Wie ein mutiges Ross hebt sich das schwere Schiff mit den heranrollenden Wogen aufs Neue und klimmt sie hinauf, um im nächsten Augenblick mit dem Bug tief, tief hin abzusinken in den Abgrund. Jetzt wird das Heck des Schiffes von einer gewaltigen See emporgeschleudert, Sekunden lang kommen die beiden mächtigen Schrauben aus dem Wasser und schlagen wirbelnd durch die Luft; dann tauchen sie wieder in ihr eigentliches Element, und man kann es an dem Zittern der Decksplanken spüren, wenn sie im Wasser von neuem Widerstand finden.

Unbeschreiblich schön ist das Schauspiel, wenn der Wind – und er ist bei solchem Wetter von rasender Gewalt – über das Meer dahinfegt und den Wogen ihre Kämme hinwegreißt, die weiße Gischt in fortwährendem Sprühregen über die weite Fläche dahinpeitschend. Bald ist die ganze Oberfläche der See von Schaum überdeckt und Wasserstaub erfüllt die Luft in solchem Maße, dass sie fast unsichtig wird. Die zum Schutz auf dem Promenadendeck an dessen eisernen Stützen ausgespannten Flächen weiß gestrichener Öl-Leinwand knattern und dröhnen im Sturme wie Kanonenschläge, und wehe demjenigen, der in ihrer Nähe steht, wenn sie oder ihre Befestigungen zerreißen. Er würde zu Boden geschlagen oder über Bord geweht werden.

Kapitän Richter steht fast untröstlich auf der Kommandobrücke und Prinz Heinrich hat viel zu tun, ihn zu beruhigen. Herr Richter ist ein wackerer Seemann, der den Sturm nicht fürchtet und weiß, dass er ein tüchtiges Schiff, ein Meister- und Musterwerk deutscher Industrie, unter den Füßen hat; aber er ist sich auch bewusst, dass es bei diesem Weststurm unmöglich ist, New York an dem festgesetzten Tage zu erreichen. Ein solches Wetter war in dem Programm der Fahrt nicht vorgesehen.

Was geschehen konnte, sein Fahrzeug vorwärts zu bringen, das hat Kapitän Richter wahrlich getan. Er war der Unermüdlichste unter allen an Bord und er wich fast nicht von der Kommandobrücke. Nur wenige Stunden Schlafes gönnte er sich während der tagelang währenden Stürme. Was er so sehnlichst gewünscht hätte, nämlich bei der Prinzenfahrt einen neuen Rekord zu schaffen, der alle bisherigen Dampferleistungen zwischen Europa und Amerika in den Schatten stellte, gelang ihm bei dem widrigen Winde nicht, aber dennoch hat er die Palme errungen unter all den Schiffen, welche gleichzeitig mit ihm oder sogar früher Europa verließen. Er hat sowohl die Engländer, wie die Amerikaner geschlagen, und das mag ihm, nächst den huldvollen Worten wärmster Anerkennung seines fürstlichen Passagiers der beste Trost sein.

Auch der folgende Tag brachte schweren Sturm. Am Vormittag sichtete man den Cunard-Dampfer „Campania", der weitab passierte, sodann die ebenfalls der Cunard-Linie gehörige „Lucania", mit welcher man mittels des Marconi-Telegraphen in Verbindung treten konnte. Es befanden sich zwei derartige Apparate an Bord des „Kronprinz Wilhelm". Sie erhielten folgende Depesche von dem englischen Schiff: *„Captain crew passengers send compliments best wishes Prince Henry Prussia"*, worauf sofort deutscherseits erwidert wurde: *„Many hearty thanks to captain crew passengers; good passage! Prince Henry Prussia."* Beide Schiffe wurden bald überholt.

Im Salon fand inmitten dieses Aufruhrs in der Natur am Nachmittag eine „Generalprobe" zu dem geplanten Wohltätigkeitsfest statt. Aber o weh, wie ging es hierbei zu! Alle Augenblicke fielen nicht nur die Notenpulte durcheinander, sondern auch die mitwirkenden Künstler, und Herr Direktor Wöhlbier hatte trotz seiner breitbeinigen Stellung und seiner festen Verankerung mit der linken Hand seine liebe Not, sich aufrecht zu erhalten. Er schwankte wie ein Trunkener hin und her und rückte bald der Wand, bald der Kapelle unfreiwillig, aber energisch auf den Leib. Das Konzert musste „wegen ungünstiger Witterung" zweimal abgesagt werden.

Aufgeschoben ist aber nicht aufgehoben, und so kam schließlich doch der Tag heran, an welchem es in Szene ging. Es war jener denkwürdige 22. Februar, der Geburtstag Washingtons, an dem der „Kronprinz

Wilhelm“ eigentlich schon hätte in New York sein sollen. In Verbindung mit dem Konzert wurde das sogenannte *„Captain Dinner“* gefeiert, das letzte gemeinsame Abendessen auf dem Ozean, welches sich bei allen transatlantischen Dampfern zu einer besonderen Feierlichkeit gestaltet, bei welcher der Kapitän eine Ansprache an die Passagiere hält und einer der Passagiere auf den Kapitän und seine Offiziere toastet.

Den Glanzpunkt bildet bei dieser Gelegenheit stets die Fackelpolonaise der Stewards. Die Lichter im Salon werden hierbei ausgeschaltet bis auf einige magisch wirkende, ad hoc angebrachte Girlanden elektrischer Glühkörper, und nun marschiert nach den Klängen der Musik ein seltsamer Zug in den Saal. Es sind die Stewards, welche humoristische Mützen tragen, in den Händen erleuchtete Lampions und das ebenfalls erleuchtete Eis für die Tafel. In langem Gänsemarsch umziehen sie sämtliche Tische im Salon und nehmen endlich Aufstellung hinter den Passagieren, um das Eis zu reichen. Dann wird die allgemeine Beleuchtung wieder eingeschaltet.

Obgleich auch heute der Wettergott der Abhaltung eines Konzertes wenig hold gesinnt war, denn der „Kronprinz Wilhelm“ schwankte, als wenn er sich die Masten aus dem Rumpf schlingern wollte, so musste man dennoch zur Abhaltung desselben schreiten, wenn es überhaupt stattfinden sollte. Aber es wurde ein mehr fideles, als weihevolles Konzert. Wo sollte auch wohl die Andacht herkommen, wenn die Zuhörer sich krampfhaft auf den angeschraubten Sesseln festhalten mussten, die Orchestermitglieder nicht selten mitten in dem Vortragsstück von ihren Sitzen fielen und samt ihren Stühlen und Instrumenten auf dem Boden umherkugelten. Selbst das Klavier wurde rebellisch und musste während einer unfreiwilligen Pause durch Matrosen mit Stricken festgebunden werden. Der Klavierspieler wurde einige Mal mit großer Entschiedenheit nach „Lee“ geschleudert und verschwand mehrmals spurlos unter den Orchestermitgliedern, deren Notenpulte bei seinem Fall über sich zusammenreißend.

Einen bedeutenden Opfermut legte die sehr geschätzte Sängerin, deren gütige Mitwirkung den Glanz des Konzertes erhöhen sollte, an den Tag, oder vielmehr an den Abend. Sie fiel ein paar Mal, nachdem sie lange Zeit heldenhaft bald auf dem rechten, bald auf dem linken Bein balanciert hatte, rite um und konnte ihre Piece nur unter den seltsamsten Umständen zu Ende bringen: Sie wurde nämlich bis zu dem glücklichen Schluss ihres Vortrages durch zwei Stewards festgehalten. Die Passagiere bekamen Krampfanfälle, teils weil sie sich zu kraftvoll festhalten mussten, teils, weil sie des Lachens nicht mehr Herr werden konnten. Auch der Sänger, ein deutsch-amerikanischer Tenor, machte, um sich aufrecht zu erhalten, die merkwürdigsten Gestikulationen mit den Armen, die zwar durch die Bewegungen des Schiffes heraufbeschworen waren, aber durchaus nicht zu den Liedern passten, die er vortrug.

Prinz Heinrich wohnte dem Konzert bis zu Ende bei. Er bemühte sich vergebens, angesichts der komischen Situationen den Ernst zu bewahren, und das Gefolge gab von vornherein das Rennen verloren. Kurz, man amüsierte sich köstlich.

Finanziell war das Ergebnis des Konzertes glänzend. Der Prinz setzte seinen Namenszug auf zehn Konzert-Programme, die zum Besten der Seemanns-Witwen- und Waisen-Kasse des Norddeutschen Lloyd, sowie für die Gesellschaft zur Rettung Schiffbrüchiger versteigert wurden und rund 2600 Mark einbrachten. Die Vertreter der Presse wurden von Seiner Königlichen Hoheit noch besonders geehrt, indem sie durch den Hofmarschall persönlich vorgestellt und in ein längeres Gespräch gezogen wurden. Jetzt näherte sich der Dampfer dem äußersten Vorposten des nordamerikanischen Festlandes, Nantucket-Feuerschiff, und Prinz Heinrich benutzte die erste Gelegenheit, mit der dortigen Telegraphenstation in Verbindung zu treten, dazu, dem amerikanischen Präsidenten seinen Gruß zu entbieten. Die Depesche hatte folgenden Wortlaut:

„An den Präsidenten Roosevelt, Washington. Ich hoffe, dass das Befinden des jungen Herrn Roosevelt günstige Fortschritte macht, und wünsche ihm baldige Wiederherstellung. Gestatten Sie mir, Ihnen und dem amerikanischen Volke zu der heutigen Gedenkfeier von Washingtons Geburtstag Glück zu wünschen. Ich bedauere, Sie durch späte Ankunft enttäuscht zu haben, welche durch sehr heftige und anhaltende westliche Stürme verursacht wurde, die eine schnellere Fahrt selbst diesem trefflichen Fahrzeuge unmöglich machten. Ich freue mich auf den Moment des Zusammenseins mit Ihnen.

(gez.) Heinrich, Prinz von Preußen.“

Washingtons Geburtstag wurde von dem kaiserlichen Sendboten an Bord noch auf eine besondere Weise gefeiert. Er lud die hervorragenden Amerikaner, die er schon während der Fahrt hie und da als Gäste an seinen Tisch gezogen, zu einem Glase Champagner in seine Kabine und überraschte die Herren hier mit einem Trinkspruch auf den Nationalheros der Union, indem er mit gewinnendem Lächeln das Glas erhob: „Und nun, meine Herren Amerikaner, lassen Sie uns auf das Wohl George Washingtons trinken."

Die Gläser klangen zusammen in prächtigem Akkord, der zugleich die Schlussnote bildete zu der zwar stürmischen, aber doch glücklichen Ozeanfahrt. Jetzt näherte man sich rasch der amerikanischen Küste. Die Wasser beruhigten sich; noch eine Nacht sanfter Fahrt, dann sollte man morgen in den Hafen von New York, einen der schönsten der Erde, einlaufen.

3. Die „Hohenzollern“ in New York

Ein poetischer Trinkspruch – Der Geburtstag Abraham Lincolns – Ankunft der „Hohenzollern“ auf dem Hudson – Überfall durch Reporter – Amerikanische Gastfreundschaft – Die Mannschaft auf Urlaub – Der Prunkteppich des Norddeutschen Lloyd – Kapitän West und die „Narkeeta“ – Graf Baudissin bei Admiral Evans – Ein Besuch auf Shooters Island – Die „Hohenzollern“ und ihre Einrichtung – Kaiser Wilhelm als Klavierspieler – Die Nordlandreisen des Kaisers – Hohenzollernfahrten – Ein Ausspruch Wilhelms II. – New York im Schneesturm – Auf Regen folgt Sonnenschein – Hohenzollernwetter

„Hohenzollern“, stolze Nacht,
Stark teilst du die Wogen,
Sinnbild du des Reiches Macht
Kamst von fern gezogen,
Deine Mission ist hehr,
Suchst der Freundschaft Bande –
Ziehe weithin übers Meer
Zu Kolumbiens Strande.

Friedlich ziehst du deine Bahn
Bringst nicht Tod, Verderben –
Heil dir, Hohenzollern-Schwan,
Willst um Freundschaft werben!
Kameraden, hier zur Stund’
Lasst die Gläser klingen!
Hoch dem neuen Freundschaftsbund!
Mög’ der Wurf gelingen!

Mit diesem poetischen Trinkspruch wurde die stattliche Kaiser-Yacht an den Gestaden der Neuen Welt begrüßt von dem Kapitän C. P. Rees, als derselbe an Bord des amerikanischen Schulschiffes „Mononga-hella“ ein Luncheon zu Ehren seines Gastes, des Kontre-Admiral Graf Baudissin, Kommandant der „Hohenzollern“, gab. Der wohlgemeinte Spruch ist in Erfüllung gegangen, der Wurf voll und ganz gelungen.

Das Eintreffen der Kaiserlichen Yacht kann als ein imposantes Vorspiel der Empfangsfeierlichkeiten für den prinzlichen Gast in Amerika bezeichnet werden. New York, die bedeutendste Stadt des Kontinentes, ließ es sich nicht nehmen, den inoffiziellen Empfang des Kaiserschiffes zu einem überaus herzlichen zu gestalten, umso mehr da ihr Eintreffen auch mit einem patriotischen Gedenktage, nämlich dem Geburtstage Abraham Lincolns zusammenfiel.

Auf dem Broadway, jener ganz New York von Süden nach Norden durchziehenden Haupt-Verkehrs- und Geschäftsstraße, tummelte sich eine festlich gekleidete, müßig lustwandelnde Menge, die zum Teil der Mittagsvorstellung in den Theatern beigewohnt hatte, als vom Hafen herauf, den Hudson und East River entlang sich fortpflanzend, das ohrenbetäubende Heulen und Pfeifen von Tausenden von Sirenen, Pfeifen und Nebelhörnern der Dampfer ertönte und die ganze Stadt in fieberhafte Aufregung versetzte.

Wenige Minuten nur währte es, bis dank der amerikanischen Geschäftsfixigkeit die Zeitungsjungen mit druckfeuchten Extrablättern durch die Straßen eilten, das ungewöhnliche Ereignis, das Eintreffen der „Hohenzollern", zu verkünden. Tausende und Abertausende von Menschen fluteten nunmehr von dem verwaist zurückbleibenden Broadway hinunter nach den am Hafen entlang führenden Straßen, und fast explosiv entfaltete sich hier die Begeisterung, als man des in leuchtendes weiß gekleideten Fürstenschiffes und seiner sonnenbestrahlten, im Winde auswehenden Flagge ansichtig wurde.

Drüben bei Hoboken, der deutschesten Vorstadt der nordamerikanischen Metropole, machte die stolze Yacht an dem Pier des Norddeutschen Lloyd fest. Helles Entzücken strahlte aus den Augen der amerikanischen Seeleute, als sie den eleganten Rumpf mit den flott nach hinten geneigten Stahlmasten und den beiden mächtigen, in hellem Ockeranstrich erglänzenden Schornsteinen erblickten. Ja, wahrhaftig, das war ein Schiff, welches sich sehen lassen konnte!

Und nun zeigte sich der amerikanische Journalismus, der an Sensationsbedürfnis dem deutschen weit voraus ist, in seiner ganzen Glorie. Ein wahrer Überfall von Reportern aller Art wurde auf das in seiner erhabenen Ruhe stolz und fast unnahbar daliegende Schiff ausgeführt und die Liebenswürdigkeit der Herren Offiziere war auf eine schwierige Probe gestellt.

Es ist ganz unglaublich, was für eine unendliche Fülle von Fragen schon allein ein einziger amerikanischer Berichterstatter zur Verfügung hat. Bei dieser Masseninvasion aber hätte es wahrlich kein Wunder bedeutet, wenn den überfallenen Marine-Offizieren die Geduld ausgegangen wäre. Sie standen aber auch hier ihren Mann, wie in Sturm und Brandung und wie im Feuer feindlicher Geschütze. Am meisten umlagert wurde naturgemäß der distinguiert aussehende und für seine Jahre seltsam jugendlich erscheinende Kommandant Graf Baudissin, dessen blaue Augen aus dem freundlichen, gesund gebräunten Seemannsgesicht herzlich und offen hervorlachten, während er den mit Bleistift und Notizbuch bewaffneten Herren versicherte, wie sehr ihr Besuch ihn erfreue.

Graf Baudissin

Gleich nach den Herren von der Presse erschien, merkwürdig frühzeitig, das städtische Empfangskomitee und nahm nunmehr den liebenswürdigen Admiral in Beschlag. Andere Besucher konnten nicht zugelassen werden, sonst hätte man bei der allgemeinen Begeisterung die Hohenzollern geradezu gestürmt. Den Amerikanern war mancherlei auf dem stattlichen Schiffe neu, und offen sprachen sie ihre Bewunderung aus, was bei dem sehr selbstbewussten Volke, das nur allzu leicht geeignet ist, andere zu unterschätzen, viel bedeuten will. So erregte es beispielsweise allgemeines Erstaunen, dass ein Offizier zu einem gemeinen Matrosen, der ihm eine Meldung gemacht hatte, „Danke“ sagte, und die Mannschaften trotz der Winterkälte ohne Sweater herumliefen, wie man es bei amerikanischen Matrosen gewöhnt war. Gewissenhaft wurden diese auffallenden Erscheinungen noch in den Abendblättern desselben Tages registriert.

Die Besatzung der „Hohenzollern“ hatte sich über die Aufnahme durch die neuen amerikanischen Freunde nicht zu beklagen. Was Landurlaub erhielt, wurde unentwegt freigehalten. Ja, die amerikanische Gastfreiheit ging so weit, dass die deutsche Matrosenuniform einen Freipass zur Benutzung der Hafenfährboote bildete und sogar freies Stiefelwichsen, was an Bord derselben üblich ist, im Gefolge hatte.

Wo sich die deutschen Seeleute auch immer blicken ließen, auf dem offiziellen Broadway, der dem Bier und den Singspielhallen geweihten Bowery oder sonst wo, überall erscholl ihnen ein freudiges „Hallo Hohenzollern“ entgegen und in den „Saloons“ (Trinkstuben) wurden sie, wie selbstverständlich, mit *„What are you going to have, Hohenzollern?“* („Was trinkt Hohenzollern mit mir?“) begrüßt.

Am nächsten Tage machte Graf Baudissin in Begleitung des Generalkonsul Bünz seine offiziellen Besuche. Kapitän West vom Stabe des Direktors des Schiffsbauhofes in Brooklyn, Admirals Barker, hatte ihm vorher seine Aufwartung gemacht und holte ihn als Cicerone in einem kleinen Marinefahrzeug ab.

Eine humoristische Episode spielte sich hierbei auf dem zu welthistorischer Berühmtheit gelangten, kostbaren Lloydteppich ab, der im Verlaufe der Nacht über die Stufen der Landungsbrücke der Hohenzollern gelegt und bestimmt war, der Untergrund zu den bevorstehenden Ereignissen zu werden. Kapitän West, der ebenso sehr den Typus des wettergebräunten Seemannes, wie den eines unverfälschten Yankee zeigt, mit jovialem Gesichtsausdruck, breiter Nase und breitem Munde, landete mit seinem Dampferchen „Narkeeta“ zum allgemeinen Schrecken und Entsetzen der Lloydbediensteten abseits von dem feierlichen Teppich, den er für seine Fußsohlen wohl für zu schade halten mochte.

Man bat ihn aber flehentlich, doch ja über dieses Prunkstück dahinzuschreiten, damit den Intentionen des Lloyd Genüge geschähe. Gutmütig lächelnd gab daher der grauhaarige Kapitän nicht ohne schalkhaften Spott den Befehl, direkt vor dem Teppich anzulegen. Dann wurde Graf Baudissin im Verlaufe der nächsten Stunden mit seiner Begleitung kreuz und quer durch New York über Land und Wasser gewirbelt. Der erste Besuch galt dem Mayor im Rathause. Der Austausch der gegenseitigen Freundschaftsversicherungen gestaltete sich nicht zu einer kühlhöflichen Zeremonie, sondern war ein außergewöhnlich herzlicher.

Dann ging es hinaus nach Shooters Island, der kleinen Insel in der Bai von New York, auf welcher die Kaiser-Yacht „Meteor“ erbaut worden war. Als man Liberty Island passierte, jene kleine Insel am Eingang des Hafens, auf welcher sich die von den Franzosen geschenkte Freiheitsstatue erhebt, vernahm das geübte Ohr des Grafen Baudissin den Donner von Geschützten.

„Das ist ein Salut“, sagte er zu Kapitän West gewendet, und dieser erwiderte: „Ja, Admiral Evans hat seine Flagge auf der ‚Illinois‘ gesetzt.“

Admiral Evans

„Dann müssen wir unseren Kurs ändern, da ich zuerst dem Admiral Evans meine Achtung erweisen möchte“, versetzte Graf von Baudissin.

„Die ‚Narkeeta‘ steht zu Ihrer Verfügung; sie wird Sie dahin bringen, wohin Sie wünschen“, war Kapitän Wests Antwort und sofort erteilte er dem Lotsen den Befehl, nach Tompkinsville zum Ankerplatz der „Illinois“ zu fahren. Kaum war man auf der Höhe des Robbins Reef-Leuchtturms angekommen, als wiederum Salutschüsse ertönten.

„Abermals ein Salut“, bemerkte der deutsche Admiral.

„Das ist die ‚San Francisco‘“, erklärte Kapitän West, „welche in den Hafen eingelaufen ist und den Admiral Evans salutiert. Sie wird neben der ‚Illinois‘ vor Anker gehen, etwas nördlich von der ‚Olympia‘ und der ‚Cincinnati‘.“

Bald war die „Illinois“ erreicht, und Graf von Baudissin bestieg das mächtige Schlachtschiff, auf dem er von Admiral Evans herzlichst begrüßt wurde. Zum ersten Male stand der deutsche Admiral an Bord eines amerikanischen Schlachtschiffes, und er sprach deshalb auch dem amerikanischen Admiral gegenüber die Bitte aus, das Fahrzeug besichtigen zu dürfen. Selbstverständlich wurde diesem Wunsche sofort willfahrt und ein Rundgang durch das Schiff angetreten. Alles, was von Interesse war, wurde sorgfältig besichtigt, und wie sehr Graf von Baudissin von dem Gesehenen befriedigt war, ging aus der Äußerung hervor, welche er zu den ihn begleitenden Offizieren machte: „Dies ist ein prächtiges Stück der Schiffsbaukunst. Ehe ich nach New York kam, habe ich nur wenig von der neuen Marine der Vereinigten Staaten kennen gelernt. Das einzige Schiff, welches ich auf der anderen Seite des Ozeans sah, war der gegenwärtige Kreuzer ‚New York‘, als er in Kiel lag.“

Die beiden Kommandanten begaben sich dann in die Kajüte des Admirals Evans, wo sie längere Zeit im Gespräch verblieben. Nachdem ein Salut zu Ehren des Besuchers abgefeuert worden war, bestieg Graf von Baudissin mit dem General-Konsul, seinen Offizieren und Kapitän West, welchen sich auch Admiral Evans, sein Flaggen-Leutnant Chapin und Mr. Wallace Downey von der Schiffsbauerfirma Townsend & Downey angeschlossen hatten, die „Narkeeta", und nun ging die Fahrt ohne weiteren Aufenthalt nach Shooters Island.

Die Herren Downey und sein Stellvertreter W. R. Maran geleiteten die Gesellschaft nach dem Schuppen, in welchem der „Meteor" auf seinen Stützen ruhte, und wo eine Schar von gewandten Arbeitern die letzten Handverrichtungen vor dem Stapellaufe an ihm vornahmen. Mit kritischem Auge prüfte der deutsche Admiral alles; da war kein Detail an dem ganzen Fahrzeuge, welches seinem forschenden Blicke entging, und als er von der Yacht wieder auf das Dock getreten war, sagte er zu Admiral Evans und Herrn Downey: „Der ‚Meteor' ist ein prächtiges Schiff und sollte, wenn mit seiner Takelage versehen, sehr schnell sein. Er ist viel größer, als ich vorher angenommen hatte. Solche Arbeiten werden auf dieser Seite des Ozeans rasch und gut getan." Nach etwa einstündigem Aufenthalt auf Shooters Island bestiegen Graf von Baudissin und seine Offiziere wieder die „Narkeeta" und kehrten nach Hoboken zurück.

Die „Hohenzollern" war in New York dazu bestimmt, dem Prinzen Heinrich als schwimmendes Hotel und zu Repräsentationszwecken zu dienen. Sie bildete gewissermaßen ein Stück deutschen Bodens, in dem der Prinz seinen amerikanischen Besuch als in deutschem Hause empfangen konnte. Dass Prinz Heinrich nicht die Fahrt von Deutschland nach Amerika und zurück an Bord der Yacht unternahm, hat darin seinen Grund, dass einerseits die Hohenzollern nicht die bedeutende Geschwindigkeit der Schnelldampfer erreicht; dann aber liebt es Prinz Heinrich auch, sich gelegentlich unter das Volk zu mischen, und gerade auf das demokratisch gesinnte Amerika hat dieses Vornehmen den allergünstigsten Eindruck gemacht.

Äußerlich sieht die „Hohenzollern", wie eine amerikanische Zeitung nicht ganz unzutreffend bemerkte, mehr einem formidablen Kreuzer, als einem einfachen Lustfahrzeuge ähnlich. Sie hat eine Länge von

121 m und 10,8 m Breite; einen Tonnengehalt von 4187 und ist mit Maschinen von 9000 Pferdekräften ausgerüstet. Die Yacht hat drei Stahlmasten und zwei oben erheblich nach Achtern neigende Schornsteine, die ihr ein flottes Aussehen verleihen. Unter Volldampf kann das Schiff 21 Knoten (Seemeilen) die Stunde zurücklegen.

Die kaiserliche Yacht „Hohenzollern"

Ihr Bug läuft unten in einen widderartigen Sporn aus, nicht unähnlich dem eines Panzerkreuzers. Die Ausrüstung des Fahrzeuges besteht aus zwei 5 cm Schnellfeuerkanonen als Signal- und Alarmgeschütze und zwei Scheinwerfern. Ferner besitzt die Yacht eine ausgedehnte elektrische Beleuchtung, Dampfheizung und alle modernen Bequemlichkeiten. Die ständige Besatzung setzt sich zusammen aus 13 Offizieren und 305 Unteroffizieren und Mannschaften. Bei Anwesenheit des Kaisers befinden sich unter Einrechnung des Gefolges, der Gäste, der Dienerschaft, des Musikkorps usw. ungefähr 400 Personen an Bord.

Die innere Einrichtung des prächtigen Fahrzeuges, obwohl durchaus der kaiserlichen Würde nichts vergebend, repräsentiert weit mehr den Charakter edler Einfachheit bei Bequemlichkeit und Komfort, als des Prunkes. Man findet in den Zimmern wenig Goldverzierung und kunstreiches Flitterwerk, auch wenige Gemälde und Dekorationen.

Letztere sind in weichen Farben gehalten und die Möbel mit hellfarbigem, weichem Zitz überzogen. Weder Plüsch noch Seide ist verwendet, wenn man von der violett-samtenen Bettdecke im Schlafzimmer des Kaisers und einer seidenen im Zimmer der Kaiserin absieht. Das Privatgemach des Kaisers auf dem Salondeck, welches auch Prinz Heinrich bewohnte, ist mit einer Telefon-Einrichtung versehen, sonst aber spartanisch einfach ausgestattet. Es enthält eine solide eiserne Bettstelle, wie sie der Kaiser auch an Land gebraucht; das Kopfende ist mit dem kaiserlichen Wappen geschmückt. Die Wände sind mit hellfarbigem Zitz bedeckt, entbehren aber jeglicher sonstigen Dekoration.

Der Speise-Salon auf dem oberen Deck, gerade über dem Schlafgemach des Kaisers, ist grün tapeziert in Paneelen, die von Schnitzwerk in Eichenholz umgeben sind. Die Kandelaber sind von Messing und teils über, teils den mit einer blauen Samtdecke bekleideten Tisch umgebend, angebracht. In diesem Speise-Salon hängen zwei Gemälde, Fürst Bismarck und Graf Moltke darstellend. Auf dem Promenadendeck, zwischen den beiden Schornsteinen, liegt das Rauchzimmer als einziges Gemach auf diesem Deck, mit Ausnahme der Kapitäns-Kajüte, die sich unterhalb der Kommandobrücke und vor dem vorderen Schornstein befindet.

Das Musikzimmer, das größte und am luxuriösesten ausgestattete Gemach auf dem ganzen Schiff, ist auf dem Salondeck unter dem Speisesaal und der Küche gelegen. Seine Wände sind in Ahorn und Porzellan ausgelegt und geschmackvoll in Silber und Blau dekoriert. Dieses Gemach, das mehr einem kosigen Empfangszimmer an Land, als einer Schiffskabine ähnlich sieht, besitzt einen in Silber und Porzellan ausgelegten Kamin von höchst kunstreicher Arbeit.

Es dürfte nur wenig bekannt sein, dass Kaiser Wilhelm ein ganz vorzüglicher Klavierspieler ist und selbst die schwierigsten Läufe und Kompositionen glatt vom Blatt abspielt. Recht erfreut ist der Monarch immer, wenn er auf seinen Reisen Gelegenheit findet, dem Klavierspiel huldigen zu können. Nimmt der Kaiser zum Beispiel während des Manövers Privatquartier, so wird im Salon nie ein Klavier fehlen. An dem Piano auf der „Hohenzollern" sitzt er oft stundenlang, um zu präludieren und vom Blatt oder nach eigener Phantasie die herrlichsten Tonbilder zu entlocken. Im Berliner königlichen Schloss und im

Neuen Palais bei Potsdam stehen selbstverständlich mehrere Flügel, zumal auch die Kaiserin dem Klavierspiel sehr zugetan ist. Dass sich der Kaiser gelegentlich als Komponist betätigt, dürfte nicht ganz unbekannt sein; der Monarch hat eine ganze Reihe von Kompositionen geschaffen, unter denen der „Sang an Ägir" wohl die weiteste Verbreitung gefunden hat. Auf dem Achterdeck der „Hohenzollern" liegen die Quartiere der Sekretäre und sonstigen Begleiter des Kaisers, ebenso diejenigen der Maschinisten. Die Zimmer der Offiziere und deren Messe befinden sich unter der Brücke auf dem Salondeck, während die Mannschaft vorn im Bug des Schiffes einquartiert ist.

Die „Hohenzollern" wird von Kaiser Wilhelm regelmäßig jährlich zu folgenden Zwecken benutzt:

Um der Segelregatta von Dover nach Helgoland beizuwohnen, bei welcher der deutsche Kaiser die Preise aussetzt.

Zur Beiwohnung der Segelregatten auf der Elbe, in Kiel und an der Ostseeküste.

Zu einer Reise nach den norwegischen Fjords, welche Kaiser Wilhelm im Jahre 1901 zum 11. Male besucht hatte; im Jahre 1889 wurde die Reise bis nach dem Nordkap ausgedehnt.

Zu den Manövern der deutschen Flotte.

Zu dieser regelmäßigen Benutzung sind wiederholt Reisen von kürzerer und längerer Dauer hinzugetreten, unter denen hier nur an diejenige nach dem Orient zum Besuche des heiligen Landes im Jahre 1898, an welcher auch die Kaiserin teilnahm, erinnert sein mag. Bei den Reisen des Kaisers wird die Yacht in der Regel begleitet von einem Kreuzer, dem yachtartig eingerichteten Torpedoboot „Sleipner" und drei anderen Torpedobooten zu Depeschendiensten. Im Ganzen hat der Kaiser seit 1888 auf der früheren Yacht „Hohenzollern", dem jetzigen „Kaiseradler", und der neuen Yacht zusammen 44 Monate verbracht, von denen 14 Monate auf Auslandsreisen fallen, wobei die Yacht 63 000 Seemeilen, davon 27 000 im Auslande, zurückgelegt hat. Seit ihrer Indienststellung hat die „Hohenzollern" 74 520 Seemeilen zurückgelegt, wobei die Maschinen 23 400 000 Umdrehungen gemacht haben. Dies sei besonders für Freunde der Statistik bemerkt.

Abgesehen von ihrer Verwendung zu Inspizierungszwecken in der Marine und zu gelegentlichen Kreuzerdiensten bei größeren Flottenverbänden ist die „Hohenzollern" unserm Kaiser weit mehr als ein bloßes Lustfahrzeug, auf dem er sich etwa lediglich dem Vergnügen hingäbe. Die Nordlandfahrten dienen allerdings dem hohen Herrn in erster Linie zu der so notwendigen Erholung bei seinen aufreibenden Regierungsgeschäften, aber auch dort in den felsigen Einöden Norwegens kommt fast täglich der Kurier aus Berlin mit großen Taschen voll Akten und Staatsdepeschen.

Die Stunden der Ruhe widmet der Monarch nicht etwa nur der Muße, sondern vor allem ernster Einkehr in sich selbst, einem Rechenschaftsbericht vor seinem Gott, dem allein er sich verantwortlich fühlt; fern von dem Geräusch der Welt, umgeben von der grandiosen Natur, die der Schöpfer aller Dinge hier geschaffen, oft in einsamer Nacht unter dem klaren Sternenhimmel blickt er hinaus in die Unendlichkeit und läutert Herz und Geist von den Schlacken, die der Kampf mit dem Schlechten in der Welt etwa ansetzen möchte. Wie der Kaiser, der seine Aufgabe auf Erden so ernst, so tief, so heilig auffasst, selbst über seine Mission denkt, geht aus den Worten hervor, die er einst in Bezug auf seine erste Nordlandfahrt gesprochen. Sie sind ein edles Vermächtnis für uns, und jeder einzelne im deutschen Volke sollte sich dieselben dauernd in das Gedächtnis prägen. Diese Kaiserworte, an denen zu deuteln und zu kritteln ein Frevel wäre, lauten: „Bei meinen Reisen habe Ich nicht allein den Zweck verfolgt, fremde Länder und Staatseinrichtungen kennen zu lernen und mit den Herrschern benachbarter Reiche freundschaftliche Beziehungen zu pflegen, sondern diese Reisen, die ja vielfach Missdeutungen ausgesetzt waren, haben für mich den hohen Wert gehabt, dass Ich, entrückt dem Parteigetriebe des Tages, die heimischen Verhältnisse aus der Ferne beobachten und in Ruhe einer Prüfung unterziehen konnte. Wer jemals einsam auf hoher See, auf der Schiffsbrücke stehend, nur Gottes Sternenhimmel über sich, Einkehr in sich selbst gehalten hat, der wird den Wert einer solchen Fahrt nicht verkennen; manchem von Kleinen Landsleuten möchte Ich wünschen, solche Stunden zu erleben, in denen der Mensch sich Rechenschaft ablegt über das, was er erstrebt und was er geleistet hat. Da kann man geheilt werden von Selbstüberschätzung, und das tut uns allen Not."

In New York wurde auf der „Hohenzollern" fieberhaft gearbeitet, um alles in den nötigen Trimm für den Prinzen-Besuch zu bringen. Zwar war für Laienaugen das herrliche Schiff auf das properste imstande, aber eben nur für Laienaugen, denn dieses sind Augen von Landratten, und Landratten können bekanntlich nichts sehen. Daher musste die stolze Kaiseryacht jetzt ein Großreinemachen über sich ergehen lassen, dass manche deutsche Hausfrau in helles Entzücken geraten wäre. Spiegel, Bilder, Kronleuchter waren verhängt, die Decks schwammen in Wasser und Seife, von den Brücken und Booten stürzten wahre Gießbäche, die Korridore durchzog der aufgewirbelte Staub von ausgeklopften Polstermöbeln, und was Ölfarbe trug, wurde frisch gestrichen. Zum bitteren Leidwesen der New Yorker war unter diesen Umständen von einem Besuch des Kaiserschiffes zwecks Besichtigung nicht die Rede.

Das Wetter war bisher ausgezeichnet gewesen und ließ den schönsten Verlauf der nunmehr nahe bevorstehenden Festtage hoffen. Für den 22. Februar wurde das Eintreffen des Ehrengastes erwartet. Da schien am 18. des Monats der Himmel einen Strich durch die geplanten Feierlichkeiten machen zu wollen. Ein Schneesturm, wie ihn die nordamerikanische Ostküste seit Jahren, ja seit Jahrzehnten nicht erlebt, raste durch die Straßen New Yorks. In der Nacht begann es zu schneien, schneite dann den ganzen Tag, die ganze folgende Nacht hindurch und noch bis zum Mittag des nächsten Tages.

Dicke, weiße Flocken von enormer Größe und Dichtigkeit wurden vom Sturm durch die Straßen getrieben. Seit dem großen Blizzard von 1888 hatte die Stadt New York nicht ein so außergewöhnliches Naturereignis erlebt, und der Schneesturm von 1899 wurde im Vergleich zu dem gegenwärtigen als ein „Baby-Blizzard" bezeichnet.

Der Verkehr wurde, obwohl man schon nachts um 4 Uhr mit zahllosen Menschenkräften und sämtlichen auftreibbaren Schneepflügen, Wagenkolonnen und Karren arbeitete, in allen Teilen der Stadt gehemmt und stockte an manchen Stellen gänzlich. Elektrische und von Pferden gezogene Straßenbahnen mussten den Verkehr einstellen und sogar die Hochbahn, die infolge ihrer Konstruktion sonst am wenigsten den Folgen eines Schneetreibens ausgesetzt ist, musste stundenlang pausieren. Fußhoch türmte sich trotz rastlosesten Arbeitens von tausenden von Menschen der Schnee in den Straßen, und an den Ecken wehten etagenhohe Berge zusammen. Überall arbeiteten

Schneeschmelzmaschinen, fast ohne sichtbaren Erfolg, denn immer neue Flockenmyriaden fielen unaufhörlich vom Himmel hernieder, so dass man kaum wenige Schritte weit sehen konnte. Allenthalben erblickte man Fuhrwerke auf den Straßen, die mitten auf der Strecke im Schnee stecken geblieben und von ihren Besitzern verlassen waren. Von Passanten zeigten sich die Straßen fast leer, nur Arbeiter mit Schippen, Hacken, Besen, Schaufeln usw. waren zu sehen, und Schnee, Schnee, Schnee, soweit das Auge reichte.

Die Schifffahrt auf dem Hudson und East-River war lebensgefährlich und die rastlosen Fährboote mussten zum Teil ihre Fahrten einstellen, nicht nur, weil sie nicht zu sehen vermochten, sondern weil ein Sturm auf dem Wasser herrschte, der meterhohe Wellen emportrieb. Die Schiffe sanken fast unter der Last der Schneeberge, welche sich auf ihren Decks und den Raaen aufhäuften, sodass sie mehr plumpen Eisbergen glichen, als schlanken Fahrzeugen.

Die städtischen Körperschaften und die Empfangskomitees waren in Verzweiflung, und wenn je in einer Stadt rastlos an der Beseitigung von Schneemassen gearbeitet worden ist, so geschah es in diesen Tagen in New York. Der Lohn blieb nicht aus. Als nach dem Blizzard milderes Wetter eintrat, erstrahlten die Straßen New Yorks wie verjüngt nach dieser Generalreinigung, und nun konnte man den prinzlichen Gast würdig empfangen.

Die erste Ansiedlung der Holländer, aus der sich das heutige New York entwickelt hat

4. Willkommen in der Neuen Welt

New York, sein Hafen und seine Einwohner – Ein Urteil des Prinzen Heinrich –Straßen und Häuser – Die Verkehrsmittel der Riesenstadt – Einfahrt des „Kronprinz Wilhelm" – Entfesselter Enthusiasmus – Ein Begrüßungs-Telegramm – Ehrensalut – „Willkommen" – Ankunft am Pier des Norddeutschen Lloyd – Frühstück auf der „Hohenzollern" – Offizieller Empfang – Abendillumination – Prinz Heinrich im Deutschen Klub zu New York

So wollen wir, du hochwillkommener Gast,
Im Geiste deine Freundschaftshand ergreifen.
Es schmücken deutsche Farben jeden Mast,
Es wehen dir die Sterne und die Streifen.
ir aber grüßen Dich mit deutschem Wort,
Mit deutschen, liedesstarken Herzenstönen,
Mit heißen Segenswünschen, fort und fort,
Von Deutschlands fernen, stammesstolzen Söhnen.

Bevor wir dem Prinzen Heinrich, der sich jetzt an Bord des „Kronprinz Wilhelm" vor den Toren der Neuen Welt befand, in den Hafen von New York folgen, sei es uns gestattet, einen Blick auf die nordamerikanische Königin des Meeres selbst, in der sich jetzt alle die glänzenden Feierlichkeiten abspielen sollten, zu werfen.

Das eigentliche New York liegt auf einer Insel, Manhattan Island, deren granitener Boden im Westen von der erweiterten Mündung des direkt in nordsüdlicher Richtung fließenden Hudson bespült wird, während sie im Norden und Osten der Harlem- und der East River begrenzen. Südlich läuft die Insel in eine Spitze aus, an deren äußerstem Punkt sich ein freier Platz mit prachtvollem Ausblick auf den Hafen, die Battery, befindet. Hier erhebt sich ein altes Zirkusgebäude, welches lange Jahre als Einwanderer-Heim diente, jetzt aber ein Aquarium mit bedeutenden Sehenswürdigkeiten enthält. Die neue Einwandererhalle befindet sich auf dem in der Bai gelegenen Ellis Island, wo mächtige Unterkunftsräume errichtet sind, denn noch immer strömen, trotz verschärfter Aufnahmebestimmungen, Tausende und Abertausende von Auswanderern aus der alten Welt hier zusammen.

Von der Battery geht der berühmte Broadway, das Rückgrat, die Lebensader New Yorks, direkt nach Norden in einer Länge von 15 Kilometern bis an den Harlem River; die Breite der wichtigsten Geschäftsstraße der Welthandelsmetropole beträgt nur 25 Meter. Die Down Town (Unterstadt), noch von den Holländern als Neu-Amsterdam angelegt, ist eng und unregelmäßig gebaut. Aber von den alten Häusern ist nicht mehr viel zu erblicken; sie haben neuen, modernen Bauten Platz gemacht, und hier, wo das Hauptgeschäftsviertel der Stadt sich befindet, erheben sich die himmelanstrebenden „Wolkenkratzer". So nennt der Volksmund jene Riesengeschäftshäuser, die bis zu 20, 25 und 30 Etagen hoch sind. Sie bilden ganze Gemeinwesen für sich, haben ihre eigene Wasserleitung, eigene Maschinen zur Erzeugung von Dampfheizung und Licht und natürlich Fahrstühle in großer Menge, denn Treppen zu steigen wäre in solchen Riesenbauten unmöglich; die menschliche Lunge würde nicht ausreichen, diese Höhen zu bewältigen, noch weniger aber die „Zeit" der geschäftigen Amerikaner, denn in den Vereinigten Staaten herrscht die Jagd nach dem Dollar, und der Spruch *„Time is money"* hat hier mehr Gültigkeit als irgend sonst in der Welt.

Sehr interessant ist die Ansicht des Prinzen Heinrich über diese phänomenalen Gebäude, welche er später bei seinem Wege durch die Stadt zum Besten gab. Von einem der Herren des amerikanischen Empfangs-Komitees gefragt, wie er über die hohen Häuser der Downtown denke, erwiderte er, es sei ihm gleich, ob ein Haus zwei Stockwerke habe, oder zwanzig; er beurteile eine Stadt nicht nach ihren Gebäuden, sondern nach ihren Einwohnern. Man sieht, dass das Urteil des Prinzen viel tiefer dringt, als die Amerikaner vermuteten, wenn sie glaubten, dass ihre Steinpyramiden dem deutschen Fürsten gewaltig imponieren würden.

Abgesehen von den alten Stadtteilen ist New York nach echt amerikanischem Muster in Schachbrettmanier gebaut, das heißt von gradlinigen, rechtwinklig sich schneidenden Straßen durchzogen. Im Allgemeinen heißen die langen von Norden nach Süden laufenden *„Avenues"*, die kurzen von Osten nach Westen laufenden *„Streets"*. In der

Unterstadt trägt eine Anzahl von Straßen Namen; ebenso einige, die sonst hervorragen; im Übrigen sind sie nummeriert, und man zählt, wenn man den Broadway von Süden nach Norden entlang schreitet, von der ersten bis ca. zweihundertsten Straße.

Der Verkehr ist, namentlich im Geschäftsviertel, enorm. Der Broadway fasst kaum die Fülle von Menschen, welche sich auf ihm zusammendrängen, und die mächtige East-River-Brücke, welche nach Brooklyn hinüberführt, vermag nach Schluss der Geschäfte und Fabriken die Massen kaum zu bewältigen. Nachmittags zwischen 5 und 7 Uhr ist der Menschenstrom hier unglaublich stark, und wer es nicht selbst mit angesehen hat, vermag sich nur schwer eine Vorstellung von diesem grandiosen Leben und Treiben zu machen. Die elektrischen Cars (Straßenbahnwagen) und die Pferdebahnwagen verkehren unablässig in fast ununterbrochener Reihe und sind fast stets stark besetzt.

Im Geschäftsviertel von New York

Darüber hin rollt die Elevated Railway, die New Yorker Hochbahn, welche die ganze Stadt von Süden nach Norden in vier Linien durchzieht. Trotz des fabelhaften Andranges, welcher auch hier herrscht, wickelt sich der Verkehr merkwürdig glatt ab, da das Publikum sehr selbständig und aufmerksam ist und niemals unnötige Zeit vergeudet. Der ganze Amerikaner ist eben auf den Verkehr zugeschnitten.

Auf dem Hudson und dem East-River tummeln sich die Ferry-Boote (Dampffähren). Sie sind kolossal, wie alles in Amerika, und vermögen große Menschenmengen zu fassen; gleichzeitig befördern sie eine Unmenge von bespannten Wagen. Diese Ferry-Boote sind trotz ihres bedeutenden Umfanges sehr scharf gebaut und durchschneiden die Fluten pfeilschnell, bleiben dabei fast völlig unberührt vom Wellengang, und ihre Maschinen arbeiten so ruhig, dass man nicht das geringste davon fühlt. Bei alledem ist der Preis für die Überfahrt außerordentlich niedrig; er beträgt durchschnittlich 3 Cents, was im Verhältnis zu dem sonst in jeder Beziehung teuren Amerika sehr billig ist.

Unter den öffentlichen Gebäuden zeichnen sich aus die *City Hall* (das Rathaus), die nach dem Pantheon in Athen gebaute Börse, das Zollhaus, die Post-Office und so weiter. Unter den mehreren hundert Kirchen ragt die mit einem 85 Meter hohen Turm geschmückte Trinity Church hervor; sehr malerisch wirkt die altenglische Grace Church, imposant die Synagoge in der Fünften Avenue. Unter den Hotels sind namentlich das Astor- und das Metropolitan-Hotel erwähnenswert. Die Straße der Vornehmen und Reichen ist die dem Broadway parallellaufende *Fifth Avenue,* welche aus lauter Palästen besteht und eine Fülle von Reichtum in sich vereinigt, die man ein zweites Mal vergeblich auf der Erde suchen dürfte. An ihr entlang zieht sich der etwa in der Mitte New Yorks gelegene 3-4 km lange Central Park mit seinen imposanten Felspartien, herrlichem Baumbestand und leuchtenden Wasserflächen.

Eigentümlich, aber durch die natürliche Lage der Stadt auf einer Insel bedingt, ist der Umstand, dass nur eine einzige Eisenbahn in New York selbst mündet, die New York Central Railroad. Sie kommt von Norden her und endet an der 42. Straße, wo sich der große Centralbahnhof erhebt. Alle übrigen Eisenbahnen münden in Jersey City, der jenseits des Hudson, südlich von Hoboken gelegenen Vorstadt.

In Hoboken befinden sich die ausgedehnten Anlegeplätze des Norddeutschen Lloyd und der Hamburg-Amerika-Linie. Hier war die Stätte für die Ankunft und Abfahrt des Prinzen Heinrich, und am Pier des Norddeutschen Lloyd lag auch die „Hohenzollern“ während ihres Aufenthaltes in New York vor Anker. Die Einwohnerzahl der Stadt wird einschließlich ihrer Vorstädte gegenwärtig auf 4 Millionen geschätzt. Nächst London ist New York der bedeutendste Handelsplatz der Erde.

City Hall, New York

Fünfte Straße, New York

Park Row Building, das höchste Gebäude New Yorks

Als der „Kronprinz Wilhelm“ sich dem Welthafen näherte, herrschte in der ganzen Stadt lebhafteste Aufregung. Vom „Nantucket-Feuerschiff“ aus war das Eintreffen des Lloyddampfers auf der Rhede mittels drahtloser Telegraphie nach dem Festlande gemeldet worden, und nun kam dem Prinzenschiffe bis weit hinaus vor die Tore des Hafens eine unzählbare Menge von Dampfern, über und über mit Passagieren beladen, entgegen.

Brücke über den East River zwischen New York und Brooklyn

Die Begeisterung schlug hohe Wellen, höhere, als man in Deutschland erwartet, höhere, als die kühlen Amerikaner wohl selbst für möglich gehalten. In das Hurra-Rufen mischte sich das Heulen und Tuten der Pfeifen und Dampfsirenen, und mitten hinein donnerte der eherne Gruß der Geschütze von den Forts und den Kriegsschiffen.

Umtost von dem Brausen des entfesselten Enthusiasmus stand der Friedens- und Freundschaftsbote des deutschen Kaisers hoch oben auf der Kommandobrücke des majestätischen Schiffes und schaute bewegt hinein in das Toben der Begeisterung, welches sein Erscheinen an der gastlichen Küste entfachte. Prinz Heinrich hatte, der Feierlichkeit des Augenblickes entsprechend, das bequeme Bordjackett mit dem Galarock des Admirals der deutschen Marine vertauscht.

Jetzt kam, übergossen vom herrlichsten Sonnenlicht, das schöne Panorama des Hafens immer mehr und mehr herauf. Die Hügel, welche die weite Bay von New York rings umkränzen, erglänzten in dem Schmuck leuchtenden Schnees, und das Wahrzeichen der Freiheit, die Liberty-Island-Statue, entfaltete sich immer imposanter. Zur Linken passierte man Sandy Hook mit seinen von Riesengeschützen verteidigten Befestigungen, und langsam fuhr der Dampfer in die Meerenge der Narrows ein.

Präsident Roosevelt hatte den Gruß des Prinzen vom „Nantucket Feuerschiff" aus sofort telegraphisch erwidert. Die Depesche, welche den Gast der Nation in Amerika willkommen hieß, lautete folgendermaßen:

Weißes Haus, 22. Februar.

Prinz Heinrich von Preußen an Bord der „Hohenzollern"
New York City

Ich nehme Ihren so herzlichen Gruß bei Ihrer glücklichen Ankunft an und danke Ihnen für die Botschaft im Namen des amerikanischen Volkes. Ich werde Sie sehen und freue mich darauf, morgen mit Ihnen persönlich zusammenzutreffen.

Theodore Roosevelt.

Prinz Heinrich benutzte die Muße, welche ihm noch für wenige Augenblicke blieb, dazu, Kapitän Richter, den Führer des „Kronprinz Wilhelm" über den Ozean, auf das Wärmste und Herzlichste zu beglückwünschen, da sein Schiff schneller als jeder andere der großen Passagierdampfer den Atlantik durchquert habe. Der diesmalige Rekord des „Kronprinz Wilhelm" war zwar kein absoluter, da der Schnelldampfer selbst schon bessere Fahrzeiten erreicht hatte und daran gemessen sein Ziel nahezu 24 Stunden früher hätte erreichen müssen. Bei der sechs volle Tage andauernden schweren See mit konträren Stürmen, welche einige Male die Orkangrenze überschritt, ist die Leistung des Lloydschiffes aber immerhin eine so glänzende gewesen, dass es den englischen und den amerikanischen Schnelldampfer, welche ihm die Rekordpalme entreißen wollten, mit leichter Mühe geschlagen hat. England und Amerika, von denen namentlich das erstere nicht ohne schwere Besorgnis der immer mächtiger ihre Adlerflügel rührenden deutschen Schifffahrt zuschaut, haben sicherlich nicht ihre schlechtesten Ozeanrenner an den Start nach Southampton geschickt, und so steht denn die Leistung des deutschen Schiffes unter den außergewöhnlich schwierigen Verhältnissen unerreicht glänzend da. Selbst englische Meldungen müssen dies zugeben; sie berichten, dass das Prinzenschiff bei der Rekordstation, Quarantaine-Island, bereits um 9.57 Uhr vormittags, die „Campania“ der englischen Cunard-Linie erst um 12.18 Uhr und der amerikanische Schnelldampfer „St. Louis“, der von Southampton volle 24 Stunden früher abgefahren war, erst um 2 Uhr nachmittags eintraf.

Der „Kronprinz Wilhelm“, an dessen Bord jetzt der amerikanische Lotse das Kommando führte, hatte seine Fahrgeschwindigkeit gemäßigt. Langsam trieben ihm aus dem Hafen die Eisschollen entgegen, welche an seinem gewaltigen Rumpf entlang scharrten. Um 10.10 Uhr feuerte das Fort Wadsworth den ersten Salut von 21 Schuss, dann folgte Fort Hamilton.

Der Lloyddampfer senkte dreimal grüßend die Flagge und die Matrosenkapelle spielte die amerikanische Nationalhymne *„The Star-Spangled Banner“*. Nach Verlauf einer halben Stunde passierte Prinz Heinrich das vor Tomkinsville liegende amerikanische Kriegsgeschwader, dessen Mannschaften auf Deck in Parade-Aufstellung zu erblicken waren, und donnernd rollte der Gruß ihrer Geschütze über das Wasser. Die Forts der Quarantäne-Station und der Narrows folgten. Immer höher wuchs die riesige Freiheitsstatue, deren hellgrüne Patina wunderbar im Sonnenglanz leuchtete, und rechts voraus tauchten die Riesenhäuser New Yorks aus den Wellen, sämtlich mit reichem Flaggenschmuck bedeckt.

Bei der Quarantänestation erhielt Prinz Heinrich die erste offizielle Begrüßung. Admiral Evans kam mit seinem Stabe an Bord, darunter dessen Sohn als Flaggleutnant, desgleichen der deutsche Marine-Attachee Kapitän von Rebeur-Paschwitz. Auf die Worte des amerikanischen Admirals: „Ich bin sehr erfreut, Sie zu empfangen. Jedermann in den Vereinigten Staaten harrt, Sie zu bewillkommnen", erwiderte der Prinz: „Ich danke Ihnen; ich freue mich sehr, hier zu sein. Der Kaiser hat mich beauftragt, Ihnen, Herr Admiral, seine Grüße zu überbringen, und ich habe das Vergnügen, diesen Auftrag auszuführen."

Der Lloyddampfer erreichte bald den Hudson, und begleitet von hunderten von Fahrzeugen aller Art, gelangte er, begrüßt von dem vieltausendstimmigen Hurra der am Ufer Stehenden, an den Pier, wo er gegenüber der in Flaggengala prangenden „Hohenzollern" festmachte. Es ist unmöglich, die Begeisterung zu schildern, welche die Menge ergriff, als der deutsche Prinz, nachdem die schwierigen Anlegungsarbeiten des Riesenschiffes bewältigt waren, am Fallreep erschien. Darum sei es mir gestattet, an dieser Stelle den Willkommensgruß wiederzugeben, welchen die New Yorker Staatszeitung, das angesehenste, über die ganze Union verbreitete deutsche Blatt Amerikas, dem Prinzen entgegenrief. Bei der großen Bedeutung, welche dieses Weltblatt weit über die Grenzen des Landes, in dem es erscheint, hinaus genießt, darf man das Gedicht wohl als den Gruß Amerikas bezeichnen. Es lautet:

Willkommen!

Willkommen, Prinz, am gastlichen Gestade
Der Neuen Welt, der Alten stammverwandt!
Columbia bietet dir, Germanias Sohne,
Der Freiheit Kind dem Fürstenspross, die Hand.

Ein Werk des Friedens in Empfang zu nehmen,
Dem Spiel, dem edlen Wettstreit nur geweiht,
Kommst du, des Kaisers, deines Bruders, Bote,
Zu kräftigen der Völker Einigkeit.

Das Band des Blutes und das Band der Freundschaft,
Mög's fester sich gestalten, enger noch!
Des Deutschen Fleiß, der Angelsachsen Kühnheit,
Teutonisch sind im Grunde beide doch.

In frommer Liebe für die alte Heimat,
Der keiner je sein Herz entziehen kann,
Erschall ein dreifach Heil! Dreifach Willkommen!
Dem Prinz, dem Deutschen und dem edlen Mann!

Es möge niemand drum uns knechtisch schelten,
Columbia sind durch Schwur wir angetraut;
Und wenn im Sohne wir die Mutter ehren,
Bleibt unverkürzt die Liebe zu der Braut.

In der reich mit Fahnen und Blumen geschmückten Empfangshalle des Norddeutschen Lloyd wartete ein erlesenes Publikum; Graf Baudissin hatte mit seinen Offizieren vor der purpurprangenden Treppe zur „Hohenzollern" Aufstellung genommen. Der Moment des Abschieds des Prinzen von seinem bisherigen Heim war feierlich ergreifend. Lange noch stand er oben am Fallreep und schien sich kaum trennen zu können von dem braven Kapitän Richter, dem er wiederholt die Hand schüttelte.

Dann machte er sich plötzlich los und stieg die Treppe hinunter. Die Kapelle intonierte „Heil dir im Siegerkranz", das amerikanische Publikum brach der Landessitte gemäß in lautes Händeklatschen aus, Graf Baudissin machte seine Meldung, und nun konnte der Prinz sein neues Heim, die Kaiser-Yacht, betreten. Die Mannschaft, welche Paradeaufstellung genommen hatte, scharf musternd, begab sich Prinz Heinrich in die Repräsentationsräume des Schiffes, wo er nunmehr alle die Abordnungen empfing, welche ihm den Willkomm auf amerikanischem Boden aussprechen wollten.

Die ersten Besucher waren General Brooke, Admiral Barker und Kapitän West, welche die Marine vertraten, sodann der deutsche Botschafter v. Holleben mit den Botschaftsattachees in Uniform, der deutsche Generalkonsul Bünz; dann erschienen die drei Delegierten des Präsidenten Roosevelt: Unterstaatssekretär Hill, General Corbin, Kontreadmiral Evans, hierauf folgte der Adjutant Deweys, Kapitän Sergent, welcher das lebhafte Bedauern des Admirals aussprach, am persönlichen Erscheinen verhindert zu sein. Zuletzt erschien der Bürgermeister von New York, Seth Low, mit seinem Sekretär. Nach dem

Empfang folgte ein Gabelfrühstück, bei welchem der deutsche Botschafter von Holleben und der Kontreadmiral Evans neben dem Prinzen Heinrich saßen.

Am Nachmittag drei Uhr besuchte der Prinz mit einem Schleppdampfer die Regierungswerft, stattete dem Admiral Barker und dem General Brooke Gegenbesuche auf Governors Island ab und besichtigte das Schlachtschiff „Illinois“.

Die Bai von New York

Bei Sonnenuntergang fand an Bord feierlicher Zapfenstreich statt. Zum Schluss spielte die Musik das *„Star Spangled Banner“*; wie mit einem Zauberschlag verschwanden die vielen bunten Wimpel, die vorher lustig im Winde geschaukelt, und nur die Kaiserstandarte wehte stolz allein am Hauptmast. Langsam senkte sich die Dunkelheit über die weiße Yacht und ihre Umgebung, je mehr die Sonne jenseits der New Jerseyer Berge verschwand. Da blitzte es auf in den Kaiserkronen, welche die Masten der „Hohenzollern“ krönen, und aus ihnen heraus sandten elektrische Lampen ihren hellen Schein herab über das Deck und erleuchteten es, sodass man das kleinste Detail auf dem Schiffe erkennen konnte. Nur der Rumpf lag im Dunkeln, das immer dichter ward, jetzt schimmerte es nur noch schwach – da plötzlich, ein neues Wunder, vom Stern aus begann es zu glühen, wie eine feurige Schlange fuhr es den Rumpf entlang um den Bug herum, zurück zum Heck, die Reling entlang, hinauf die Masten bis zur Spitze, an den Ecken und Kanten der Deckhäuser hin, und nun stand die ganze herrliche Yacht in all' ihren gefälligen Linien von Hunderten elektrischer Lämpchen beleuchtet da, deren Schein tanzend auf den Wellen glitzerte und weit hinaus in die Nacht strahlen ließ, das deutsche Kaiserschiff wie ein Märchenbild aus Tausend und Eine Nacht erscheinen lassend.

Der untere Hafen New Yorks, von der East River Brücke aus gesehen

Sechs Glas waren auf der „Hohenzollern" geschlagen worden, als Prinz Heinrich seine Gäste im Speisezimmer des Hauptdecks begrüßte. Fünf Tafeln waren mit je acht Kouverts gedeckt und mit weißen Orchideen und weißen Tulpen geschmückt. Der Prinz, Admiral Evans, Graf von Baudissin, Botschafter von Holleben, Hilfs-Staatssekretär Hill und Kapitän von Holleben saßen am Mitteltisch. Die Marine-Kapelle konzertierte. Das Diner dauerte bis 9 Uhr.

Während des Mahles traf die zum Ehrengefolge des Prinzen bestimmte Schwadron amerikanischer Kavallerie ein und nahm Aufstellung am Fuß des Piers, um den Prinzen und sein Gefolge nach dem deutschen Klub zu eskortieren. Hier wurde der hohe Gast von deutschen Männern begrüßt und mit lautem Jubel empfangen. Das Orchester, unter Leitung von Henry Schmitt, dem Direktor der Philharmonischen Gesellschaft, spielte die Hochzeitshymne, welche Prinz Heinrich zur Vermählung der Prinzessin Sophie mit dem Kronprinzen Konstantin von Griechenland komponiert hatte. Es war ein ereignisreicher und mühevoller Tag, aber dennoch erhebend, bewies er doch, mit wie offenem Herzen der deutsche Prinz „drüben" willkommen geheißen wurde. Der Berliner Magistrat sandte am Tage der Ankunft des Prinzen Heinrich in New York ein Telegramm an den Mayor der amerikanischen Metropole, welches folgenden Wortlaut hatte:

„Am heutigen Tage, an welchem New York den Bruder des deutschen Kaisers als Gast begrüßt, geben wir der Freude über die innige Freundschaft Amerikas und Deutschlands und der Hoffnung auf deren Fortdauer und Befestigung herzlichen Ausdruck.

Magistrat von Berlin. Kirschner."

Der Bürgermeister New Yorks antwortete sofort:

„Im Namen der Stadt New York erwidere ich Ihre freundschaftlichen Grüße. New York wird den Prinzen mit aller Herzlichkeit empfangen. Mit Ihnen hoffen wir, dass sein Besuch viel dazu beitragen wird, die Bande, welche die beiden Länder stets verbunden haben, zu dauernder Freundschaft zu kräftigen. Der Prinz hat uns alle gefangen genommen.

Low, Mayor."

5. Beim Präsidenten der United States

Ein geschichtlicher Rückblick – Der Freiheitskrieg der Union – Die Verfassung der Vereinigten Staaten – Die Bundeshauptstadt Washington – Kapitol und Weißes Haus – Prinz Heinrich auf der Pennsylvania-Bahn – Empfang des Prinzenzuges in Baltimore – Washington im Festschmuck – Prinz Heinrich und Präsident Roosevelt – Kaiser Wilhelms Geschenke – Bei den Botschaftern – Des Präsidenten Gegenbesuch – Festakt im Kapitol – Das Bankett im Weißen Hause – Reden und Gegenreden – Beim Würzburger Bier – Zurück nach New York – Kaiser Wilhelm und Präsident Roosevelt

Den politischen Höhepunkt der Reise des Prinzen Heinrich bildete seine Zusammenkunft mit dem Präsidenten der Vereinigten Staaten in der Bundeshauptstadt Washington. Bevor wir jedoch zu der Schilderung der tatsächlichen Ereignisse der Amerikafahrt übergehen, sei es gestattet, einen kurzen orientierenden Blick auf die Verfassung der Union und die Machtbefugnisse, welche dem obersten Beamten der United States übertragen sind, sowie auf die Hauptrepräsentationsstadt, in welcher sich die offiziellen Feierlichkeiten abspielen sollten, zu werfen.

Wir beginnen unsere Betrachtungen mit jenem denkwürdigen Moment, da die nordamerikanischen Kolonien sich zur Selbständigkeit erhoben, d.h. sich zunächst gegen das Mutterland, England, auflehnten. Den eigentlichen Anstoß hierzu hatte die Weigerung der englischen Regierung gegeben, den Kolonien Sitze im Parlament zu gewähren, und so brach denn in Boston, der Hauptstadt von Massachusetts, im Jahre 1775 ein Aufstand aus, der, vorerst ohne größere Erfolge weiter glimmend, plötzlich im Jahre 1775 zu dem allgemeinen Freiheitskriege aufloderte.

Am 4. Juli 1776, dem späteren großen Nationalfesttage, erfolgte die nominelle Unabhängigkeitserklärung der dreizehn Kolonien Massachusetts, New Hampshire, Rhode Island, Connecticut, New York, New Jersey, Pennsylvania, Delaware, Maryland, Virginia, North Carolina, South Carolina und Georgia. Es galt nun, den kühnen Schritt mit Waffengewalt durchzuführen, und so kam es denn zu jenem hartnäckigen Kampfe, der mit der Erringung der Freiheit endete. Anfangs hatte es nicht den Anschein, als ob den kühnen Kolonisten der Sieg zufallen sollte; lange musste mit wechselndem Glücke und unter schweren Opfern um die Palme gerungen werden.

Aber große Zeit gebiert große Männer. Den kraftvoll emporstrebenden Freiheitskämpfern erwuchs in George Washington der Retter und Nationalheld, „der erste im Kriege, der erste im Frieden, der erste im Herzen des amerikanischen Volkes." Ihm zur Seite wirkte Benjamin Franklin, der, ein feiner Politiker, Europas Sympathien zu gewinnen wusste, und so traten denn wirklich Frankreich, Spanien und Holland für Amerika ein; besonders die französische Nation stellte sich mit Enthusiasmus auf die Seite der um ihre Selbständigkeit Ringenden, und Männer wie Lafayette und Kosciuszko fochten für die Idee der Freiheit mit.

Lange schwankte der ungleiche Kampf hin und her, ohne dass es zu einer Entscheidung kommen wollte; da gelang es im Jahre 1781 Washington mit wirksamer Unterstützung der Franzosen, den englischen Feldherrn Cornwallis gänzlich auf das Haupt zu schlagen und die Festung Yorktown zu erobern. Jetzt war die Stellung der Engländer in Nordamerika unhaltbar geworden. Im Jahre 1782 erkannte die britische Regierung die Unabhängigkeit der Vereinigten Staaten von Amerika an.

Nun konnte das junge Reich an den inneren Ausbau gehen. Eine Theorie der Verfassung wurde nicht aufgestellt, neue Pläne zur Organisation nicht entworfen. Eine Zeit lang schwankte man zwischen Staatenbund und Bundesstaat hin und her; dann verdichteten sich die Verhältnisse im Jahre 1787 zu der Konstitution vom 17. September. Nach derselben bildet die Union einen Bund von Freistaaten, welche die Angelegenheiten, die das Gesamtwohl aller Staaten betreffen, einer Unionsregierung übertragen haben; letztere setzt sich aus drei selbständigen Körperschaften zusammen: der exekutiven (Präsident), der legislativen (Kongress) und der richterlichen.

Der Kongress, der legislative Gewalt besitzt, besteht aus dem Senat und dem Repräsentantenhause. Alle Bundesgesetze müssen von beiden Häusern des Kongresses beraten und mit Stimmenmehrheit angenommen werden. Sitz der Regierung ist die Bundeshauptstadt Washington, wo der Kongress, wenn er nicht durch den Präsidenten außerordentlicherweise einberufen wird, mindestens einmal im Jahre zusammentritt. Der Senat wird aus zwei Senatoren von jedem Staate gebildet, die von den Legislaturen der einzelnen Staaten auf sechs Jahre gewählt sind. Alle zwei Jahre wird ein Drittel der Senatoren neu gewählt. Präsident des Senats ist der Vize-Präsident der Vereinigten Staaten.

Das Repräsentantenhaus besteht aus 325 Abgeordneten der verschiedenen Staaten und aus einigen Abgeordneten der organisierten Territorien; die Repräsentanten werden auf zwei Jahre von dem Volke der einzelnen Staaten gewählt.

Die vollziehende Gewalt ruht in den Händen des Präsidenten der Vereinigten Staaten; er wird, ebenso wie auch der Vize-Präsident, auf vier Jahre durch mittelbare Volkswahlen gewählt. Der Präsident muss eingeborener Bürger der Union, mindestens 35 Jahre alt und 14 Jahre innerhalb der Union ansässig sein. Er bezieht ein Jahresgehalt von 25.000 Dollar; seine Residenz ist das „Weiße Haus" in Washington. Der Vize-Präsident bezieht 5000 Dollar. Die Rechte des Präsidenten gleichen etwa denen eines konstitutionellen Fürsten; u.a. steht ihm das Begnadigungsrecht zu, außer wenn es sich um eine Anklage gegen die Staatsverwaltung handelt. Er ist unverletzlich, aber absetzbar und kann ein zweites Mal gewählt werden; über Armee und Flotte führt er den Oberbefehl.

Die oberste richterliche Behörde der Vereinigten Staaten ist der Obergerichtshof, der in Washington seine Jahressitzungen abhält; er besteht aus einem Oberrichter und 9 beigeordneten Richtern. Die Richter werden vom Präsidenten auf Lebenszeit ernannt und können nur durch den Kongress angeklagt und abgesetzt werden. Die Regierung der Vereinigten Staaten vertritt in Berlin der außerordentliche und bevollmächtigte Botschafter Dr. Andrew D. White, der sich besonderen Ansehens und großer Beliebtheit erfreut.

Dr. Andrew D. White, Botschafter der Vereinigten Staaten

Bundeshauptstadt der Vereinigten Staaten ist Washington, im Distrikt Columbia am Potomac in einer zentralen Lage zwischen den Nord- und Südstaaten gelegen. Am 18. September 1793 legte George Washington den Grundstein zu dem Kapitol der neuen Bundesstadt, welche noch bei Lebzeiten des großen Generals und Staatsmannes nach ihm benannt wurde.

In Washington wollten die Amerikaner eine Musterstadt allerersten Ranges von imponierender Großartigkeit schaffen, allein dies ist nur zum Teil gelungen. Der Grund ist der, dass die Lage der Stadt nicht eine solche ist, um einen Handels- und Verkehrsmittelpunkt zu bilden, somit also die Anziehungspunkte fehlen, um eine zahlreiche amerikanische Bevölkerung zur Niederlassung daselbst zu veranlassen. Der Plan der Bundeshauptstadt ist auf das großartigste angelegt; sie sollte einen Flächenraum von 100 Quadratkilometern einnehmen; zwei Erhöhungen wurden für das Kapitol und die Präsidenten-Wohnung bestimmt. Ersteres bildet den Mittelpunkt, und von ihm aus führen, wie die Strahlen eines mächtigen Sternes, gewaltige, breite, mit Bäumen bepflanzte Avenues nach allen Himmelsrichtungen, welche die Namen verschiedener Staaten der Union tragen. Ebensolche Sterne mit ausstrahlenden Avenues bilden andere wichtige Punkte in der Stadt; das übrige Straßennetz ist nach dem Schachbrettsystem angelegt. Da indessen die Bevölkerungszahl nicht in dem Maße gestiegen ist, wie man erwartet hatte und wie sie dem großartigen Plan der Anlage entsprochen hätte, so ergibt sich das merkwürdige Resultat, dass, wie man scherzhaft sagt, die Stadt mehr Straßen als Häuser besitzt; sie macht, mit Ausnahme der Zeit, in welcher der Kongress tagt, einen mehr als stillen Eindruck.

Die größte Sehenswürdigkeit bildet naturgemäß das Kapitol, ein massiger, in korinthischem Stil aufgeführter Prachtbau aus behauenem Sandstein mit einem von einer imponierenden, 40 Meter hohen Kuppel überragten Mittelbau. Vor der Ostfront prangt ein Säulenportikus mit einer Statue des Kolumbus; die Front ist 223 Meter lang. Das Innere enthält die behaglich eingerichteten Sitzungssäle der Senatoren und Repräsentanten, den Sitzungssaal des Obergerichtshofes und siebzig Zimmer für Beamte und Ausschüsse des Kongresses. Unter der großen Kuppel befindet sich eine Rotunde mit Reliefskulpturen aus der amerikanischen Geschichte.

Das Kapitol in Washington

Um das Kapitol zieht sich ein sorgfältig gepflegter Park von neun Hektaren Ausdehnung, in welchem u.a. eine Kolossal-Statue Washingtons aus weißem Marmor Aufstellung gefunden hat; der Nationalheld ist hier sitzend dargestellt. Von der säulengetragenen, trotz ihres massiven Materials fast luftig wirkenden Kuppel des Kapitols überschaut man die Stadt, das „unvollendete Stickmuster", und ein weites Stück Land der Umgebung mit den Flüssen Potomac und Anacostia. Imposante öffentliche Gebäude ragen hier und da aus dem Stadtplane hervor, aber eigentlich fertig ausgebaut ist bisher nur der im Rücken des Kapitols gelegene Stadtteil. Die Hauptstraße ist die breite, von der elektrischen Straßenbahn durchfahrene Pennsylvania-Avenue, welche vom Kapitol bis zu der Vorstadt Georgetown führt.

Unter den öffentlichen Gebäuden sind erwähnenswert die in der Nähe des Weißen Hauses gelegenen Ministerien, das mit einer imposanten Säulenhalle geschmückte Schatzkammergebäude, das Generalpostamt, das Patentamt, das National-Museum, das Gebäude der Smithsonian-Institution usw. Zahlreiche Denkmäler finden sich in fast allen Stadtteilen.

Zu der Zeit, da Prinz Heinrich hier den Präsidenten der Vereinigten Staaten aufsuchte, um ihn inmitten seiner amtlichen Machtsphäre zu begrüßen, herrschte natürlich in Washington ein ganz anderes Leben als sonst. Ja, man kann behaupten, dass nie vorher solche Menschenmassen in den Mauern der Stadt versammelt gewesen sind, als an jenem denkwürdigen 24. Februar des Jahres 1902. Aus allen Teilen der Union hatte das reichverzweigte Schienennetz nach diesem Zentralpunkte der Regierungsgewalt menschenüberfüllte Eisenbahnzüge gebracht, und der reguläre Fahrplan war so wenig imstande, dem außergewöhnlichen Andrang zu genügen, dass eine geradezu ungeheure Anzahl von Extrazügen eingelegt werden mussten.

Prinz Heinrich war noch am Tage seiner Ankunft in New York direkt vom Deutschen Klub aus nach der Fähre der Pennsylvania-Eisenbahn an der 32. Straße geeilt, um mit derselben den Hudson zu kreuzen, denn der Bahnhof liegt, wie fast alle New Yorker Bahnhöfe, in Jersey City. Während das Gefolge sich angesichts des anstrengenden Tages nicht ganz der Müdigkeit enthalten konnte, zeigte der Prinz selbst keine Spur von Abspannung.

Im Gegenteil! Seine geistige Elastizität schien mit den Strapazen zu wachsen. So stieg er beispielsweise während der Überfahrt zu dem Ruderhaus empor und unterhielt sich dort in liebenswürdigster Weise mit dem Lotsen. Es bedarf kaum der Erwähnung, dass der Empfang auf dem Bahnhof ein überaus enthusiastischer war; trotz der vorgerückten Nachtstunde hatte sich eine große Menschenmenge eingefunden, um den deutschen Kaisersohn zu begrüßen. Alle diejenigen, welche amerikanische Verhältnisse kennen und Gelegenheit hatten, die Beifallsstürme zu beobachten, welche das Erscheinen des Prinzen, wo auch immer, entfesselte, bekunden einstimmig, dass nie irgend jemand, sei es wer es sei, mit einer so überwältigenden, spontan wirkenden Begeisterung auf amerikanischem Boden empfangen worden sei wie Prinz Heinrich. Niemals vorher haben so große Menschenmassen Stunden lang in Sturm und Nacht, in Schnee und Regen ausgeharrt, nur um einen einzigen, vielleicht ganz kurzen Blick auf den Gefeierten werfen zu können.

In der Tat verstand es der Hohenzollernprinz ausgezeichnet, sich volkstümlich zu machen, eine für den Bruder eines Monarchen in einem durch und durch republikanischen Lande keineswegs leichte Aufgabe. Sein schlichtes, anspruchsloses Auftreten, sein biederes, ungezwungenes Sichgeben eroberte alle Herzen im Sturme; als er jetzt nach dem Besteigen des Salonwagens noch einmal auf die hintere Plattform hinaustrat, um sich für die ihm gewordenen Ovationen dankend zu verneigen, da brauste ein gewaltiges, dreimaliges Hurra durch die mächtige Halle, dass man fast erschrecken konnte über das Donnern des tosenden Beifalls. Um 1 Uhr setzte sich der Zug unter den Hochrufen der enthusiastischen Bewohner Jersey Citys in Bewegung.

Der Privatwagen des Prinzen zeigte herrlichsten Blumenschmuck. Überhaupt war nichts unterlassen worden, um für das Wohlbefinden und die Sicherheit des vornehmen Gastes auf das peinlichste zu sorgen. Als Maschinist und Zugführer waren die beiden tüchtigsten Beamten der Pennsylvania-Eisenbahn ausgewählt worden, Adam van der Grift und George Eye, die noch nie in ihrem Leben auch nur den geringsten Eisenbahnunfall gehabt hatten.

So konnte denn endlich gegen 1.30 Uhr nachts der Prinz nach den Lasten des Tages sich zur Ruhe legen, denn schon frühzeitig am anderen Morgen galt es, dem Schlummer zu entsagen, um neuen Huldigungen entgegenzugehen. Mit Windeseile rollte der Zug durch die Nacht dahin über die schneebedeckten Felder New Jerseys.

Um 9 Uhr traf der Sonderzug in Baltimore ein. Hier erwarteten auf dem Bahnhof die Spitzen der Behörden den königlichen Gast, um ihn im Namen der Bevölkerung zu begrüßen. Die „Vereinigten deutschen Sänger" hatten Aufstellung genommen, und ein echt deutsches Lied „Gott grüße Dich" bewillkommnete den Sendboten unseres Monarchen.

In seiner Ansprache betonte der Mayor, dass ein großer Teil der Bevölkerung Baltimores deutscher Abkunft sei; die Bürger der Stadt bewahrten treu ihre Liebe zur alten Heimat, doch seien sie darum nicht weniger loyale Bürger ihres Adoptiv-Vaterlandes. Gerührt erwiderte Prinz Heinrich: „Ich danke Ihnen von ganzem Herzen für Ihren kordialen Empfang und bitte, auch den Bürgern von Baltimore zu sagen, dass ich ihnen von ganzem Herzen danke."

Programmgemäß um 10 Uhr vormittags rollte der Extrazug bei herrlichstem Sonnenwetter in die prächtige Halle des Pennsylvania-Bahnhofes zu Washington, auch hier empfangen von einer tausendköpfigen, jubelnden Menge. Die Fahrt des Prinzen nach dem „Weißen Hause" glich einem wahren Triumphzuge. Zu beiden Seiten der schönen

Pennsylvania-Avenue bildete Militär und Polizei Spalier; Trompeten-Fanfaren verkündeten den Abmarsch der Eskorte vom Bahnhof; die Zuschauer, welche bisher geduldig des Passierens geharrt hatten, reckten die Hälse; Knaben und Neger, welche Bäume oder Laternen erklommen hatten, suchten noch höher zu klettern, kurz es ging jene typische Bewegung durch das Volk, welche anzeigt, dass der Augenblick gekommen ist, wo es etwas zu sehen gibt.

Da nahten sich bereits die stattlichen Gestalten der zwei Züge Kavallerie, deren gelbgefütterte Pelerinenkragen in origineller Weise zurückgeknöpft waren, was ihnen ein höchst malerisches Aussehen verlieh. Jetzt wurde der Wagen des Prinzen sichtbar, der in Gala-Uniform im Fond desselben saß und unablässig nach allen Seiten grüßte. Jede Fahne salutierte der Kaisersohn mit sichtbarem Ernst, und dieser ungewohnte Gruß übte eine nahezu faszinierende Wirkung auf die Amerikaner aus. Donnernde Hurras erklangen und wälzten sich wie Meeresbrausen durch die Menschenwogen fort und dazwischen dröhnte aus der Ferne der eherne Gruß der Geschütze herüber. Fahnen und Tücher wurden wild geschwenkt und es schien, als ob sich selbst die Häuserreihen zum Willkommen neigten, denn von den dichtbesetzten Fenstern wehten allenthalben lebhaft die weißen Friedensschleier, und von den Dächern wallten feierlich die von dem leichten Winde bewegten Fahnen. Es war ein unvergesslich bestrickender Anblick, und selbst die nüchternen Amerikaner, die Geschäftsleute par excellence, ließen sich von ihrer Begeisterung soweit hinreißen, dass sie sich hier und da umschlangen und einen regelrechten Freudentanz ausführten.

Kaum waren die Klänge der Trompeten verhallt und der festliche Zug passiert, da löste sich der Menschenknäuel auf, und nun strömte alles durch die Nebenstraßen in wilder Hast nach dem Weißen Hause, um hier noch einmal den hohen Gast zu schauen. Ein Zwischenfall ließ einen Augenblick Besorgnis aufsteigen; als die Musikkorps mit dem Präsentiermarsch einsetzten, wurden die Pferde einer Equipage scheu und gingen durch. Fast hatte es den Anschein, als müsse im nächsten Moment ein schweres Unglück eintreten, denn das rasende Gespann jagte direkt auf die dicht gedrängten Menschenmassen zu, denen ein Ausweichen unmöglich war. Da gelang es dem Kutscher, der die Geistesgegenwart nicht verloren hatte, im letzten Moment, die ungeberdigen Tiere zu zügeln und damit großes Unheil zu verhüten.

Im Weißen Hause spielte sich der historisch denkwürdige Moment ab, in dem der Präsident der Vereinigten Staaten den Bruder des deutschen Kaisers empfing. Präsident Roosevelt hatte den hohen Gast in dem blauen Zimmer erwartet, als dieser, geleitet von dem deutschen Botschafter, eintrat. Der Gesandte verneigte sich vor dem Oberhaupt der Union und sprach: „Herr Präsident, ich habe die Ehre, Seine Königliche Hoheit den Prinzen Heinrich von Preußen vorzustellen."

Das Weiße Haus in Washington

Der warme Händedruck, mit welchem der Präsident die Rechte des Prinzen ergriff und derb schüttelte, sagte mehr, als die höflichen Worte formeller Begrüßung. Die erste Frage des Gastes galt dem Befinden des jungen Roosevelt, der kurz vor der Abreise Prinz Heinrichs an einer Lungenentzündung erkrankt war, sich jetzt aber bereits auf dem Wege vollständiger Genesung befand. Der Admiral nahm später Gelegenheit, den Rekonvaleszenten in seinem Krankenzimmer zu besuchen.

Nach kurzer Unterhaltung überbrachte der Prinz die Grüße und die Spezialbotschaft seines kaiserlichen Bruders, welche ihn über den Ozean geführt hatte, und Präsident Roosevelt bat, den Dank seiner selbst und des amerikanischen Volkes für den huldvollen Gruß des deutschen Kaisers zu übermitteln. Nun suchte Prinz Heinrich die Damen des Hauses auf. Geführt vom Präsidenten begab er sich nach dem grünen Salon, wo Mrs. Roosevelt und Miss Alice, sowie die Minister Seiner Königlichen Hoheit vorgestellt wurden, und der Prinz konnte nun die kaiserlichen Geschenke überreichen.

Diese überraschten sowohl durch ihre Zahl wie durch ihren hohen Wert und die künstlerische Gestaltung. Zwei Gegenstände waren es besonders, welche die Aufmerksamkeit der Beschenkten hervorriefen, ein im Empirestil gearbeiteter, massiv goldener mit Brillanten förmlich übersäter Rahmen mit dem Emailleporträt des Prinzen und eine aus Nephrit geschliffene Dose mit goldener Montierung, ebenfalls mit Brillanten geschmückt; ihren Deckel zierte ein von einer Krone überragtes H. Unter der reichen Sammlung goldener Zigaretten-Etuis befanden sich mehrere mit dem in Brillanten facsimilierten Namenszuge „Heinrich, Prinz von Preußen“ und der Jahreszahl 1902. Auch eine Anzahl goldener Dosen, in ähnlicher Weise geschmückt, hatte der Prinz mitgebracht.

Ein amerikanisches Gesetz verbietet es dem Präsidenten und sämtlichen Staatsbeamten, Geschenke von gekrönten Häuptern anzunehmen. Dieser Sitte hatte man deutscherseits Rechnung getragen, und so fand sich denn ein Bildnis unseres Kaisers nur auf der für Fräulein Roosevelt bestimmten Gabe. Als der Prinz mit seinem Gefolge das Weiße Haus verließ, um sich nach der deutschen Botschaft zu begeben, erscholl wiederum Kanonensalut und wieder brachte ihm die Menge begeisterte Ovationen dar.

Das Haus, in welchem der deutsche Botschafter in Washington wohnt, zeigte sich seit dem frühen Morgen von dichten Menschenmassen umlagert. Kurz nach 11 Uhr verkündeten die Fanfaren der beiden Kavallerie-Schwadronen das Herannahen des Prinzen, Dann vernahm man die dröhnenden Hufschläge der Pferde und das Gerassel von Säbeln und Sporen, während die Kavallerie-Eskorte die Massachusetts Avenue entlang bis zum Thomas Circle galoppierte, unweit welchem das Botschafter-Hotel gelegen ist. Der Prinz hatte mit Vize-Admiral Evans einen Galawagen inne; die weiteren Kutschen waren von dem Gefolge des Prinzen und den Mitgliedern der deutschen Botschaft besetzt. Ein Bataillon Pioniere hatte unmittelbar vor dem Botschafts-Hotel Aufstellung genommen; als der Reitertrupp und die Wagen in Sicht kamen, stimmte das Musikkorps die Weise „Heil Dir im Siegerkranz“ an.

Über dem Botschafter-Hotel wiegte sich eine in Amerika nie gesehene Flagge in der Luft, die Standarte des Hauses Hohenzollern; die Fassade des Gebäudes war mit den deutschen Farben verkleidet, durch welche sich Lorbeer und frischgrüne Fichtenzweige schlangen. Vor dem Haupteingang des Gebäudes hatte eine Ehrenwache, bestehend aus Pionieren der Bundesarmee, von welchen jeder Mann sechs Fuß groß war, Aufstellung genommen, und machte in ihrer strammen Haltung und malerischen Uniform einen recht stattlichen Eindruck. Der Prinz erwiderte die Honneurs der Offiziere der Ehrenwache und trat in das Gebäude ein. Hier auf deutschem Boden in herzlichster Weise begrüßt, begab sich der Prinz mit seinem engeren Gefolge nach dem großen Empfangszimmer, welches auf das geschmackvollste verziert war; es prangte nicht nur in den Reichsfarben, sondern auch in denen der einzelnen deutschen Staaten, von denen jeder durch eine seidene Flagge vertreten war. Das ganze erste Stockwerk des Botschafter-Hotels war dem Prinzen zur Verfügung gestellt, und bald bildeten sich im Gesellschaftszimmer, im Rauchzimmer und im Bibliothekzimmer lebhaft plaudernde Gruppen von Offizieren, Diplomaten und anderen Gästen. Das Privatzimmer des Prinzen war in japanischem Stile mit orientalischer Pracht eingerichtet.

Um 11.40 Uhr verkündete enthusiastisches Rufen der Volksmenge das Herannahen des Präsidenten Roosevelt, der erschienen war, den Besuch des Prinzen zu erwidern. Der Präsident fuhr in einem offenen Landauer mit Oberst Bingham, seinem Marine-Adjutanten; in einem zweiten folgte Commander Cowles. Prinz Heinrich empfing den Präsidenten im Gesellschaftszimmer in der herzlichsten Weise, und nun blieben die beiden Vertreter der befreundeten Staaten eine Zeit lang allein, um gegenseitig ihre nicht für fremde Ohren bestimmten Ansichten auszutauschen.

Auf den Besuch des Präsidenten Roosevelt folgte der der Kommissäre des Distrikts Columbia, die den Prinzen namens der Stadt Washington bewillkommneten. Der Prinz empfing die Herren im Gesellschaftszimmer, wo der Präsident der Delegation, Distrikts-Kommissär Mc Farland, im Namen der Stadt eine Begrüßungsansprache an den Prinzen hielt, die im Wesentlichen wie folgt lautete: „Königliche Hoheit! Die Kommissäre des Distrikts Columbia haben die Ehre, Ihnen den herzlichsten Willkommensgruß der Regierung und des Volkes der Bundeshauptstadt zu überbringen. Ursprünglich aus jedem Staate und Territorium stammend, repräsentieren die Bürger des Distrikts in ihrer Gastfreundschaft alle Bürger der Republik. Wir haben gerade die 170. Wiederkehr des Geburtstages George Washingtons, des ‚Vaters seines Landes', gefeiert, des Gründers des Distrikts Columbia, dessen Namen die Stadt trägt, die er plante, des Sitzes der Bundesregierung. Wir denken daran, dass er bei seinem gewaltigen Ringen die Teilnahme der Besten Deutschlands und die Bewunderung Friedrichs des Großen auf seiner Seite hatte, und dass seine großen Eigenschaften hauptsächlich seiner teutonischen Abkunft entstammten. Das Monument, welches unsern ersten Präsidenten verewigt, sichtbar in seiner stolzen Höhe von jedem Teile des Bundesdistrikts, erinnert uns stetig an die Grundsätze Washingtons, die auch diejenigen seines Landes sind. Diesen getreu sind wir befreundet mit allen Nationen; nach ihnen bewillkommnen wir Gäste, die von jenseits der Meere kommen, mit aufrichtiger Herzlichkeit. Wir sind besonders erfreut, heute einen Vertreter des Landes Friedrichs des Guten wie Friedrichs des Großen zu begrüßen, des Landes, dem Goethe angehörte und die großen Meister der Philosophie, der Musik, der Wissenschaft, eines Landes der Freiheitsliebe, der Gelehrsamkeit und der Religion. Wir hoffen fest, dass der Besuch dieses Landes so angenehm für Eure Königliche Hoheit sein möge wie für uns, und dass Sie wohlbehalten nach dem Vaterlande zurückkehren mögen."

Der Prinz dankte in tiefgefühlten Worten für die in der Begrüßungsrede bekundeten freundlichen Gesinnungen. Er sprach von dem großen Vergnügen, womit er seiner Reise nach den Vereinigten Staaten lange entgegengesehen habe; auch gab er seinem lebhaften Dank für das herzliche Willkommen Ausdruck und gedachte, auf eine Stelle der Ansprache Mc Farlands Bezug nehmend, der festen Freundschaftsbande, die schon im Jahre 1785 zwischen beiden Ländern angeknüpft worden seien. Hierauf stattete Prinz Heinrich, stets gefolgt von seiner kavalleristischen Begleitung, bei den in Washington akkreditierten Botschaften die offiziellen Besuche ab und zwar den Vertretern von England, Frankreich, Russland, Italien und Mexiko. Um ein Uhr fuhr er nach der deutschen Botschaft zurück, wo er mit seinem unmittelbaren Gefolge und dem deutschen Botschafter ein Dejeuner einnahm. Bei der Tafel waren im ganzen 22 Personen zugegen. Der Prinz führte den Ehrenvorsitz, ihm gegenüber saß Herr v. Holleben. Amerikaner nahmen an dem Dejeuner, mit Ausnahme des Offiziers, welcher die Ehreneskorte befehligte, nicht teil.

Dr. von Holleben, deutscher Botschafter in Washington

Eins der großartigsten Schauspiele des Tages vollzog sich um 2 Uhr nachmittags, als Prinz Heinrich im deutschen Botschafter-Palais die Mitglieder des diplomatischen Korps, die Botschafter und Gesandten und die Attachees derselben empfing, die sämtlich in voller Gala-Uniform erschienen, darunter Türken mit rotem Fez, Russen in hohen Tschakos, Chinesen in prächtigen Kostümen aus orientalischen Seidenstoffen usw. Prinz Heinrich verweilte im Gesellschaftszimmer, wo er die diplomatischen Herrschaften der Reihe nach empfing; die Attachees blieben im Empfangszimmer, um später von dem Prinzen begrüßt zu werden. Lord Pauncefote wurde zuerst von dem Prinzen empfangen, nach ihm der französische, russische, italienische und mexikanische Botschafter.

In der Zwischenzeit versammelten sich die Gesandten, sowie die Stäbe und Attachees der Botschafter und der Gesandten im Ballsaale, um dort den Abschluss des persönlichen Höflichkeitsaustausches des Prinzen mit den Botschaftern abzuwarten. Nachdem dies vorüber war, betrat der Prinz den Ballsaal und begrüßte dort zuerst die Gesandten, dann die Mitglieder des Stabes der letzteren. Das Gemisch so vieler diplomatischer Beamten hohen Ranges mit Admirälen, Generälen und Mitgliedern so vieler edler Häuser von Europa, mit dem Prinzen als Mittelpunkt, gewährte einen höchst feierlichen Anblick. Unter den ausländischen Offizieren waren fast alle berühmten Regimenter und Korps Europas in reich mit Gold gestickten Uniformen, die Brust mit schimmernden Orden bedeckt, vertreten.

Nach dem Empfang des diplomatischen Korps, der ungefähr eine Stunde dauerte, begab sich der Prinz nach dem Kapitol, begleitet von seiner berittenen militärischen Eskorte und einer Abteilung Polizisten auf Zweirädern. Er erschien jetzt in kleiner Admirals-Uniform, statt des federngeschmückten Hutes eine einfache Mütze tragend. Auch die Mitglieder seines Gefolges hatten die großen Uniformen abgelegt, und der deutsche Botschafter Dr. von Holleben hatte seinen prächtigen Staatsrock mit einer einfachen bürgerlichen Gewandung vertauscht. Dafür strahlten General Corbin und Admiral Evans, die offiziellen Begleiter des Prinzen, in dem ganzen Glanze ihres *full dress*.

Bei der großen Bronzetüre der Rotunde wurde die illustre Gesellschaft von einem Komitee des Repräsentantenhauses empfangen und durch die Statuen-Halle nach dem Zimmer des Sprechers Henderson geleitet. Der deutsche Botschafter veranlasste die Vorstellung der Herrschaften; General Henderson begrüßte den Prinzen in wohlgefügter Rede, lud ihn zu einem Besuch des Repräsentantenhauses ein, und die Herren begaben sich nach der Galerie des Repräsentantenhauses, sich auf dem Wege dorthin nicht des Fahrstuhls, sondern der prachtvollen Marmortreppe bedienend. Als Prinz Heinrich in der Galerie erschien, durchbrauste ein mächtiger Beifallssturm das weite Haus. Angesichts des spontanen Ausbruches der Begeisterung stutzte der Prinz einen Augenblick, dann lächelte er und erwiderte die enthusiastische Begrüßung durch eine Verbeugung. Gilbert von Kentucky sprach gerade über die Philippinenfrage, obgleich eigentlich der diplomatische und Konsular-Etat zur Debatte stand. Nach einem Aufenthalt von etwa zehn Minuten begaben sich die Besucher nach dem Zimmer des Komitees für Mittel und Wege, wo schnell ein öffentlicher Empfang improvisiert wurde. Bei dem Verlassen der Galerie tönte wieder lauter Applaus durch den Sitzungssaal.

Das Haus vertagte sich nunmehr, um seinen Mitgliedern Gelegenheit zu einer Persönlichen Begegnung mit dem Prinzen zu geben. Die Repräsentanten bildeten eine Linie und wurden von Herrn Hitt vorgestellt. Sobald der Empfang zum Abschluss gekommen war, erschien das Senats-Komitee, bestehend aus den Senatoren Cullom, Lodge und Morgan, wurde dem Prinzen vorgestellt und geleitete ihn und sein Gefolge nach dem Senatssaal auf der anderen Seite des Kapitols. In der Rotunde hatte sich eine große Menge Menschen angesammelt und klatschte lebhaft in die Hände, als der Prinz vorüberging. Die erste Ansicht, welche der Gast von dem Senatssaal erhielt, hätte kaum eindrucksvoller sein können. Der Saal war glänzend von oben erleuchtet, die Galerien bis auf den letzten Platz gefüllt; alle Senatoren befanden sich in ihren Sitzen, während an den Wänden des Saales viele Repräsentanten standen.

Beim Eintritt des Gastes hatten sich die Senatoren und das Publikum auf den Galerien erhoben, aber eine hörbare Demonstration erfolgte nicht. Der Prinz setzte sich neben Senator Frye, und dieser übernahm wieder den Vorsitz, welchen er Senator Hoar überlassen hatte. Nach einigen erklärenden Worten des Senators Frye schien der Prinz die Situation zu verstehen und folgte aufmerksam den Verhandlungen. Nach einem Aufenthalt von 20 Minuten verließ der Prinz den Sitzungssaal, von lautem Applaus der Senatoren und des Publikums umtost; die Senatoren hatten sich wie ein Mann von ihren Sitzen erhoben.

Am Abend des ereignisreichen, für den Prinzen und sein Gefolge mehr als anstrengenden Tages fand im Weißen Hause das offizielle Gastmahl statt, welches die Ehrenbezeigungen des amtlichen Washington für seinen erlauchten Gast am heutigen Tage zum Abschluss brachte. Das Fest war in der vornehmsten Weise arrangiert und vereinigte die erlesenste Gesellschaft, wie sie selten, wenn je, im Weißen Hause zusammengekommen ist. Um die große Zahl der Gäste unterbringen zu können, hatte man die Tafel im östlichen Saale gedeckt; die Dekorationen waren in wahrhaft großartiger Weise ausgeführt. Es gehörte dazu eine neue und äußerst effektvolle Beleuchtung; mehrere tausend kleine elektrische Lichter in allen Farben und von den zierlichsten Gestalten spendeten in Verbindung mit den großen Kronleuchtern eine überwältigende Fülle von Licht. Sie hingen in künstlerischen Arrangements von den Spitzen der großen Spiegel herab oder wanden sich anmutig an dem Smilax empor, mit welchem sie bedeckt waren. Ein viereckiger Baldachin, welcher aus ihnen gebildet war, hing von der Mitte des Saales an der Stelle hernieder, an welcher die Plätze des Präsidenten und seines Ehrengastes sich befanden. An den Spiegeln und den Fenstern bildete die Anordnung der elektrischen Lichter Sterne und Anker, eine Anspielung auf des Prinzen Beruf als Seemann.

Kurz vor dem Glockenschlag acht kam Prinz Heinrich mit dem Admiral Evans in einer offenen Kutsche vor dem Weißen Hause an. Der Prinz begab sich nach dem roten Zimmer, wo sich die Teilnehmer des Festmahls versammelt hatten. Von dort aus schritten die Gäste durch das blaue Zimmer, wo sie vorgestellt wurden, nach dem Ostsaal, in welchem das Fest stattfand.

Während der Tafel brachte der Präsident das Wohl des deutschen Kaisers und des deutschen Volkes mit den folgenden Worten aus: „Wir bewundern Ihre große Vergangenheit und große Gegenwart und wir wünschen Ihnen allen möglichen Erfolg in der Zukunft. Mögen die Bande der Freundschaft zwischen den beiden Völkern stets stärker werden."

Nach dem Trinkspruch des Präsidenten auf den deutschen Kaiser erhob sich Prinz Heinrich und feierte den Präsidenten sowie das Volk der Vereinigten Staaten, wobei er dem Wohlwollen und der Hoffnung auf die Fortdauer freundschaftlicher Beziehungen zwischen dem deutschen und dem amerikanischen Volke Ausdruck gab.

Auf das Wohl des Ehrengastes, Prinz Heinrich von Preußen, toastete sodann der Präsident mit folgenden Worten: „Im Namen des amerikanischen Volkes begrüße ich Sie und biete Ihnen den wärmsten Willkomm und die Versicherung unserer herzlichsten Zuneigung."

Nach dem Festmahl begaben sich die Gäste nach den Parlors des Weißen Hauses, wo sie noch über eine Stunde lang in anregendem Gespräche verweilten. Nun kam nach dem offiziellen „Wein", der natürlich in den gewähltesten Marken verabreicht worden war, auch der deutsche Gerstensaft zu Ehren und, wie es schien, mundete er den Herren köstlich, denn es wurde ihm wacker zugesprochen. Als fürsorglicher Gastgeber hatte der Sekretär des Präsidenten schon am Donnerstag 50 Steinkrüge mit Würzburger Bier von Hermann Lüchow, dem Inhaber des berühmtesten deutschen Bierlokals New Yorks, kommen lassen.

Gegen 22.45 Uhr löste sich die Gesellschaft auf, und Prinz Heinrich begab sich nach dem Bahnhof zur Rückfahrt nach New York. Wenn man bedenkt, was der Prinz an dem gestrigen Tage und dem heutigen geleistet hatte, und namentlich dabei in Rücksicht zieht, dass er zwischen den beiden aufreibenden Festtagen nur eine halbe Nacht geschlafen und auch diese kurze Zeit in einem rollenden Eisenbahnwagen, dann kann man die Elastizität, mit welcher der hohe Herr dieses Übermaß von Anstrengungen ertrug, nicht genug bewundern. Auch jetzt lag wiederum eine nächtliche Eisenbahnfahrt vor ihm und ein sehr stark besetzter Tag, sowie eine ganze Reihe von weiteren Strapazen aller Art.

Aber herrlich waren auch die Früchte, welche mit diesen Opfern erkauft wurden. Zwei gewaltige Völker, die je an der Spitze einer Welt, der alten und der neuen, marschieren, haben sich zu edler, aufrichtiger und uneigennütziger Freundschaft zusammengefunden. Ihre beiden Leiter, Kaiser Wilhelm II. und Präsident Roosevelt, hatten sich durch die Vermittlung des Prinzen Heinrich ausgesprochen.

Hochinteressant ist eine Parallele zwischen diesen beiden hervorragenden Staatsmännern und Regenten an sich so verschiedener Länder, welche der Pastor Dr. Louis Albert anlässlich der Zusammenkunft in Washington in der Grace Methodisten-Kirche zu New York bei seiner Predigt gezogen hat. Er führte etwa folgendes aus:

„Präsident Roosevelt sowohl wie der deutsche Kaiser sind noch verhältnismäßig junge Männer und stehen so ziemlich im gleichen Alter. Beide sind Familienväter, beide schätzen das Familienleben hoch und haben eine hübsche Anzahl von Kindern. Diese Regenten geben ihren Ländern ein ausgezeichnetes Beispiel; sowohl der Präsident wie der Kaiser sind fromm und von religiösem Geiste durchdrungen. In seiner Art ist jeder ein Prophet in seinem Lande. Jeder interessiert sich dadurch für die Religion und die Moral, dass er zu einer oder zu anderer Zeit gepredigt oder religiöse Ansprachen gehalten hat. Diese beiden distinguierten Regenten sind wegen ihrer Weichherzigkeit und wegen ihres impulsiven Handelns bekannt. Aber sie verstehen es, ihre Gefühle durch ihren durchdringenden und gesunden Menschenverstand im Zaume zu halten. Beide Männer sind ehrlich, offen und aufrichtig. Sowohl der Präsident wie der Kaiser sind ihrem Temperament nach Soldaten; sie lieben den Frieden, aber sie freuen sich königlich auf den Kampf. Sie haben den Mut und die Energie, für das zu sterben, wofür sie kämpfen, und obgleich sie Soldaten sind, sind sie auch Staatsmänner. Jeder der beiden ist vielseitig. Der Kaiser versucht sich beinahe in allem und hat überall Erfolg. Roosevelt ist ein großer Jäger, ein namhafter Gelehrter, er schreibt interessante Bücher und erwarb sich Ruhm als Soldat. Er rivalisierte mit Bryan als Stumpredner, er war ein guter Gouverneur und ist jetzt ein großer Präsident. Diese beiden Männer waren der Schrecken der guten Leute, welche langsam gehen wollten. Als der deutsche Kaiser den Thron bestieg, schüttelten die weisen Männer der Welt in banger Ahnung die Köpfe. Sie glaubten, der junge Kaiser werde die Erde mit Blut überschwemmen. Nachgerade aber betrachtet ihn die ganze Welt als einen verständigen, weisen, braven und ungemein fähigen Regenten. Auch Roosevelt war der Schrecken der Furchtsamen. Die Leute erklärten, auf eine vielversprechende Karriere sei schon im Anfang der Frost gefallen. Aber jedes Mal, wenn er für miniert gehalten wird, erscheint er größer als zuvor. Alles zusammen genommen stehen Präsident Roosevelt und der deutsche Kaiser an der Spitze zweier der mächtigsten Nationen der Erde und sind am Morgen des 20. Jahrhunderts die männlichsten und hoffnungsvollsten Figuren der Welt. Sich vor nichts fürchtend, alles erhoffend, repräsentieren sie die nationalen Traditionen und die Vitalität der Völker, über welche sie herrschen."

6. Der Stapellauf des „Meteor"

Ein Erlass des Bürgermeisters Seth Low – New York im Flaggenschmuck – Kein Hohenzollernwetter – Bahnunfall – Auf Shooters Island – Die Ehrengäste auf der Tribüne – Miss Alice Roosevelt – Ein feierlicher Taufakt – Glatter Stapellauf – Zwei Telegramme an Kaiser Wilhelm – „Now a good one" – Der neue und der alte „Meteor" – Ein Geschenk des Monarchen – Das Gastmahl an Bord der „Hohenzollern" – Prinz Heinrich in City Hall – Der jüngste Ehrenbürger New Yorks – Festmahl im Metropolitan-Klub – Die Gala-Vorstellung im Metropolitan Opera House

Im Namen des deutschen Kaisers
taufe ich dich „Meteor".

Alice Roosevelt

Während der erlauchte Gast in Washington weilte, rüsteten sich in New York alle Hände, die bevorstehende Stapellauf-Feier der Kaiseryacht würdig vorzubereiten und der Stadt ein festliches Gewand anzuziehen, damit sie so ihrem Danke Ausdruck gebe für die hohe Ehre, die ihr seitens des deutschen Kaisers durch Entsendung seines leiblichen Bruders zu teil geworden. Der Bürgermeister Seth Low hatte am Montag Nachmittag eine Aufforderung an die gesamte Einwohnerschaft der Stadt erlassen, welche folgendermaßen lautete:

Seth Low, Bürgermeister von New York

„Am morgigen Tage wird die neue Yacht des deutschen Kaisers hier vom Stapel laufen und von der Tochter unseres Präsidenten auf den Namen „Meteor" getauft werden, worauf die Stadt New York nachmittags dem Prinzen Heinrich von Preußen im Rathause das Ehrenbürgerrecht erteilen wird. Im Hinblick auf diese interessanten Ereignisse fordere ich die Bürgerschaft auf, den morgigen Tag als Festtag zu betrachten und in ihren Wohnungen und Geschäftshäusern die Nationalflagge auszuhängen."

Diesem Wunsche des Mayor war allgemein mit großer Bereitwilligkeit Folge gegeben worden, und so prangte denn am Dienstag dem 25. Februar die erste Handelsmetropole des amerikanischen Kontinentes in festlichstem Schmuck. Besonders der Hafen machte einen imposanten Eindruck; jedes Schiff, ob groß, ob klein, hatte Flaggengala angelegt, und den ganzen Hudson und East River hinauf erblickte man buntbewimpelte Masten.

Das Wetter allerdings ließ zu wünschen übrig. Schon vom frühen Morgen an rieselte ein feiner, in Verbindung mit dem kalten, böigen Winde recht unangenehmer Regen hernieder. Präsident Roosevelt, der kurz vor dem Prinzen aus Washington abgefahren, war bereits um 6.40 Uhr in Jersey City angekommen und hatte den hohen Gast in seinem Salonwagen erwartet. Der prinzliche Zug aber traf mit einer ziemlich bedeutenden Verspätung ein, denn infolge des Platzens einer Zylinderkappe an der Lokomotive war der Prinzenzug kurz hinter Baltimore auf offener Strecke liegen geblieben. Das defekte Dampfross musste von den Geleisen entfernt und von Magnolia Station eine neue Lokomotive herbeigeholt werden, wodurch mehr als eine Stunde verloren ging.

Immerhin konnte das reichhaltige Programm des Tages ohne Abänderung durchgeführt werden. Um 8.30 Uhr fuhren der Präsident und Prinz Heinrich mit ihrer Begleitung auf dem kleinen Dampfer „Philadelphia" nach der in der Newark Bai, eine halbe Meile von Staten Island gelegenen kleinen Insel Shooters Island, welche ganz mit Schiffsbauwerkstätten bedeckt ist, darunter derjenigen der *Townsend Downey Ship Building Co.,* auf welcher der „Meteor" erbaut wurde.

Hier hatte bereits seit den frühesten Morgenstunden eine aus Polizei und Marine-Miliz bestehende Wache Aufstellung genommen. Das erste Marine-Bataillon, welches 500 Mann stark war, prangte in Parade-Uniform; 30 Mann der New Yorker Division, welche Seitengewehre und Revolver trugen, bildeten die Leibwache für die beiden hohen Herren.

Als die „Philadelphia" auf Shooters Island gegen 10 Uhr anlegte, wurde vom 2. Bataillon der Marine-Reserve ein Ehrensalut gefeuert.

Hier war schon alles für das bevorstehende Ereignis in Bereitschaft. Die im Schiffsbauhofe liegenden Fahrzeuge hatten sich mit Flaggen geschmückt; am meisten fiel die bekannte Yacht „Thistle" auf, von welcher Hunderte von Flaggen wehten. Auch der bei dem Hobokener Brandunglück so schwer beschädigte frühere Lloyddampfer „Saale", der auf dem Schiffsbauhofe ausgebessert wurde und jetzt den Namen des Käufers „L. Luckenbach" trägt, war zur Feier des seltenen Ereignisses beflaggt. Nur wenige kannten die Geschichte des „Luckenbach" und erinnerten sich mit Schrecken des 30. Juni 1900, als der Dampfer nebst so vielen anderen Opfern der Katastrophe in Brand geriet.

Es war 9.30 Uhr, als die ersten Ehrengäste, Mayor Low, Senator Chauncey M. Depew, Bischof Potter und andere bekannte Bürger mit ihren Damen auf dem Leuchthaus-Dampfer „Iris" eintrafen, und zehn Uhr vorbei, als das Doppelschrauben-Fährboot „Philadelphia" von der Pennsylvania-Bahn, auf welchem die Präsidenten- und die deutsche Kriegsflagge wehte, mit Theodor Roosevelt, dem Prinzen und deren Begleitung von Jersey City eintraf. Ohne Zeitverlust begaben sich die hohen Herrschaften nach der für sie errichteten Tribüne, neben dem Bug des in weißem Anstrich leuchtenden Schiffsrumpfes „Meteor", begrüßt und bejubelt von Tausenden, welche zum Teil die Dächer erklettert hatten, um nichts von dem denkwürdigen Anblick zu versäumen.

Zwei Tribünen waren es besonders, welche die allgemeine Aufmerksamkeit auf sich zogen. Auf der Ehrentribüne am Bug der Yacht waren versammelt die Taufpatin und deren Eltern, Prinz Heinrich, Herr von Holleben und Herr Downey als Vertreter der Schiffsbauerfirma, aus deren Händen der Segler „Meteor" hervorgegangen, auf einer anstoßenden Tribüne die Herren aus den Gefolgen des Prinzen und des Präsidenten, in der Gesamtwirkung eine Gruppe, wie sie schwerlich fesselnder in einem so engen Rahmen zusammengefunden werden mag. Hier der charakteristische Typus „Teddy" Roosevelts, in schlicht einfacher bürgerlicher Tracht mit Zylinder, neben ihm die sympathisch anmutende Herrin des Weißen Hauses, *„First Lady of the Land"*, dann des Präsidenten jugendfrische Tochter aus erster Ehe, an der Schwelle jungfräulichen Alters.

Unter den Klängen des preußischen Präsentiermarsches hatte Prinz Heinrich mit Fräulein Roosevelt und den übrigen Gästen die Ehrentribüne betreten. Neben ihrem Standpunkte erhob sich ein Fußgestell, auf dem ein kistenförmiger Behälter ruhte; in diesem war das Tauende befestigt, welches von der Hand der Taufpatin durchschnitten werden musste, um das Fahrzeug in sein Element gleiten zu lassen. An der rechten Seite des Bugs hing die von einer silbernen Umhüllung eingeschlossene Flasche Rebensaftes, dessen edles Nass dem Taufakt gewidmet war, hernieder.

Alice Roosevelt

Auf deutschem Boden ist der Schaumwein gezogen worden, der dem jungen Fahrzeug die Weihe geben sollte. Würdig ihrer Bestimmung, ruhte die Flasche in einer prächtigen Umhüllung von feinster Lederarbeit mit Samteinlage. Das silberne Gehäuse, welches sie umschloss, als sie am Bug der Yacht zerschellte, trug nahe am unteren Rande in kunstvoll ziselierter Inschrift die Worte: „*Souvenir of the Christening of the German Emperor's Yacht ‚Meteor' by Miss Alice Roosevelt, February 25. 1902*", während die andere Seite das amerikanische und deutsche Wappen zeigte. Eine dem Taufakt entsprechende Inschrift trug auch das zierliche silberne Handbeil, mit dem die Taufpatin den in einem auf dem Fußgestell ruhenden Kasten zusammenlaufenden Draht durchschneiden musste, der mit einer Hebevorrichtung in Verbindung stand, durch die sich das Tau löste, welches die Yacht noch mit dem Lande verband. Die Inschrift lautete: „*This Hatchet was used to cut the holding cord at Launching of the Schooner Yacht ‚Meteor' built at New York for H. I. M. William II., Emperor of Germany, and christened by Miss Roosevelt, February 25. 1902*". Der Hals der Flasche war von Rosetten in den Farben Rot-Weiß-Blau und Schwarz-Weiß-Rot umsäumt.

Die Militärmusik wurde unterbrochen durch ein Signal des Schiffsbauers Downey, die letzte Hand an die Vorbereitungen für den Stapellauf zu legen, und eine Zeit lang hörte man nichts weiter als das dumpfe Geräusch der von nervigen Fäusten geschwungenen Hämmer, mit denen unter das Gerüst, auf dem die Yacht in ihr Element gleiten sollte, Blöcke eingetrieben wurden, um den Kiel zu heben. Die nahezu taktmäßigen Hammerschläge verstummten, dem auf der Tribüne Umschau haltenden Schiffsbauer Downey ward von unten ein Signal gegeben, ein Wink der Taufpatin, und diese trat aus dem sie umgebenden Kreise vor, ihres Amtes zu walten. Eine gewisse Entschlossenheit, wie um eine aufkeimende Verlegenheit zu bemeistern, verriet sich in ihren Bewegungen.

Auf die vom Bug herniederhängende Flasche zutretend und sie in die Hände nehmend, schleuderte sie dieselbe mit energischem Schwung gegen einen für den Taufakt an der Schiffswandung angebrachten eisernen Vorsprung mit scharfer Kante, dass das Glas in dem Behälter klirrte und der Schaumwein durch dessen Poren ausströmte und den Bug bespritzte, wobei sie die Worte sprach: „*In the name of His Majesty, the German Emperor, I christen thee ‚Meteor'.*"

Dann trat Jung-Alice zur Seite, ergriff das silberne Beil und zerhieb mit kräftigem Schlage das Seil, welches die Yacht noch gefesselt hielt. In diesem Augenblick war sie die echte Amerikanerin, anmutig und graziös, aber doch kraftvoll und ohne Geziertheit. Als das Halteseil zersprang, lösten sich automatisch die Hebevorrichtungen. Einen Augenblick noch schien die Yacht still zu stehen, als besänne sie sich, ob sie die gefahrvolle Fahrt antreten solle. Dann setzte sie sich majestätisch in Bewegung, zuerst langsam, aber mit jeder Sekunde schneller glitt das Gerüst, das die Yacht auf Stützen zu beiden Seiten des Kiels trug, die schiefe Ebene hinunter, bis sie „Boden unter den Füßen fühlte" und in

Die Taufe der kaiserlichen Yacht „Meteor"

ihrem neuen Elemente schwamm. In dem Augenblick, in welchem das Schiff die Wölbung des Dachgerüstes hinter sich hatte, schnellten zwei temporäre Masten, deren Takelwerk eine einzige Kette bunter Wimpel bildete, vom Heck bis zum Bug, in die Höhe, und imposant trieb der „Meteor" in seinem buntgeschmückten Gewande auf der freien Wasserfläche. Der eine Mast des „Meteor" trug die Flagge der Markgrafen von Brandenburg, der andere die deutsche Kriegsflagge.

Die Kaiseryacht nach ihrer Fertigstellung

Als dann die Yacht sich in Bewegung setzte, beugte sich Prinz Heinrich vor, klopfte wie liebkosend auf den Schiffsrumpf und rief der Yacht ein „Fahre wohl" als Geleitwort für seine künftige Bestimmung zu. Der Präsident stand entblößten Hauptes da, während ein von Tausenden von Kehlen ausgestoßener Jubelruf die Musik übertönte, die in demselben Augenblick einfiel. In das fast ohrenbetäubende Konzert der Massenstimmen mischte sich das Dampfgeheul der Flotille von Fahrzeugen, die vor Shooters Island lagen, und Geschütze öffneten ihren ehernen Mund. Ein allgemeines Händeschütteln der auf der Ehrentribüne versammelten Personen folgte. Der Prinz reichte, sich leicht verneigend, der Taufpatin die Hand, dem Präsidenten, dessen Gattin, dem Botschafter usw., und mittlerweile begaben sich die militärischen

Begleiter des Prinzen, Herren aus dem Gefolge des Präsidenten, darunter Kriegssekretär Root und sonstige Herren von der großen Tribüne zur Ehrentribüne und ein allgemeines Begrüßen und Vorstellen erfolgte, bis Präsident Roosevelt mit weithin schallender Stimme ein Hoch auf den Prinzen Heinrich ausbrachte. Mit stürmischem Jubel fiel die Menge ein, und ein gleiches wiederholte sich, als Prinz Heinrich die Versammlung zu einem Hoch auf Präsident Roosevelt aufforderte.

Gleich nach vollzogenem Stapellauf überreichte der Prinz Fräulein Roosevelt ein prachtvolles Bouquet aus „Bridesmaids" mit Lilacs und Orchideen und ebenso wurde der Tochter des Präsidenten ein von den Offizieren der „Hohenzollern" gestiftetes Bouquet „American Beauty"-Rosen und Lilacs übergeben, wie auch der Gattin des Präsidenten ein Bouquet von Beauty-Rosen überreicht wurde.

Die kurze allgemeine Pause, welche jetzt eingetreten war, benutzte Prinz Heinrich dazu, seinem hohen Bruder Kenntnis von der glücklichen Durchführung des Ereignisses zu geben. Das Telegramm hatte folgenden Wortlaut:

„An den deutschen Kaiser, Berlin. Die Yacht soeben unter den günstigsten Auspizien vom Stapel gelaufen. Fräulein Roosevelt vollzog die Taufe. Prächtiges Fahrzeug. Großer Enthusiasmus. Ich gratuliere von ganzem Herzen.

Heinrich."

Gleichzeitig telegraphierte auch Fräulein Alice an Kaiser Wilhelm. Die Depesche, welche in englischer Sprache abgesandt wurde, lautete in deutscher Übersetzung:

„Seiner Majestät dem Kaiser, Berlin. „Meteor" ist glücklich vom Stapel gelaufen. Ich gratuliere Ihnen, danke Ihnen für die mir erwiesene Liebenswürdigkeit und sende Ihnen meine besten Wünsche.

Alice Lee Roosevelt."

Jetzt ging es in festlichem Zuge die Stufen des hohen Gerüstes hinab und über den Schiffsbauhof nach einer Riesenhalle, in der Festtafeln, mit auserlesenen Erzeugnissen der Kochkunst bedeckt, aufgestellt waren.

Dem Zuge voran schritt der Präsident mit Gemahlin, dann Prinz Heinrich, der Fräulein Roosevelt am Arm führte; ihnen nach folgte in langer Reihe die Begleitung, in welcher das bunte Tuch, und namentlich glänzende deutsche Uniformen, stark vertreten waren. Der Zug bewegte sich durch ein Spalier Marinesoldaten, die das Gewehr präsentierten, und die Marinekapelle ließ schmetternde Fanfaren ertönen. Am westlichen Ende der großen Halle, von deren Decke eine Unmenge Fahnen aller möglichen Landesfarben hingen, darunter die amerikanische und deutsche am meisten in die Augen fallend, war eine große Tafel aufgebaut, an der die hohen Herrschaften stehend einige Erfrischungen einnahmen. Ein Glas Champagner wurde eingeschenkt und auf das Wohl der Kaiseryacht geleert. Plötzlich erhob der Prinz seine Rechte, um das Stimmengewirr zum Schweigen zu bringen, und in der Stille, die hierauf entstand, vernahm man seine Worte bis in den fernsten Winkel: „Bei dieser Gelegenheit wünsche ich, dass alle mit mir drei laute Hochrufe auf den Präsidenten der Vereinigten Staaten, Herrn Roosevelt, ausbringen, Hip, Hip, Hurra!“ Der Prinz winkte mit dem Arm, und donnernd brausten die Rufe durch die große Halle. Dann trat auch Präsident Roosevelt vor, gleichfalls seine Rechte erhebend und rief mit weithin schallender Stimme: „Ich ersuche Sie, drei Hochs auf den Gast auszubringen, der schon unsere Herzen gewonnen hat. Prinz Heinrich von Preußen! Drei laute Hochs!“ *„Now a good one“* (Nun aber feste!) fügte er, seine Yankees kennend, hinzu; und während der Präsident seine Arme ausgestreckt hielt, erbrauste orkanartig das ganze Gebäude von dem Donner der Hochrufe, in die mit gleicher Herzlichkeit alle eingestimmt hatten.

Als der Präsident und der Prinz mit den Damen und ihrem Gefolge sich nun, ohne sich an den Leckerbissen, die auf den Tafeln prangten, gütlich zu tun, zum Aufbruch anschickten, drang aus dem Hintergrunde eine Stimme: „Herr Präsident, ich bitte um drei Hochs für die junge Dame, die die Ehre gehabt, den Stapellauf des ‚Meteor‘ zu vollziehen.“ Da klangen abermals die Stimmen aller Anwesenden mächtig zusammen.

Nachdem Präsident und Prinz dann die Halle verlassen hatten, wurden die Tische von der übrigen Gesellschaft erstürmt, und es ward so tapfer gezecht, dem Essen so fleißig zugesprochen, wie man es nur immer nach dem langen Warten in der nasskalten Luft erwarten durfte.

Ihre Ausstattung erhielt später die neue Kaiseryacht in England durch die Firma Waring & Söhne. Sie sollte nicht als das luxuriöse Fahrzeug eines Monarchen, sondern als das komfortabel eingerichtete Segelboot eines Privatmanns hergestellt werden. Als Stil wurde der allgemein als „Colonial Adams“ bekannte Typ durchgeführt. Alle Kajütenräume sind mit Mahagoni ausgelegt, weiß emailliert und haben einen feinen Elfenbeinfirnis. Der hervorstechende Farbenton in den Dekorationen, in Vorhängen, Decken und Teppichen ist mattes Myrtengrün. Die Gardinen sind aus gesticktem Linnen, die Teppiche speziell hergestellte Wiltons. Die Möbel in des Kaisers Zimmern und denen der Damen bestehen aus eingelegtem Satinholz, in den übrigen aus Mahagoni. Ein interessanter Charakterzug des Ganzen ist es, dass kein elektrisches Licht gelegt ist, sondern Kerzen zur Verwendung gelangen.

Mit dem Bau des in Amerika vom Stapel gelaufenen „neuen“ Meteor ist der „alte“, der in so mancher Regatta den Sieg errungen, für den Kaiser überflüssig geworden. Er hat mit demselben seinem Marine-

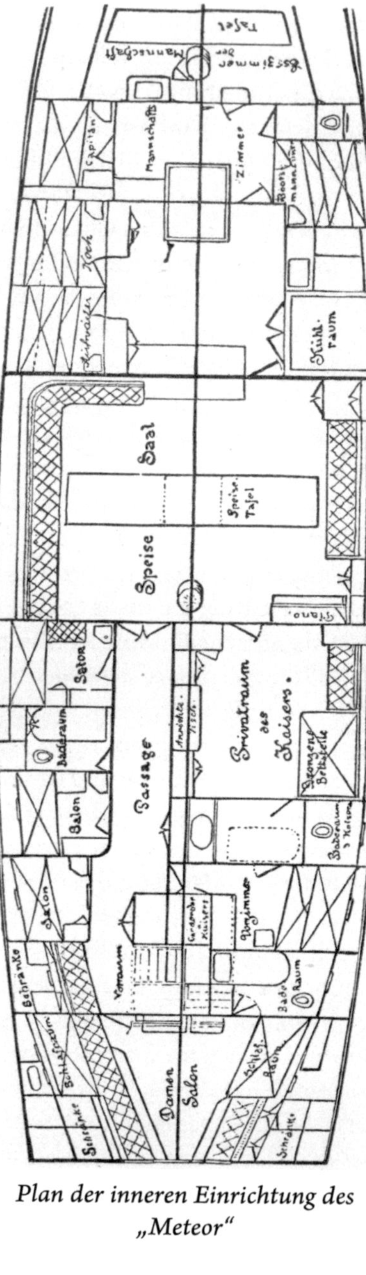

Plan der inneren Einrichtung des „Meteor“

Offizierkorps ein willkommenes Geschenk gemacht und gleichzeitig seine zweite Yacht „Komet" demselben überwiesen. Am 27. Februar richtete er nachstehendes Telegramm an den Chef der Marinestation der Ostsee, Admiral von Koester:

„Ich habe beschlossen, am heutigen Tage meine Yacht ‚Meteor' der Marine zum Geschenk zu machen mit der Bestimmung, dass dieselbe dem Offizierkorps in Kiel zum Geschenk überwiesen wird, während die Yacht ‚Komet' den Offizieren in Wilhelmshaven dienen soll. Indem Ich Sie ersuche, dieses dem Offizierkorps bekannt zu geben, spreche Ich den Wunsch aus, dass ‚Meteor', welcher fortan den Namen ‚Orion' führen soll, allen denen, welche sich im Interesse des Segelsports einschiffen, ein Kleinod sein möge, das sie hüten und pflegen, und dass die Yacht den Offizieren so viel Stolz und Freude einbringe, wie Ich auf diesem heute noch kaum übertroffenen Fahrzeug in mancher siegreichen Wettfahrt erlebte.

Wilhelm I. R."

Der Admiral von Koester hat darauf an Seine Majestät den Kaiser folgendes Telegramm gesandt:

„Mit tiefstem Danke für den abermaligen Beweis Allerhöchster Gnade, welchen das Offizierkorps der Ostsee-Station durch die Schenkung der Yacht ‚Orion' empfangen, wird dasselbe bestrebt sein, dieses herrliche Fahrzeug in stolzer Erinnerung an seinen bisherigen Besitzer auch weiter siegreich zum Ziele zu führen. In dankbarster Ergebenheit wagt das Offizierkorps Eurer Majestät seinen tiefgefühltesten, ehrerbietigsten Glückwunsch zu Füßen zu legen, indem es begeistert in den Ruf einstimmt: ‚Hoch lebe der Kaiser!'

von Koester, Admiral."

Das nachstehende Telegramm hat der Kaiser am darauffolgenden Tage an den Chef der Marine-Station der Nordsee, Admiral Thomsen, gerichtet:

„Es lag Mir schon lange am Herzen, für die Offiziere in Wilhelmshaven beizutragen zu den Freuden des Segelsports und des Lebens auf dem Wasser. Nachdem Ich heute Meine Yacht ‚Meteor', welche fortan den Namen ‚Orion' führen wird, der Marine zum Geschenk gemacht und sie den Offizieren in Kiel zugewiesen habe, bestimme Ich nunmehr, dass Meine Yacht ‚Komet' den Offizieren in Wilhelmshaven zur Verfügung gestellt werden soll. Indem Ich Sie ersuche, dies den Offizieren bekannt zu machen, gebe Ich dem Wunsche Ausdruck, dass der ‚Komet' den Offizieren manche freudige Stunde bereiten möge, wobei sie sich erinnern wollen wie erfolg- und genussreich das gute, starke Seefahrzeug durch viele Jahre ihrem Kaiser gewesen ist.

Wilhelm, I. R."

Auf Shooters Island waren nun die Feierlichkeiten beendet. Den Weg von dem Stapellauf-Pavillon zu dem großen Schlepper „Vigilant", den die Gesellschaft des Prinzen an Stelle der „Philadelphia" zur Rückfahrt benutzte, legte der Prinz in Gesellschaft von Frau Roosevelt zurück und zwar in sehr heiterer Unterhaltung, wie man wohl aus seinem häufigen Lachen schließen konnte. An Bord angekommen, begaben sich die Herrschaften nach kurzem Aufenthalt in der Kabine auf das Oberdeck, und als dann der „Vigilant" in den Strom hinausschoss, ließ die Menge verschiedene Hochs, zuerst auf den Präsidenten und dann auf den Prinzen, erschallen, für das sich letzterer mit militärischem Gruße und der Präsident durch Abnehmen des Hutes bedankte.

Deutlich konnte man die neue Yacht in ihrem Flaggenschmuck am Pier liegen sehen. Ein letzter Gruß hinüber – dann durchschnitt der „Vigilant" die wogende Flut der Bai auf dem Wege nach der „Hohenzollern", und gefolgt von einer großen Eskorte anderer Dampfyachten und sonstiger Fahrzeuge, die teilweise auch wohl einmal einen ganz privaten Salut abfeuerten. Der Prinz blieb trotz der Kälte auf dem Oberdeck und unterhielt sich unter anderem auch längere Zeit mit Herrn Barbey, dem zweiten Konstrukteur der Yacht.

Auf der „Hohenzollern" nahm der Kommandant, Kontreadmiral Graf Baudissin, die hohen Herrschaften in Empfang, und der Präsident schritt nach Begrüßung der in Parade aufgestellten Ehrendivision deren Front ab, geführt vom Prinzen. Hierauf begann das in dem prachtvoll geschmückten Salon der „Hohenzollern" servierte Frühstück, das den befriedigendsten Verlauf nahm.

Prinz Heinrich, die Familie Roosevelt und Gefolge an Bord der „Hohenzollern"

Vor dem Gastmahl überreichte Prinz Heinrich Fräulein Roosevelt als Geschenk des Kaisers ein massiv goldenes Armband. Das Mittelstück bildete ein Medaillon; es zeigt auf Elfenbein gemalt das Porträt des Monarchen. Der Kaiser ist in der Gala-Uniform der Gardes du Corps dargestellt; er trägt den schwarzen Kürass, über den das orangefarbene Band des Schwarzen Adlerordens sich legt. Das Haupt ist unbedeckt. Der innere Rand des Medaillons ist mit kleinen Brillanten dicht besät, während des Bildes äußerer Rahmen mit großen Edelsteinen besetzt ist. Das aus dem Atelier der Firma Johann Wagner & Sohn hervorgegangene Kleinod ruhte in einem dunkelblauen Samtetui, dessen Deckel eine Kaiserkrone schmückt.

Das offizielle Festmahl an Bord, bei welchem Prinz Heinrich zwischen der Gattin und der Tochter des Präsidenten Roosevelt saß, nahm einen überaus herzlichen Verlauf und sehr bemerkenswerte Trinksprüche wurden während desselben gewechselt. Prinz Heinrich, der sich, wie bei allen derartigen Gelegenheiten, der englischen Sprache bediente, sagte unter anderem folgendes: „Herr Roosevelt, Sie sind hier an Bord als Gast Seiner Majestät des deutschen Kaisers, und ich glaube, dass dies das erste Mal ist, dass ein Präsident der Vereinigten

Staaten je an Bord eines der Schiffe Seiner Majestät gewesen ist. Wolle Gott, dass es nicht das letzte Mal sein möge! Ich möchte Ihnen herzlich für den Empfang danken, den ich seit dem ersten Tage, an dem ich gelandet bin, bis zu diesem Augenblicke gefunden habe, und es ist mein aufrichtiger und gewisser Eindruck, dass ein starkes Gefühl persönlicher Freundschaft zwischen uns ersteht. Möge es sich ausdehnen zum Heile unserer zwei großen Nationen."

Der Prinz schloss mit einem Hoch auf den Präsidenten Roosevelt, worauf die Musik die amerikanische Nationalhymne spielte.

Der Präsident erhob sich sofort und antwortete gleichfalls in englischer Sprache: „Ich möchte meinen herzlichen Dank für die gütigen Worte ausdrücken, welche Eure Königliche Hoheit mir gewidmet haben, und ich möchte Ihnen zu wissen tun (das ist kein leeres Kompliment), dass Eure Königliche Hoheit bereits einen aufs richtigen Platz in unserer Zuneigung und unserem Wohlwollen gewonnen haben. Wir würdigen es in hohem Maße, dass Seine Majestät der deutsche Kaiser Sie zu dem amerikanischen Volke entsandt hat, und ich danke Ihnen persönlich, und dafür, was natürlich von viel höherer Wichtigkeit ist, dass Sie einen Schritt unternommen haben, der naturgemäß die beiden großen Nationen enger aneinander knüpfen muss, deren Freundschaft so viel für die zukünftige Wohlfahrt der ganzen Welt bedeutet. Um schließlich Ihnen gegenüber einem persönlichen Wunsche von mir Ausdruck zu geben, so ist es der, dass ich mit großer Freude dem Tage entgegensehe, an welchem ich Gast bei Ihnen in Ihrer Eigenschaft als Admiral an Bord eines Ihrer Schlachtschiffe sein werde."

Der Präsident schloss seine Rede mit einem Hoch auf den Prinzen Heinrich. Später erhob der Prinz sein Glas nochmals und dankte, indem er sich an Fräulein Alice Roosevelt wandte, dieser vor allem für die wahrhaft reizende Art, in der sie die Taufe des „Meteor" vollzogen habe. „Wir Seeleute", sagte Prinz Heinrich, „sollen ein wenig abergläubisch sein." Zu Admiral Evans sich wendend, schaltete der Prinz ein: „Ich glaube, Evans, wir sind es nicht. Wie dem auch sei, diesem Fahrzeug ist eine besonders glückliche Laufbahn schon um deswillen beschieden, weil es von Künstlerhand erbaut ist (hierbei wandte der Prinz dem anwesenden Erbauer der Yacht sich zu) und weil es bei seinem ersten Erscheinen auf dem Wasser mit dem Namen einer

Dame verknüpft ist. Sind wir Seeleute doch auch gewohnt, von unserem Schiffe als ‚ihr' zu sprechen, und halten und behandeln wir doch unsere Schiffe wie unsere Frauen. Ich trinke auf die Gesundheit von Miss Alice."

Das Gastmahl dauerte anderthalb Stunden. Dann brach man auf. Der Präsident reiste um 3 Uhr mit seiner Familie nach Washington zurück, während Prinz Heinrich, ohne sich auch nur eine Minute der Erholung gönnen zu dürfen, den Dampfer zur Fahrt nach der Battery bestieg, um sich nach dem Rathause zu begeben.

Das Wetter hatte sich nicht gebessert. Grau und unfreundlich schien der Himmel hernieder und bildete einen scharfen Kontrast zu den festlich geschmückten Straßen und der trotz des Regens darin wie angemauert ausharrenden Menge. Jeder wollte den Prinzen sehen, und seien es auch nur die Goldtressen seines Hutes. Prinz Heinrich brachte der schaulustigen Menge das Opfer, trotz des unaufhörlich herniederträufelnden Regens im offenen Wagen zu fahren. Sein Gefolge hatte es besser; es wurde durch geschlossene Kutschen vor der unbehaglichen Nässe bewahrt.

Wieder waren es zwei Schwadronen Miliz, prächtige, stattlich aussehende Reiter, welche den Prinzen von der Battery aus, wo das Dampfschiff gelandet war, den Broadway hinauf nach City Hall, dem Rathaus, geleitete. In dem offenen Wagen saßen außer Prinz Heinrich noch der deutsche Botschafter von Holleben, der Kontreadmiral Evans und der Privatsekretär des Bürgermeisters, Reynold. Dichte Menschenmassen hielten den ganzen Broadway besetzt und empfingen überall mit lautem Jubel den deutschen Königssohn. Auf dem Broadway und in Wallstreet bereiteten die Börsenleute ihm eine eigenartige Begrüßung, indem sie seinen Wagen mit Konfetti in Gestalt von Telegraphenpapierstreifen bewarfen, worüber der Prinz freundlich lächelte.

Nach seinem Eintreffen auf dem Rathause wurde Prinz Heinrich zu dem Mayor von New York Seth Low geführt, der ihn, umgeben von den Herren des Empfangskomitees in einem im ersten Stockwerk gelegenen Repräsentationsraum, dem sogenannten Gouverneurzimmer, empfing und auf das herzlichste bewillkommnete.

Der Prinz dankte in wärmster Weise und ließ sich alsdann durch den Bürgermeister den bekannten deutsch-amerikanischen Staatsmann Karl Schurz und General Sickles, den früheren amerikanischen Gesandten in Madrid, vorstellen. Die Spitzen der verschiedenen Zweige der Stadtverwaltung ordneten sich um den Prinzen und den Mayor, während das Gefolge hinter dem Prinzen Aufstellung genommen hatte.

Er verneigte sich tief und stellte das Empfangskomitee vor, das der Prinz gleichfalls durch eine Verbeugung begrüßte. Dann nahm der Prinz zur Rechten des Mayors vor einem Tisch Aufstellung dem Komitee gegenüber, bis, vom Mayorsekretär und dem Colonel Bingham geführt, das Stadtverordneten-Komitee eintrat.

Der Sprecher sagte: „Mit Eurer Hoheit Einwilligung wartet der Stadtrat, um die ‚*freedom of city*' zu überreichen." Der Prinz, der sich schweigend verneigte, folgte mit drei Herren und dem Mayor in dessen Zimmer. Nach kurzem Warten, und nachdem die Präsidenten Platz genommen hatten, erschien der Prinz, nur gefolgt von den Herren von Holleben und Low, unter den Stadtverordneten. Diese Körperschaft, die wahrlich selten jemanden durch Aufstehen ehrt, erhob sich wie ein Mann von ihren Sitzen und brach in Händeklatschen aus, während der Prinz grüßend durch den Mittelgang schritt. Jetzt richtete der Präsident an den hohen Gast die Anfrage, ob er geruhen wolle, die *freedom of city* (das Ehrenbürgerrecht) entgegenzunehmen. Prinz Heinrich bejahte und der Präsident lud ihn ein, zu seiner Rechten Platz zu nehmen. Prinz Heinrich blieb jedoch stehen und hörte so die Ansprache des Mayors an. Sie klang schlicht, einfach, warm und gefühlvoll.

Der erste Beamte der Stadt sagte etwa: „Die Übergabe des Dokuments drückt unsere hohe Achtung und ehrliche Freundschaft aus. Die Verleihung des Ehrengastrechts ist die höchste Auszeichnung, welche New York zu vergeben hat. New York ist die Hauptstadt und der Mittelpunkt des kommerziellen und geistigen Lebens Amerikas, zu dem die Deutschen so viel beitragen. Die Auszeichnung ist nicht oft bisher gewährt worden, Hoheit, zum letzten Male von ausgezeichneten Besuchern an Lafayette im Jahre 1824. Aber wir wollen Sie auf diese Weise herzlichst willkommen heißen um Ihrer selbst, um Ihres Bruders willen und hoffen, dass es beitrage, die Freundschaft zwischen Deutschland und Amerika zu befestigen."

Dann erhob wieder der Präsident seine Stimme und sagte in besonders feierlichem Tone: „Ich habe nunmehr die Ehre, Eurer Hoheit das *‚City freedom'* von New York zu gewähren." Mit diesen Worten überreichte er die Urkunde über das dem Prinzen von der Stadt New York verliehene Ehrengastrecht.

Der Silberkasten, der das Dokument enthielt, zeigte eine kunstvolle Arbeit auf dem Deckel. An den kurzen Seiten waren die deutschen und die amerikanischen Wappen angebracht. Der Prinz nahm das Dokument entgegen und hielt sodann eine Dankrede. Zuerst sprach er leise, wie von tiefer, inniger Bewegung durchzittert, später aber wurde er lauter und seine Rede erhob sich zu hohem begeisterten Schwung, als er folgende Sätze sagte: „Ich bin mir der seltenen Auszeichnung wohl bewusst und schätze sie als solche, wie den mich tief bewegenden Empfang, den ich nicht allein für mich in Anspruch nehme, denn ich bin nicht hier in eigener Sache, sondern im Auftrage meines Bruders, Herrn und Souveräns. (An dieser Stelle wurde der Prinz durch stürmisches Händeklatschen unterbrochen.) Ich kann Ihnen daher auf alle Ihre Güte nichts Besseres erwidern, als dass ich komme, die Freundschaft meines kaiserlichen Bruders anzubieten. Im Übrigen, meine Herren, bin ich nicht hier, Freundschaft anzuknüpfen, sondern alte zu erneuern. Ich sage Ihnen nun aus vollem und bewegten Herzen Dank und ich wünsche dem blühenden New York für alle Zeit eine glückliche Zukunft."

Selten wohl hat in dieser Versammlung eine Rede so gezündet; das Hurra wollte nicht enden. Der Mayor spielte in seiner Ansprache auf das Land Friedrichs und Washingtons an und sagte schmeichelhafte Worte über das Deutschtum. Sein Gesicht strahlte vor Freude, als ihm Prinz Heinrich, nachdem der offizielle Festakt vorüber war, derb die Hand schüttelte und sich auf das leutseligste mit ihm unterhielt. Als dann der neue Ehrenbürger sich verabschiedete, da erschollen noch einmal begeisterte Zurufe und lautes, echt amerikanisches Händeklatschen. Dann geleitete der Mayor den Prinzen zum Wagen. New York hatte den Bruder des deutschen Kaisers geehrt, wie es überhaupt nur zu ehren imstande war.

Am Abend waren Prinz Heinrich und sein Gefolge die Gäste des Mayors Low bei einem im Metropolitan-Klub veranstalteten Festmahle. 18.30 Uhr war die in den Einladungen festgesetzte Stunde, und mit militärischer Pünktlichkeit stellte sich der Prinz mit seinen Begleitern unter berittener Eskorte vor dem prächtigen Klubhause an der 60. Straße ein. Die Anzahl der geladenen Gäste betrug genau hundert. Das Diner wurde in der Bankethalle im vierten Stocke des Klubhauses gereicht. Mit Ausnahme einiger Palmen sowie deutschen und amerikanischen Flaggen an den Wänden waren keine anderen Ausschmückungen wahrnehmbar. Die Tafel dagegen machte mit ihrer reichen Last von silbernen Aufsätzen und American Beauty-Rosen, von welchen nicht weniger als 6000 verwendet worden waren, einen herrlichen Eindruck. Die Tische waren halbmondförmig aufgestellt. Mayor Low saß mit dem Prinzen zu seiner Rechten und dem deutschen Botschafter zu seiner Linken in der Mitte der Tafel. Die elegante Tischkarte war ein kleines Kunstwerk; sie bestand aus zwei durch ein weißes Band miteinander verbundenen Blättern, welche innen die Speisenfolge verzeichneten, während sie äußerlich die deutsche und amerikanische Flagge gekreuzt mit einer in erhabenem Golddruck hergestellten Kaiserkrone zeigten.

Reden wurden nicht gehalten, nur drei Trinksprüche ausgebracht, auf den Präsidenten der Vereinigten Staaten, den deutschen Kaiser und den Prinzen Heinrich von Preußen. Das Essen ging so rasch von statten, als nur immer möglich; trotzdem war es schon nahezu 21.30 Uhr geworden, als man beim Kaffee angelangt war. Da machte einer der Herren die Bemerkung, dass der Prinz die Calvé noch niemals als „Carmen" gehört habe, und dies gab das Zeichen für den Aufbruch; zehn Minuten später war die Gesellschaft auf dem Wege nach der New Yorker Oper.

Seinen Höhepunkt erreichte der Prinzenjubel dieses Tages am Abend durch die Gala-Vorstellung im Metropolitan Opera House in einem mächtigen Ausbruch der Begeisterung für den königlichen Gast, wie er in den Räumen dieses Musentempels noch nie zuvor gehört worden war. Wenn immer sich eine Gelegenheit bot, von dem ersten Eintritt des Prinzen kurz nach 21.30 Uhr bis zum Schluss der Vorstellung brach das Publikum, das vornehmste New Yorks, in Hochrufe auf den Fürstensohn aus.

Herrlich geschmückt war der Musentempel, besonders die Prinzenloge. Was mit 5000 American Beauties, Riesenmengen von Laubwerk und Rosaband getan zu werden vermochte, das war in dieser der Bühne direkt gegenüber im ersten Range gelegenen Prinzenloge zusammengewoben zu einem Schmuckkästlein, über welchem sich der aus weißem Atlas gebildete Baldachin wölbte, der sich in der aus elektrischen Lichtern dargestellten Königskrone zuspitzte. Ausgeschlagen war die Loge mit Purpur.

Die Zuhörerschaft, welche diese überreich geschmückten Räume vom Parkett bis zum obersten Platz besetzt hielt, bestand durchweg aus der Crème de la Crème der Gesellschaft. Wohl sangen und spielten die Künstler und Künstlerinnen des Abends vor keinem Parkett von Fürsten, aber das Publikum, das sich an diesem Abend hier zusammengefunden, kann, was Eleganz der Erscheinung anbelangt, getrost den Vergleich aushalten mit allem, was je an Reichtum und Vornehmheit sich vereinigt. Die Damen waren ausnahmslos in großer Toilette erschienen; manche von ihnen trug den Wert eines kleinen Ländchens in Diamanten im Haar, am Hals, am Arm oder an den Fingern. Bei den männlichen Gästen herrschte fast ausschließlich der Frack vor; nur da und dort zeigten sich buntes Tuch, Goldlitzen und blinkende Epauletten eingestreut, waren doch verschiedene Offiziere der „Hohenzollern", der amerikanischen Marine und des Heeres, teils im Parkett, teils in den Logen zu erblicken. So bot denn das Ganze ein farbenreiches, prächtiges Bild. Die Billets waren mit unerhörten Preisen bezahlt worden; von amerikanischen Kennern wurde die Einnahme des Abends auf 60 000 Dollar (240 000 Mark) geschätzt; freilich waren auch die für die Ausschmückung aufgewendeten Kosten ungewöhnlich bedeutende.

Muss es noch erwähnt werden, dass Direktor Maurice Grau alle seine Sterne erster Klasse am Opernhimmel heraufführte, eine Gadski, eine Schumann-Heink, eine Calvé, Eames, Sembrich, Bawal und Ternina, einen Édouard de Reszke, Alvarez, Scotti, Dippel, Van Dyk, Campanari und wie sie alle heißen? Da diese Sterne unter dem Reiz, vor einer solchen Menge, vor einem Prinzen königlichen Geblüts zu singen, in besonders hellem Glanz erstrahlten, da die Kostüme und zum Teil auch die Dekorationen vollständig neu waren, so muss einleuchten, dass alle Bedingungen für einen in seiner Art einzigen Opernabend gegeben waren.

Es war kurz nach 8 Uhr, als sich der Vorhang zum ersten Mal hob, vor einem zunächst nur mäßig gefüllten Hause; kein Wunder, wusste man doch allerseits, dass der Prinz wegen des Diners erst später erscheinen würde, und heute war dem Amerikaner, der sonst ein so begeisterter Musikverehrer ist, die Oper gleichgültig, heute wollte er nur den Prinzen sehen. Öde Leere herrschte noch in den Logen, klaffende Lücken wies das Parterre auf.

Ein staunendes „Ah!“ entrang sich den Anwesenden, als sie zum ersten Mal des aus Glühlichtern und Laubgirlanden gebildeten Vorhangs ansichtig wurden, der sich einige Augenblicke später über dem ersten Akt von „Lohengrin“ hob. Dieser Teil der Ausführung ging beinahe vollständig verloren; des Kommens und Türklappens wollte kein Ende nehmen. Frau Gadkis Stimme klang nie süßer, Dippel sang die Titelrolle nie feuriger, als an diesem Abend. Aber der Vorhang ging über dem ersten Akt von „Lohengrin“ nieder, ohne wie sonst Beifallsstürme zu erwecken. Inzwischen füllten sich die Logen immer mehr, im Parterre konnte der bekannte Apfel nicht mehr zu Boden fallen, vier Mann hoch standen die Leute hinter den Sitzen, aber der sehnlichst erwartete Prinz kam noch immer nicht. Es wurde 21 Uhr, 21.15 Uhr, die Pause fing bereits an peinlich zu werden. Eine weitere Viertelstunde verstrich, da endlich erschien der lange Vermisste an der Spitze seines Gefolges, umgeben von Mayor Low, Vize-Gouverneur Woodruff, Botschafter von Holleben, Kontre-Admiral Evans, Commander Cowles etc. „Heil Dir im Siegerkranz“ stimmte das Orchester unter Nahan Frankos Leitung an, während das ganze Auditorium sich von den Sitzen erhebend in stürmische Hochrufe ausbrach. Prinz Heinrich, der wiederum Admiralsuniform trug, war bis an die Ballustrade der Loge vorgetreten und verneigte sich nach allen Seiten. Endlich war der letzte Hochruf verklungen, das letzte Händeklatschen verhallt und der Vorhang hob sich über Bizets „Carmen“. Gespannt folgte der Prinz der Aufführung. In der Zwischenpause zwischen „Carmen“ und „Aida“ ergriff Nahan Franko wieder den Taktstock. Ein deutsches Lied folgte dem anderen; mit „Wer will unter die Soldaten“ beginnend, ließ das Orchester nacheinander „Die Wacht am Rhein“ und „Ich bin ein Preuße“, folgen, die Anwesenden geradezu elektrisierend. Noch einmal spielte die Kapelle die preußische Nationalhymne, eine Huldigung für den Prinzen hervorrufend, welche diejenige bei seinem Eintritt beinahe in den Schatten stellte. Ähnliche Szenen ereignen sich in den späteren Zwischenpausen. Der neue Tag war längst angebrochen, als die Aufführung endlich ihren Abschluss mit Massenets „Le Cid“ fand. Einer der ereignisreichsten Tage war mit dieser überaus glanzvollen Vorstellung zu Ende gegangen.

7. Festlichkeiten über Festlichkeiten

Keine Zeit müde zu sein – Hohenzollerntreue – Schlecht Wetter – Amerikanische Reporter – The captains of industry – Das Festmahl der Miliardäre – Teure Gastereien – Der Fackelzug der deutschen Vereine – Im Arion-Klub – Ein ergreifendes Lied – Das Presse-Bankett – Eine Blumenorgie – 1200 Journalisten – Tafelüberraschungen – Bedeutungsvolle Tischreden – Admiral Farragut –Ein Telegramm an den Kaiser – Rosenregen – Des Prinzen Abschied

„Ich habe keine Zeit, müde zu sein!"

Wilhelm I.

Sind je an eine hochgestellte Persönlichkeit übermenschliche Anforderungen in Bezug auf Repräsentationsfeste gestellt worden, so geschah es bei Prinz Heinrichs Amerikafahrt. In der Tat, man muss die jugendliche Elastizität, die nie ermüdende Ausdauer und bei alledem die bemerkenswerte Frische und nicht zum mindesten die geistige Schlagfertigkeit bewundern, die der Kaisersohn bei seiner Sendefahrt zeigte.

In wildem Sturme ohne Rast und Ruh wurde er von Fest zu Fest umhergewirbelt, sodass ihm keine Minute zur Erholung, kein Punkt der Ruhe in der rasenden Flucht rauschender Ehrungen blieb. Ja, es gab Augenblicke, wo er kaum die nötige Zeit zum Umkleiden hatte, kaum Gelegenheit, den vom Regen durchnässten Anzug zu wechseln; und dem Regen hatte er sich doch ausgesetzt lediglich um die zusammengeströmte Menge nicht dadurch zu enttäuschen, dass er sich unsichtbar machte. Selbst mit der Nachtruhe war es schlimm bestellt; seit der Abfahrt vom Kieler Schloss hatte Prinz Heinrich bis zur Stunde noch keine Nacht in einem Hause geschlafen. Das Schiff, die Eisenbahn waren sein Heim, und auch hier fand er häufig erst nach Mitternacht den so notwendigen Schlaf, der jedoch schon in früher Morgenstunde abgebrochen werden musste, damit der Opfermütige den an ihn gestellten Anforderungen nachkommen konnte. Kein Privatmann hätte ein derartiges Riesenprogramm mit so staunenswerter

Stetigkeit durchgeführt. Doch unsere Hohenzollern kennen, wenn es gilt, dem Vaterlande einen Dienst zu erweisen, keine Müdigkeit. Ihre Pflichttreue ist bekannt, und wie einst Kaiser Wilhelm der Große, so konnte auch Prinz Heinrich auf seiner Amerikafahrt mit voller Berechtigung sagen: „Ich habe keine Zeit, müde zu sein." Für den heutigen Tag waren nicht weniger als drei Festlichkeiten vorgesehen, denen sich um Mitternacht die Fahrt nach Washington anschloss. Zuerst das sogenannte „Milliardärs-Essen" in Sherrys Restaurant, dann der Fackelzug der deutschen Vereine am Hause des „Arion" vorüber und zum Schluss das große Presse-Bankett im Waldorf-Astoria-Hotel.

Leider bewährte das berühmte „Hohenzollernwetter", von dem in den amerikanischen Zeitungen seit dem Eintreffen des Prinzen in New York an sehr viel geschrieben wurde, nicht seine Beständigkeit. Schon gestern hatte der reichliche feuchte Niederschlag, der den ganzen Tag über anhielt, den Feierlichkeiten mancherlei Eintrag getan, und wenn trotzdem auf Shooters Island beim Stapellauf, auf dem Broadway bei der Ausfahrt nach City Hall und abends vor dem Metropolitan Opera House Hunderttausende dem Regen Trotz boten, so zeigte sich hierin eben die ungeheure, durch nichts einzudämmende Begeisterung, welche die New Yorker erfasst hatte.

Heute war das Wetter noch schlechter. Unaufhörlich rieselte das unwillkommene Nass vom Himmel hernieder, und die Flaggen und Wimpel auf den Schiffen im Hafen hingen traurig von den Masten und Stengen herab. Auf den Straßen standen große Wasserlachen, und selbst die sonst belebtesten Teile der Stadt machten einen stillen Eindruck. Ganz ausgestorben schienen die nördlichen Stadtteile, die ohnehin dem Verkehr abgewendet sind.

Prinz Heinrich hatte sich zeitig erhoben und das Frühstück an Bord der „Hohenzollern" eingenommen. Im Programm stand für den Vormittag eine Fahrt nach Grants Mausoleum verzeichnet; aber angesichts der Ungunst der Witterung musste dieser Punkt gestrichen werden. Es ist bemerkenswert und für das strenge Pflichtgefühl des Prinzen so recht bezeichnend, dass, wenn unabweisbare Notwendigkeit es gebot, er nur solche Punkte fallen ließ, welche seine Person betrafen; so musste er wohl oder übel mehrmals auf die Inaugenscheinnahme von Sehenswürdigkeiten, die für ihn selbst hochinteressant gewesen wären, verzichten, nur um die offiziellen Feierlichkeiten, die – rein persönlich genommen – doch keinen Reiz auf ihn ausüben konnten, aufrecht zu erhalten.

Gegen 11 Uhr erschien Kontreadmiral Evans an Bord, der, bevor er sich zu dem hohen Gast der Station hindurcharbeiten konnte, von zahllosen Berichterstattern geradezu überfallen wurde. Die journalistische Fixigkeit der amerikanischen Zeitungen ist weltbekannt, und der Bewohner des „alten" Europa muss bass erstaunen über die sprudelnde Fülle von Nachrichten, welche sie ihren Lesern darzubieten wissen. Im Zeitungswesen sind wir hinter Amerika noch weit zurück.

Da half für den armen Admiral weder Energie noch Fluchtversuch. Er musste vor dieser Übermacht die Flagge streichen und so gab er denn zu Protokoll, er sei außerordentlich ermüdet von all den Strapazen; aber er bewundere die seltene Ausdauer des Prinzen, der mit immer gleich bleibender Liebenswürdigkeit und demokratischer Leutseligkeit alle die aufreibenden Ehrenstürme über sich ergehen lasse. Die Reporter beeilten sich, das Interview alsbald ihren Blättern zugehen zu lassen.

Das Luncheon der „Milliardäre" in Sherrys berühmtem Restaurant sollte dem Prinzen Gelegenheit geben, die *„Captains of industry"* d.h. die fähigsten Köpfe des Landes, denen Amerika seine außerordentliche Entwicklung verdankt, bekannt zu machen. Zu den Veranstaltern des Frühstücks zählten u.a. die bekannten Sterne des Milliarden-Himmels, die auch in Europa viel genannten Namen Morgan, der den Vorsitz führte, Vanderbilt, Gould, Carnegie und Rockefeller.

Die übrigen Namen sind geheim gehalten worden, doch wird seitens der Veranstalter versichert, dass durchaus nicht etwa der Besitz vielen Geldes maßgebend für die Beteiligung gewesen sei, sondern einzig und allein die Bedeutung der Eingeladenen für Handel und Industrie. Es befanden sich auch Leute darunter, deren Namen dem großen Publikum unbekannt klingen würden, nämlich die treibenden Köpfe hinter den Kulissen, Erfinder, Betriebsdirektoren, finanzielle und kommerzielle Pfadfinder, die nur im Stillen wirken, usw. Nach der Vorstellung im Empfangszimmer wurde

John Pierpont Morgan

der Prinz in den wunderbar ausgestatteten Speisesaal geführt. Sieben Tische waren in Halbmondform aufgestellt und prangten in reichem Orchideenschmuck. Bei der Tafel der Industriellen brachte John Pierpont Morgan Trinksprüche auf den Präsidenten Roosevelt, Kaiser Wilhelm und den Prinzen Heinrich aus, auf deren Gesundheit die Tafelgesellschaft stehend und unter Hochrufen ihre Gläser leerte. Hierauf erhob sich Prinz Heinrich und toastete auf die Führer der Industrie und des Handels der neuen Welt, deren Wohl ebenfalls stehend getrunken wurde. Die Unterhaltung mit den Gästen nahm das Interesse des Prinzen in so hohem Maße in Anspruch, dass die geplante Besichtigung von Sehenswürdigkeiten unterbleiben musste. Er sagte: „Wenn dadurch niemand außer mir in seinen Maßnahmen gestört wird, wollen wir noch hierbleiben", und verweilte eine Stunde länger, als im Programm vorgesehen war. Das Festmahl der Milliardäre kostete 20 000 Dollar für 100 Personen, etwa 84 000 Mark in deutschem Gelde; dies macht 840 Mark auf das Gedeck. Der jetzt sehr in Schwung gekommene Blumenschmuck der Tafel trägt das Seinige zur Erhöhung der Kosten eines solchen Festes bei. Dass ein Mahl mit Champagner schon längst nicht mehr das kostspieligste ist, weiß jeder, der etwas von der höheren Gastgeberei versteht. Die Rheinweine, die in den letzten Jahren zu 30-34 000 Mark das Fuder versteigert wurden, stehen jetzt schon 60-70 Mark die Flasche. Wie viel werden sie nach einigen Jahrzehnten kosten, wenn sie durch Ablagerung ihre volle, unvergleichliche Blume und Reife erlangt haben? In Nordamerika sind alle feinen Weine doppelt, oder doch mindestens um die Hälfte teurer als in Europa, ebenso auch die Leckerbissen. Dass bei den dortigen Festmahlen einheimische Weine getrunken wurden, ist kaum anzunehmen, obwohl Kalifornien im Jahre 1900 bei der Weltausstellung in Paris Johannisberger und überhaupt alle feinen europäischen Weine ausgestellt hatte; wenigstens waren alle kalifornischen Weine auf diese Namen getauft. Indessen soll hierdurch nicht an der amerikanischen Gastfreundschaft gemäkelt werden; die dortigen Festmähler sind das Großartigste, was seit Jahrhunderten geleistet wurde.

Am Abend fand die glänzende Ovation der deutschen Vereine New Yorks statt, deren Mitglieder sich durchweg der deutschen Sprache bedienten, um zu zeigen, dass sie dieselbe inmitten ihres neuen Wirkungskreises, als Adoptivsöhne der Neuen Welt noch nicht vergessen hatten. 10 000 Deutsch-Amerikaner, welche 320 Vereinigungen vertraten, zogen bei dieser Feierlichkeit mit 24 Musikkapellen und Hunderten von Fahnen unter Absingung deutscher Lieder, mit brennenden Fackeln an dem Prinzen Heinrich vorüber, der auf dem Balkon des mit Blumengewinden und Flaggen reichgeschmückten monumentalen Gebäudes des Arion Aufstellung genommen hatte und bei dieser Gelegenheit zum ersten Male während seines Besuches in Amerika eine Rede in deutscher Sprache hielt.

Fackelzug der deutschen Vereine New Yorks vor dem Gebäude des Arion

Die große Halle im Arion-Klub war mit Rosen geschmückt, Tausenden von frischen Rosen und Tausenden aus Glas, und als um 18.30 Uhr der Prinz eintrat, leuchtete in den letzteren elektrisches Licht auf. Es war ein feenhafter Anblick, und man gewahrte deutlich, wie der Prinz dem ihn geleitenden Vereinspräsidenten überraschtes Wohlgefallen ausdrückte.

Der Präsident fragte, sich dreimal verneigend, ob er Hoheit im Namen der deutschen Vereine New Yorks begrüßen dürfe, und hielt dann eine Ansprache, in der er betonte, dass gegenteiligen Bemerkungen zum Trotz, wie der Prinz wohl bemerkt habe, die Deutschen in Amerika ihrem alten Vaterlande treu bleiben. Als sichtbares Zeichen erlaubten sich die deutschen Vereine der Stadt ihm eine Begrüßungs-Adresse zu überreichen. Der Prinz nahm diese entgegen, ein braunes Album mit kostbarem, kunstvollem Silberbeschlag, enthaltend die Liste aller deutschen Vereine und das folgende Gedicht.

Den Prinzen, der vom heimatlichen Herde
Den Weg zu diesen fernen Küsten fand,
Ihn grüßen heute Kinder deutscher Erde
In ihrem neu erworbnen Vaterland.
Noch hören wir die deutschen Eichen rauschen,
Noch lebt die deutsche Treue in uns fort,
Und mussten wir die Heimat auch vertauschen,
Noch halten heilig wir das deutsche Wort.
Und weil dem teuren Land, das uns geboren,
Das Herz in heißer Kindesliebe schlägt,
Und für das neue, das wir uns erkoren,
Die Mannestreue jeder in sich trägt,
Blieb unser innigst Sehnen, dass verbunden
Die beiden Länder durch der Freundschaft Macht.
Dem Fürsten, der den Weg dazu gefunden,
Sei Dank dafür aus tiefstem Herz gebracht!

Der Prinz ließ sein Auge mit gütigem Blick über die Versammlung schweifen. Dann sagte er: „Herr Präsident, meine Herren! Gestatten Sie mir, Ihnen allen den herzlichsten Dank für den freundlichen Empfang auszusprechen. Es freut mich besonders, dass sämtliche deutschen Vereine sich an der Feier beteiligt haben, die ich nicht als meiner Person, sondern dem Anlass meines Hierseins und Seiner Majestät, meinem Kaiser und Könige und Herrn, geltend betrachte. Die meisten von Ihnen sind amerikanische Bürger, aber Sie haben, als Sie dies Land zur Heimat wählten, deutsche Pflichttreue mitgebracht; diese hat Ihnen zum Erfolge geholfen. Ich kann Ihnen nur raten, halten Sie fest an diesem Gefühl der Pflicht!"

Ein wahrer Begeisterungsrausch schien infolge dieser Rede die Zuhörer zu erfassen; bisher hatten sie amerikanisch durch Händeklatschen ihren Beifall zu erkennen gegeben; jetzt aber vergaßen sie diese Sitte und brachen in ein übermächtiges deutsches Hurra aus. In diesem Augenblick wurden draußen die Klänge des Preußenmarsches vernehmbar, welche bald in die Melodie von „Heil Dir im Siegerkranz" übergingen; zugleich kam die Spitze des großen Fackelzuges in Sicht. Der Prinz trat auf den Balkon hinaus; da zogen Kaufleute, Handwerker und Arbeiter vorüber, viele jung, andere weißhaarig, viele im Anzug des Wohlhabenden, andere im abgetragenen Paletot. Es war vom Festkomitee gewünscht worden, dass alle schwarze Hüte tragen sollten; aber mancher hatte keinen erschwingen können. Und doch waren sie gekommen, den Bruder des Kaisers ihres geliebten Vaterlandes zu sehen, und aus allen Kehlen klang jubelnd der deutsche Gruß zur Höhe empor.

Nach einer Stunde trat der Prinz zurück. Man bot ihm einen Imbiss von dem Buffett an, welches das Modell der „Hohenzollern" trug; dann stimmten die Arionsänger das Iltislied an. Der Prinz war sichtlich ergriffen; er winkte nicht Beifall, sondern sah zu Boden, und fast schien es, als ob er, der im Sturm gehärtete Seefahrer, mit den Tränen kämpfte. Vergebens suchte er zu verbergen, wie tief ihn das hehre Lied in seinem Innersten erschüttert hatte. Dachte er an die Treuen von der Flotte, die an Asiens Küsten mit echt deutschem Heldenmute in den Tod gegangen, oder fühlte er unwillkürlich, wie hier unter den Tausenden, welche an ihm vorbeiwallten, manch einer war, dessen Hoffnungen an der Küste des neuen Vaterlandes zerschellt waren, wie der Iltis bei Shantung? Dachte er vielleicht daran, dass sie alle, alle dem deutschen Vaterlande verloren gegangen waren, wenn sie sich gleich ein treues Andenken an die alte Heimat im Busen bewahrt hatten?

Wer will es ergründen, welche Stürme das Herz des deutschen Prinzen in diesem Augenblicke durchbrausten? Aber das war allen klar, die ihn hier, umstrahlt von dem roten Licht der Fackeln, erblicken durften: Er war gewaltig ergriffen, und mannhaft musste er die in ihm aufsteigende Bewegung niederkämpfen. Fast war es zu viel für ein deutsches Herz. Mit wehmutsvollem Blick winkte er den Dirigenten zu sich heran und fast flüsternd richtete er an ihn die Frage: „Kann ich das noch einmal hören?" Und sie sangen nochmals, mit leuchtenden Augen, mit vor Begeisterung zitternder Stimme. Manch einer vermochte vor Schluchzen keinen Ton hervorzubringen, aber sein Herz sang mit das Lied von der Flagge schwarz-weiß-rot, das Lied von deutscher Treue und deutschem Heldenmute.

Schnell kehrte sich der Prinz ab. Vergessend, dass er hier Kaisersohn und die anderen nur Männer aus dem Volke waren, drückte er den Nächststehenden gerührt die Hand. Er musste sich sammeln. Es ist doch ein seltsam Ding, das deutsche Gemüt! Während die fünfte Avenue noch von den dröhnenden Marschtritten der vorüberziehenden 10 000 Deutsch-Amerikaner widerhallte, rüstete man sich im Waldorf-Astoria-Hotel bereits zu dem großen Presse-Bankett, welches von der New Yorker Staatszeitung, dem einflussreichsten deutschen Blatt der Vereinigten Staaten, veranstaltet worden war. Rund 1200 Vertreter des amerikanischen Zeitungswesens nahmen an demselben teil und alles war aufgeboten, um es zu einer der glänzendsten Festlichkeiten zu gestalten, welche die Welt gesehen. Aber weit bedeutender als aller Festesprunk und aller Glanz äußerer Ausstattung waren die Reden, welche bei dieser Gelegenheit von den hervorragendsten Mitgliedern der amerikanischen Presse gehalten wurden und dieser Veranstaltung einen weit über den Rahmen eines Tagesereignisses oder einer förmlichen Gasterei hinausreichenden Stempel aufdrückten.

Hotel Waldorf-Astoria

Freilich, auch rein äußerlich waren die Veranstaltungen geradezu bewunderungswürdig. Der große Prachtsaal im Waldorf-Astoria-Hotel, welcher durch vier volle Stockwerke reicht, hatte sich in einen Rosengarten verwandelt. Keine Wand war sichtbar, selbst von der Decke hingen lange Pflanzengewebe, mit Rosen durchsetzt, herab. Überall erblickte das Auge Immergrün, Farne, Lilien, Rosen, deutsche und amerikanische Flaggen und Tausende und Abertausende von Glühlämpchen, eine Feerie von wahrhaft märchenhafter Pracht und Schönheit, geschaffen als Rahmen für den Märchenprinzen, der die ganze amerikanische Welt in seinen Zauberbann gezogen hatte. Überwältigend war der Anblick der Logen, die in drei Stockwerken, jede eine kleine Rosenlaube, die drei Wände des Saales umgaben. Die berühmte Astorgalerie war dem Festsaal angegliedert worden. Hier waren Amerikas schönste und eleganteste Frauen, Damen der Gesellschaft aus Washington und der Vierhundert New Yorks versammelt, alle in festlicher Balltoilette, alle mit Diamanten geschmückt. Ob der Prinz je ein solches Bild gesehen hatte?

Mit bekannter Pünktlichkeit war der Ehrengast New Yorks begleitet von der üblichen Kavallerie-Eskorte um 20.30 Uhr vor dem Hotelpalast eingetroffen und am Privat-Eingang von dem aus Vertretern der New Yorker Presse gebildeten Komitee begrüßt worden. An der Tür des Empfangszimmers begrüßte Hermann Ridder, einer der beiden Inhaber der New Yorker Staatszeitung und Leiter des heutigen Abends, den Prinzen, welcher nach einem huldvollen Händedruck in das Zimmer trat. Nachdem die üblichen Vorstellungen vorüber waren, traten die Ehrengäste, von den Mitgliedern des Komitees geleitet, den Weg nach dem Bankettsaale an, ein Weg, der im vollen Sinne des Wortes ein Blumenweg war, denn alle die Treppen, Hallen und Gänge boten den Anblick prächtiger Gartenanlagen. Als die letzten bestiegen Prinz Heinrich, Admiral Evans und Hermann Ridder den nach dem oberen Stocke führenden Fahrstuhl und betraten nach Zurücklegung einer kurzen Strecke den bereits dicht besetzten Bankettsaal. Nahan Frankos Kapelle stimmte das „Heil Dir im Siegerkranz“ an, die Musikklänge wurden indes übertönt durch die Jubelrufe und das Händeklatschen der versammelten Menge. Die Festtafel ward mit einem vom Bischof Potter gesprochenen Tischgebet feierlich eröffnet.

Dass die leiblichen Genüsse, welche der Abend brachte, von ausgesuchter Wahl zeugten und auch hinsichtlich der Anrichtung und Güte ihres Gleichen suchten, bedarf wohl kaum der Erwähnung. Es sei nur gesagt, dass der Schildkrötensuppe und dem Amontillado, der Schinkenpastete, und dem Zeltinger Schlossberger, dem Fisch, Braten, Sekt und Burgunder alle Ehre angetan wurde, und dass auch der Gast, der übrigens ein großer Olivenfreund zu sein scheint, wie eine amerikanische Zeitung sich ausdrückte, „eine tüchtige Klinge schlug“.

Prinz Heinrich verstand es ausgezeichnet, durch scheinbar nebensächliche Aufmerksamkeiten die Herzen der Amerikaner, die er freilich schon von Anfang an gewonnen, sich immer fester zu verbinden. So rief es beispielsweise einen Sturm von Begeisterung hervor, als der Prinz in dem Moment, da die Musikkapelle die mächtigen Töne des

„Star Spangled Banner“ anstimmte, sich von seinem Sitze erhob und die Nationalhymne bis zu ihrem Verklingen stehend mit anhörte. Seinem Beispiele folgend, sprangen sämtliche Herren auf und alles fiel in den Sang ein. Bald darauf wiederholte sich eine ähnliche Szene bei „Heil Dir im Siegerkranz“. Deutsche und Amerikaner sangen die hehre Weise mit. Immer lebhafter wurde die Stimmung und jedes vaterländische Lied, war es nun „Ich bin ein Preuße“, „Columbia“ oder „Red, White and Blue“, fand begeisterte Aufnahme.

Verschiedene Überraschungen wurden den Gästen im Verlaufe des Abends zu teil. Während der Tafel ließ das Komitee vorzüglich modellierte Büsten des Prinzen Heinrich als Andenken verteilen. Das Fruchteis wurde mit besonderer Feierlichkeit aufgetragen. Sämtliche Kellner erschienen im Saale, die Platten hoch über den Köpfen tragend; jede dieser Platten war mit einem Symbol des Festes, das man feierte, versehen; Figuren und Wappenschilder versinnbildlichten es. Da war ein Standbild des Präsidenten Roosevelt im Frackanzuge, Columbia, Germania, Prinz Heinrich, Washington, Roosevelt als rauher Reiter, die „Hohenzollern“, Alice Roosevelt, der „Meteor“ und vieles andere zu sehen.

Endlich waren die Genüsse, die ihren Weg durch das Gehege der Zähne nehmen, erschöpft, der Kaffee und die Zigarren dampften, und nun konnten die Trinksprüche und Reden steigen. Diese waren fast durchweg von einer solchen Ausführlichkeit, dass wir es uns versagen müssen, sie genau dem Wortlaut nach wiederzugeben, und es würde ihren Eindruck trüben, wenn man sie hier in allen Einzelheiten nachlesen müsste. Sprachen doch einige Redner länger als eine Stunde. Den Gedankengang hingegen und ihre markantesten Stellen führen wir im nachstehenden dem Leser vor. Er wird daraus erkennen, von welcher umfassenden Bedeutung des Prinzen Heinrichs Amerika-Fahrt war und wie sie von den Amerikanern aufgefasst wurde. Die Rede des Prinzen selbst ist wortgetreu wiedergegeben. Der hohe Herr war sich voll bewusst, dass das, was er hier vor den Vertretern der Presse sprach, was also in alle Welt hinausging, besondere Bedeutung hatte; das beweist schon seine im Verlaufe des Abends gemachte Äußerung, dass das „Fest“ das „größte Interview“ sei, dem er je im Leben hätte Stand halten müssen.

Den Reigen der Bankett-Redner eröffnete der Chefredakteur der New Yorker Tribüne, Whitelaw Reid, mit einem Trinkspruch auf Präsident Roosevelt und Kaiser Wilhelm, den er mit folgenden Sätzen schloss: „Als ich vor Jahren vor der Handelskammer sprach, hatte ich Veranlassung, zu bemerken, dass, wenn Gott und die Natur je drei Nationen für ewigen Frieden und Freundschaft bestimmt hätten, diese drei Deutschland, Großbritannien und die Vereinigten Staaten seien. Der Beifall, mit welchem die Handelsherren New Yorks diesen Ausspruch aufnahmen, gibt mir den Mut, denselben bei dieser so bezeichnenden Gelegenheit und in Gegenwart unseres königlichen Gastes zu wiederholen. Zwischen den beiden erstgenannten Nationen hat während des ganzen Zeitlaufs der Geschichte Friede geherrscht. Was die dritte anbelangt, da wir nun hören, dass es in der Diplomatie länger keine Geheimnisse mehr gibt, so nehme ich mir die Freiheit, zu erwähnen, dass bei einer kritischen Periode Seine Majestät der deutsche Kaiser eine Botschaft an einen unserer Repräsentanten im Ausland in einer wichtigen Angelegenheit auf dem gewöhnlichen Geschäftswege sandte, welche mit den denkwürdigen Worten begann: ‚Seit den Tagen Friedrichs des Großen hat zwischen den Vereinigten Staaten und Deutschland unzertrennliche Freundschaft bestanden, und ich hoffe, dass dieselbe für immer fortbestehen möge.' Indem ich seine Gesundheit ausbringe, versichere ich ihn der herzlichen Zustimmung dieser Stadt, meiner hier versammelten Kollegen von der amerikanischen Presse, und ich kann sagen: des ganzen Landes, in diesem edlen Streben."

Dem nächsten Redner, Hermann Ridder, war die Aufgabe zugefallen, dem Prinzen das „Willkommen" zuzurufen. Er machte die folgenden Ausführungen: „Mein Associé, Herr Uhl, hat mir überlassen, heute Abend als Sprecher für die New Yorker Staats-Zeitung aufzutreten. Als wir vor etlichen Wochen die Nachricht erhielten, dass Hoheit unserem Lande einen Besuch abstatten würde, kam uns die Idee, dass sich die Vertreter der Tagespresse der Vereinigten Staaten bei einer Gelegenheit wie dieser zusammentun sollten. Es schien besonders passend, dass wir Hersteller von Zeitungen es uns angelegen sein lassen sollten, dem deutschen Prinzen eine Ehre zu erweisen; unsere Einladung wurde nach Berlin gesandt und huldvollst angenommen. Als Gast sind Sie nun zu uns gekommen, und so herzlich froh hieß Sie das

Hermann Ridder, Miteigentümer der New Yorker Staatszeitung

amerikanische Volk willkommen, dass ich, obschon ich der allerletzte Mann an dieser Tafel sein sollte, ein politisches Thema bei dieser Gelegenheit zu berühren nicht umhin kann. Hoheit, um es offen zu sagen: Sie haben eine der ehrwürdigsten Traditionen unseres Landes, die Monroe-Doktrin, in überraschender Weise verletzt. Sie als Repräsentant des deutschen Kaisers haben zwar keinen Flecken des Landes, wohl aber uns alle in Bann genommen. Man wird sich erinnern, dass Friedrich ein Freund Washingtons war, dass von seinem Stab in der Stunde der Not einer zu uns kam, dessen Namen stets in dankbarer Erinnerung von dem Volke dieses Landes gehalten wird: Baron Steuben, der die Rekruten und Farmerburschen der kontinentalen Armee drillte, Soldaten aus ihnen machte und vielleicht Washingtons großen Sieg ermöglichte. Von jenem Tage bis zur Gegenwart ist Deutschland der treue Freund der Vereinigten Staaten gewesen. Blutbande bestehen; deshalb ist es natürlich, dass wir Eure Hoheit heute mit besonderer Zuneigung willkommen heißen. Wir begrüßen Sie nicht allein als deutschen Prinzen, sondern auch als einen mit uns durch Bande der Verwandtschaft Verbundenen. Der Sachsengeist hat im amerikanischen Nationalleben eine Rolle gespielt ebenso wie bei Ihnen, indem er dem großen Reiche, von welchem Sie kommen, neue Kraft verlieh. Lassen Sie uns hoffen, dass dieser Zug in dem amerikanischen Volke unsere beiden großen Nationen durch die Bande der Freundschaft in der Zukunft noch enger verbindet. In diesem Sinne ersuche ich Sie, meine Herren, sich zu erheben und stehend auf die Gesundheit und langes Leben Seiner Königlichen Hoheit zu trinken."

Zur Beantwortung der Begrüßungsrede des Vorsitzenden der Versammlung erhob sich nunmehr der Prinz, von brausendem Jubel begrüßt. Nicht sofort konnte er beginnen; die Begeisterung musste austoben. Die Festteilnehmer stimmten nämlich ein kräftiges „Hoch soll er leben“ an und sangen *„For he is a jolly good fellow!“* Dann erst konnte Prinz Heinrich seine Rede beginnen.

Gebäude der New Yorker Staatszeitung

„Herr Toastmeister! Meine Herren! Ich weiß vollauf zu würdigen, dass ich als Gast der amerikanischen Presse und insonderheit als Gast der New Yorker Staats-Zeitung hier mit Vertretern der Presse des ganzen Landes zusammengekommen bin. Sowohl dieser wie auch der New Yorker Staats-Zeitung spreche ich für die liebe Einladung und den herzlichen Empfang, der mir geworden ist, verbindlichsten Dank aus. Ich möchte aber doch gleich an dieser Stelle von allen dahin verstanden werden, dass diese Zusammenkunft, wenn sie auch im Lichte einer offiziellen Veranstaltung betrachtet wird, privater Natur ist, und dass keiner von Ihnen nach dem Verlassen dieser Tafel von dem, was hier gesprochen oder zutage getreten ist, Gebrauch machen möge. Unzweifelhaft ist die Presse heutigen Tages ein ausschlaggebender Faktor, wenn nicht eine Macht, mit der zu rechnen ist, und die ich unterseeischen Minen vergleichen möchte, die gerade dann, wenn es am wenigsten erwartet wird, auffliegen. Indes gerade die Entwicklung

Ihrer eigenen Seemacht lehrt uns, dass wir von solchen Minen, wenn sie uns in den Weg kommen sollten, nichts zu fürchten brauchen. Die bei dieser denkwürdigen Gelegenheit gesprochenen Worte gehen weiter, als heute Abend auszusprechen ich mich unterfangen möchte. Ich brauche nur auf den Namen Farraguts hinzuweisen. Ein anderer Vergleich, meine Herren, möchte mehr nach Ihrem Geschmack und in der Tat für den Verdienst der Presse bezeichnender sein. Ich beziehe mich auf die Worte, deren sich Seine Majestät der Kaiser bediente, ehe ich die Reise hierher antrat. Er sagte mir: ‚Du wirst mit vielen Vertretern von Zeitungen zusammenkommen; halte Dir die Tatsache vor Augen, dass die Repräsentanten der Presse in den Vereinigten Staaten ungefähr dasselbe sind, wie meine kommandierenden Generäle.' Es wird für Sie – dessen bin ich sicher – von Interesse sein, etwas über den Charakter meiner Sendung hierzulande zu erfahren. Die Tatsache ist folgende: Seine Majestät der Kaiser hat die neuerliche und gewaltige Entwicklung der Vereinigten Staaten auf das eingehendste verfolgt, und Seine Majestät hat vollauf erkannt, dass Ihre Nation eine schnell fortschreitende ist. Meine Entsendung nach den Vereinigten Staaten dürfte somit als Zeichen der Freundschaft und des höflichen Entgegenkommens betrachtet werden, mit dem einzigen Wunsch, das Band der freundschaftlichen Beziehungen zwischen Deutschland und den Vereinigten Staaten fester zu knüpfen. Sind Sie willens, die Ihnen dargebotene Hand zu ergreifen, so finden sie eine solche an der anderen Seite des Atlantischen Ozeans."

Ein unbeschreiblicher Beifall durchdröhnte nach diesen Worten des Prinzen den Saal, und die *„Hurras for Prince Henry"* wollten kein Ende nehmen. Es schien, als ob alle Fesseln gelöst seien und eine allgemeine Verbrüderung entstände. Auch die Damen in den Logen blieben nicht zurück, ihre Zustimmung kund zu tun; sie plünderten die Rosenlauben, und nun ergoss sich ein wahrer Blumenregen aus drei Etagen hernieder auf den Prinzen und die um seine Person versammelten Festgenossen. Angeregt durch die bedeutungsvollen Worte des königlichen Gastes wurde von der Versammlung jetzt das folgende Telegramm abgesandt:

„Die Herausgeber der Tageszeitungen der Vereinigten Staaten, gegen tausend bei einem Festbankett zu Ehren Ihres illustren Bruders versammelt, entbieten Ihnen herzliche Grüße und die besten Wünsche für eine lange und segensreiche Regierung. Wir begrüßen die Entsendung des Prinzen Heinrich nach den Vereinigten Staaten als ein Omen für ein noch innigeres Band der Freundschaft und erwidern auf das herzlichste Ihr erneuertes offenherziges und freundschaftliches Entgegenkommen, das Sie gnädigst zu entbieten geruhten."

In Anlehnung an die Rede des Prinzen sei es gestattet, hier noch einige Worte über den amerikanischen Admiral David Glasgow Farragut einzuschalten, dessen der hohe Redner Erwähnung getan, denn dieser Name hat in seinem Vaterlande mit Recht den allerbesten Klang; sein

David Glasgow Farragut (1801-1870)

Träger ist mehrfach dessen Retter gewesen. 1801 geboren, trat Farragut schon als zehnjähriger Knabe in den Dienst der heimischen Flotte und kämpfte bereits im Jahre 1814 gegen die Engländer, in deren Gefangenschaft er geriet. Beim Ausbruch des Bürgerkrieges 1861 organisierte – man kann sagen, improvisierte – er die Flotte der Nordstaaten. Mit dem von ihm geschaffenen Geschwader drang er 1862 gegen die feindlichen Festungen am Mississippi vor, griff die dort versammelte Seemacht der Südstaaten am 24. April an und vernichtete sie. Er beschoss New Orleans und half dem General Buttler, diesen allerwichtigsten Platz zu nehmen. Seine berühmteste Tat war später die Einfahrt in den Hafen von Mobile, die er mit hölzernen Schiffen gegen die eisernen Panzer der Konföderierten erzwang. „Schiffe von Holz, aber Herzen von Eisen" ist sein berühmt gewordener Wahrspruch gewesen. Der Sieger verstand aber auch später an der Spitze der Marine der Vereinigten Staaten, die Flotte nach den neuesten Fortschritten der Technik zu reformieren. Tief und aufrichtig betrauert ist Admiral Farragut am 14. August 1870 gestorben.

Die nächste Rede wurde von dem Chefredakteur der Philadelphia Press, Charles Emory Smith, gehalten. Sie verbreitete sich über das bedeutungsvolle Thema „Sachsenblut; was wir Deutschland in der Literatur, Kunst, Wissenschaft und Musik verdanken." „Es sind gerade 12 Jahre her", so führte der Redner aus, „seit mir das Glück zu Teil wurde, den großen Moltke zu sehen, wie er ungebeugt und imponierend trotz seiner 90 Jahre den Vorsitz im deutschen Reichstag führte und auf Grund seiner Seniorität, denn er war sowohl der Älteste als auch der Berühmteste der Anwesenden, das versammelte Parlament zur Ordnung rief. (Hier ist allerdings dem Redner ein kleiner Lapsus passiert, denn Moltke ist niemals Vorsitzender des deutschen Reichstags gewesen.) Gleich darauf, als ich die Straße betrat, hatte ich obendrein das noch größere Glück, dem jungen Kaiser, auf dessen Schultern so gewaltige Verantwortlichkeit gefallen ist, selbst zu begegnen, wie er voll Vertrauen und Stolz seinem geliebten und vertrauenden Volke sich zeigte, das ihn mit freudigen Zurufen begrüßte. Dieser glorreiche Anblick, der mir in der kurzen Spanne einer einzigen Stunde zu Teil wurde, erfüllte meine Einbildungskraft mit den faszinierenden Visionen einer wundersamen Zeit kraftvollen Vorwärtsschreitens, wie sie dort sichtbar markiert wurde durch die Anwesenheit der starken rechten Hand des hochverehrten alten Kaisers, der das Reich errichtet hatte, und auf der andern Seite durch den Anblick des furchtlosen jungen Kaisers, der, ein Bild jugendlicher Manneskraft, voll Selbstvertrauen, Mut und Fähigkeiten das Reich mit sich fortriss zu höheren Errungenschaften von Größe und Macht, und der jetzt geruht hat, einen fürstlichen Träger seiner Zuneigung und Freundschaft, seinen königlichen Bruder, zu den Erben des sächsischen Blutes jenseits des Ozeans zu entsenden. Ich folgte ihm nach der Straße ‚Unter den Linden' bis zu dem Palast, aus dessen Fenstern Kaiser Wilhelm auf sein treues Volk herabzuschauen pflegte, gerade darüber hinaus befindet sich die große Oper, das Heim der Musik, und dicht dabei die Universität, die Königliche Bibliothek, das Schloss, die Nationalgalerie, das alte und neue Museum mit ihren reichen Schätzen, alles stattliche Gebäude, in denen Literatur, Wissenschaft und Kunst eine Heimstätte gefunden haben, alles Stätten, bekundend, was Deutschland für die Sache der Humanität tut und was die Welt ihm schuldet auf allen diesen Gebieten geistiger Bestrebungen. Wir schulden nicht ausschließlich oder auch nur hauptsächlich für individuelle Errungenschaften unsern Dank, sondern eher für den Charakter und das sittliche Bewusstsein des deutschen Volkes, wir sind ihm Dank schuldig für die Ehrenhaftigkeit seiner Arbeit, sei es in Literatur, Wissenschaft oder Musik; wir müssen den Deutschen danken: Ehrlichkeit, Zuverlässigkeit, Lauterkeit, Ernst, Wahrheitssinn und Treue, das sind Züge ihres Charakters wie des unsrigen. Und in dieser Stunde und bei diesem von ganzem Herzen willkommenen Besuche Eurer Königlichen Hoheit, des auserlesenen und würdigen Vertreters des deutschen Kaisers und deutschen Volkes, besiegeln wir aufs Neue unser Freundschaftsband und reichen uns einmütig die Hände als befreundete Nationen."

Als letzter Redner kam über das Thema „Internationale Freundschaft" der Chefredakteur der St. Louis Republik, Charles William Knapp, zu Wort. Er sagte: „Wir Amerikaner bewillkommnen die Kunde, dass wir im Krieg wie im Frieden den Hohenzollern vertrauen können. Es gibt Rassen-Erbgüter, gekräftigt durch die Verpflichtungen der Überlieferung, die unser Vertrauen darauf stärken, dass die Zukunft den freundschaftlichen Rekord der Vergangenheit nicht schädigen werde, und wir finden diese Sicherheit nicht allein in dem Monarchen, der jetzt den Thron einnimmt, sondern auch in dem königlichen Gaste von heute Abend, in dem wir mit Freuden denselben disziplinierten Intellekt, dieselbe resolute Courage und hohe Entschlossenheit finden. Wir können den Einfluss Deutschlands in dem Konzert der europäischen Mächte nicht überschätzen. Nach Gottes weiser Führung war diese einzige

Nation mit der Etablierung der Harmonie unter den Nationen in jeder Weise erfolgreich. Der Menschheit tägliches Gebet ist auf die Erhaltung des Friedens gerichtet, deren Segnungen die Welt sich jetzt erfreut... Wir rechnen auf eine schließliche Einführung verständiger und universaler kommerzieller Reziprozitäten. Wir sagen den Tag voraus, wenn in allen Ländern die offene Tür gastfreundlich zum Eintreten einladet. Wenn überall die Torflügel des Handels einwärts sowohl wie auswärts schwingen, so hegen wir auch die feste Hoffnung, das mit der Zeit die Erkenntnis kommen wird, dass territoriale Vergrößerung kein notwendiger Begleitfaktor nationaler Entwicklung sein muss. Wenn diese vitalen Wahrheiten in die Herzen aller Nationen gepflanzt werden, dann wird die Freundschaft ihre gesegneten Schwingen über die ganze Erde breiten, guter Wille die Handlungen jeder Regierung beseelen und der Engel des Friedens unter den Völkern der ganzen Welt wohnen."

Sogleich nach dieser Rede, welche sich ein wenig in die Länge zog und deren an sich schöne Gedanken durch die überaus weitgehenden Einzelheiten stark beeinträchtigt wurden, erhob sich der Prinz und verließ von den Herren des Komitees geleitet den Saal, denn schon harrten seiner weitere Pflichten. Es galt, noch während der Nacht, die bereits angebrochen war, die zweite Reise nach Washington anzutreten.

Mit einem herzlichen Händedruck verabschiedete sich Prinz Heinrich von den Herren Uhl und Ridder mit dem Ausdrucke des Dankes für das schöne Fest, das er mitgemacht. Einige Augenblicke darauf setzte sich die Wagenkolonne mit ihrer Eskorte unter den Jubelrufen der Menge, die selbst noch zu dieser späten Stunde die Straßen füllte, in Bewegung nach dem Bahnhof der Pennsylvania-Bahn, wo der Zug nach Washington bereits stand.

8. In der Bundeshauptstadt

Die Hohenzollernmannschaft als Gäste New Yorks – Prinz Heinrich in Washington – Die Gedächtnisfeier für McKinley – Am Grabe George Washingtons – Eine Prinz Heinrich-Linde in Mount Vernon – Im historischen Alexandria – Eine Personenverwechslung – Das Privatdiner bei Familie Roosevelt – Ein Besuch bei dem Rekonvaleszenten – Marylands Hauptstadt Annapolis – Parademarsch bei Gewittersturm – Besichtigung der Marineakademie – Prinz Heinrich und der Besiegte – Ein Urteil des Staatssekretärs Tirpitz – Abschied von den Marinekadetten – Im Weißen Hause zu Washington – Ein Spazierritt im Regen – Das Staatsdiner in der deutschen Botschaft – Ein Fackelzug deutscher Sänger

Während der Prinz unermüdlich den an ihn gestellten recht schwierigen Anforderungen unausgesetzter Courtoisie und Repräsentation genügte, brach für die Besatzung der Hohenzollern in New York nach seiner Abreise von dort eine Reihe von Freudenfesten an. Die New Yorker, namentlich die Deutschen der Stadt, konnten sich nicht genug tun, ihre Liebe und Verehrung für unsere blauen Jungen durch auserwählte Genüsse aller Art zu bezeugen.

Es ergingen so viele Einladungen an Offiziere und Mannschaften, dass oft drei bis vier auf einen Tag zusammentrafen, sodass es geradezu unmöglich wurde, ihnen allen zu genügen. Die glanzvollsten Veranstaltungen, an denen sich die Hohenzollernleute hohen und niederen Ranges beteiligten, waren ein Festmahl und ein Konzert im Athletik-Klub, ein Festmahl im Union League-Klub und ein ebensolches im Germania-Klub zu Brooklyn, eine Galavorstellung im deutschen Theater, ein Kommers im Arion-Klub, ferner Kommerse im Liederkranz und im Deutschen Verein, eine Opernvorstellung im Metropolitan Theater, ein Ball im Amerikanischen Veteranen-Verein zu Brooklyn usw.

Zu mehreren dieser Festlichkeiten waren auch Matrosen der amerikanischen, in der Bai von New York ankernden Kriegsschiffe, namentlich der „Illinois“ und der „Columbia“, geladen, und es kann berichtet werden, dass diese Zusammenkünfte in tadelloser Weise und ohne eine Spur von Ausschreitungen verliefen, obwohl die gastfreundlichen Amerikaner die Trinkfestigkeit unserer Flottenleute auf eine sehr schwere Probe stellten. Man muss die fast übertriebene Gastfreiheit der Amerikaner kennen, um zu beurteilen, wie schwierig die Lösung der Aufgabe war, denn die Ablehnung einer Einladung zu einem „*drink*" hält man dort geradezu für eine Beleidigung.

Die „Hohenzollern" wurde förmlich gestürmt. Obwohl der Besuch derselben von Karten abhängig gemacht war, die mit einigen Umständen in City Hall ausgegeben wurden, war der Andrang doch ein so gewaltiger, dass bei weitem nicht alle Schaulustigen zugelassen werden konnten. So wurde denn die Zahl der Besucher, um eine Grenze zu schaffen, auf täglich 1000 Personen festgesetzt.

Inzwischen entsprach Prinz Heinrich den weiteren Anforderungen des Programms, welches für seine Reise festgesetzt war. Mitternacht war bereits vorüber, als der Prinz nach dem Presse-Bankett auf dem Bahnhofe der Pennsylvania-Bahn in Jersey City den aus acht Palast-Wagen bestehenden Zug bestieg. Nur wenig Zeit blieb ihm zum Schlafen, denn bereits um 9 Uhr lief der Train in Washington ein.

Am Bahnhof wurde der hohe Gast von dem Hilfs-Staatssekretär Peirce und Graf Quadt von der deutschen Botschaft empfangen und unter Eskorte einer Abteilung Bundeskavallerie und berittener Polizisten direkt nach der deutschen Botschaft gebracht. Hier verweilte Prinz Heinrich, bis er um halb 12 nach dem Kapitol fuhr, wo eine Gedächtnisfeier für den verstorbenen Präsidenten McKinley stattfinden sollte. Ungezählte Tausende umlagerten das schöne Staatsgebäude und hielten zum Teil die großen Freitreppen besetzt, welche zur Terrasse emporführten.

Als der Prinz im Begriff war, sich nach dem Kapitol zu begeben, drängte sich ein junger Deutscher, Heinrich Aschberger mit Namen, durch die Umgebung bis zur Treppe der Botschaft, um sich als ehemaliger Matrose der „Irene" vorzustellen. Der Prinz erkannte den Mann sofort wieder und sprach seine Freude aus.

Im großen Sitzungssaal des Repräsentantenhauses harrte eine illustre Versammlung. Vor Hendersons, des Sprechers, Platze im Kongress-Saal waren Fauteuils für den Präsidenten und den Prinzen aufgestellt, dahinter saßen die Mitglieder des Kabinetts, des Senats, des Obersten Gerichtshofes, die Diplomaten und das Gefolge. Punkt 12 Uhr rief der Clerk: „Seine Hoheit Prinz Heinrich von Preußen." Der Sprecher und das Haus erhoben sich, die Marinekapelle spielte im Korridor „Heil dir im Siegerkranz", das alle bis zum letzten Ton stehend anhörten. Unter den Klängen der deutschen Hymne wurde der Prinz in den Saal und auf seinen Platz unmittelbar vor der großen Tribüne geleitet. Sein Gefolge nahm in der dritten Stuhlreihe Platz. In der ersten Reihe ließ sich die höchste Geistlichkeit in ihren schwarzen Seidentalaren nieder, die zweite Reihe hatte das diplomatische Korps inne, die vierte die Senatoren. Dann intonierte die Musik die amerikanische Hymne *„My country"*. Präsident Roosevelt erschien, begrüßte den Prinzen und nahm an seiner linken Seite Platz. Auf Hendersons Ordnungsruf stand wieder alles auf und der Parlamentsgeistliche sprach das übliche Gebet. Die Sitzung wurde mit Verlesung des Protokolls der letzten eröffnet. Senator Frye kündigte den Zweck der Sitzung an, dann hielt Staatssekretär Hay die Gedächtnisrede auf McKinley.

Es war dies das fünfte Mal, dass der Kongress Veranlassung hatte, in seinem Hause für einen im Amte gestorbenen Präsidenten eine nationale Gedächtnisfeier zu veranstalten, und zweimal war es eine Trauerfeier für Präsidenten, die von Mörderhand getroffen wurden. Die Gedächtnisrede für den Märtyrer Lincoln wurde von dem Historiker Bancroft gehalten, und Blaine zollte diesen letzten Tribut dem ermordeten Garfield. Ein seltsames Zusammentreffen war es, dass bei der nationalen Trauerfeier zu Ehren Garfields, die vor zwanzig Jahren stattfand, McKinley, dem die heutige Ehrung galt, Vorsitzender des mit den Vorbereitungen für die Garfield-Feier beauftragten Hauskomitees war. Wer hätte geahnt, dass dem Manne, der damals die Redner des Tages vorstellte, von einem gleichen Schicksal wie Garfield ereilt werden sollte? Vor kaum einem Jahre hielt McKinley zum zweiten Male als Präsident der Vereinigten Staaten seinen festlichen Einzug in das Kapitol, sechs Monate später ward er tot von Buffalo gebracht und in dem Kapitol zur letzten Ehrung aufgebahrt. Und heute noch einmal beugte sich die Nation in Trauer um den herben Verlust.

Mehr als anderthalb Stunden nahm der Vortrag des Staatssekretärs Hay in Anspruch. Dann folgte ein kurzes Gebet des ältesten Geistlichen, welches die Feier schloss. Es war ein ergreifender Anblick, wie sich dieser ehrwürdige, silberhaarige Greis beim Erheben von seinem Sitz und während des Gebets stützen lassen musste, um seines Amtes walten zu können. Dann verließ der Präsident, bald darauf auch der Prinz, den riesigen Sitzungssaal, um der Einladung des Senats zu einem Imbiss im Präsidentenzimmer des Kapitols zu folgen.

Nach der Sitzung unternahm der Prinz-Admiral eine Fahrt nach Mount Vernon, wo der große amerikanische Freiheitsheld begraben liegt. Die für die Fahrt dorthin getroffenen Vorkehrungen erlitten durch eine gleichzeitig mit der Ankunft des Prinzen Heinrich eingetretene Überschwemmung des Potomac eine kleine Störung.

In dem Zuge der Washington-, Arlington- und Mount Vernon-Elektrischen Bahn, welche den königlichen Gast und sein Gefolge beförderten, befanden sich zwei geräumige Beobachtungswagen, von denen aus der Prinz die lange Brücke und die Vorberge des nördlichen Virginia, die für die Amerikaner seit den kolonialen Tagen von so großem historischen Interesse geworden sind, überschauen konnte. Es war

Washingtons Wohnhaus in Mount Vernon

14.30 Uhr als der Extrazug sich in Bewegung setzte; die Fahrt nach Mount Vernon wurde in 55 Minuten zurückgelegt. Prinz Heinrich begab sich zu Fuß nach Washingtons Wohnstätte und fuhr von dort über die Abhänge der Höhe nach dem Grabmal. Bevor der Prinz die letzte Ruhestätte des ersten Präsidenten betrat, ersuchte er die Inhaber von einem Dutzend Kameras, welche herumstanden, ihre Apparate für diesen Moment ruhen zu lassen, um die Feier von jeder Unehrerbietigkeit frei zu halten.

Washingtons Grabstätte

Zwei große Kränze, welche auf seine Bestellung in Washington hergestellt worden, waren schon voraus gesandt; der Prinz nahm sie aus der Hand des Gärtners in Empfang und legte sie an passender Stelle nieder. Eine Gruppe von mehr als hundert Personen hatte sich am Zugange des Grabes aufgestellt und sah entblößten Hauptes der Ehrung zu, deren Feierlichkeit durch das in der Umgebung herrschende tiefe Schweigen stimmungsvoll erhöht wurde.

Fünfzig Fuß entfernt auf der Rasenfläche, welche sich von dem Grabmal aus erstreckt, pflanzte Prinz Heinrich einen Lindenbaum zum Andenken an diesen Besuch. Der Baum war schon vorher in die richtige Stellung gebracht worden, und der hohe Gast füllte mit einem Spaten die Erde zur Einhüllung der Wurzeln auf. Durch den Superintendenten Dodge wurde dann Prinz Heinrich zu dem alten

Washington-Hause geleitet, welches, einfach aus Fachwerk aufgeführt, auf einem grünen Hügel am Potomac liegt, und fand hier eine Abordnung des Damen-Vereins von Mount Vernon, an deren Spitze Frau Justine Van Renselaer Townsend aus New York stand. Einige Minuten verweilte er noch bei der Betrachtung der Washington-Andenken auf dem Landsitze, auf welchem der amerikanische Held im Jahre 1799 gestorben ist, und trat dann die Rückfahrt nach Washington an.

Als der hohe Gast durch das geschichtlich bekannt gewordene Alexandria kam, hielt die Bevölkerung in dichten Scharen den Weg besetzt und brachte kräftige Hochrufe aus. Alexandria gehörte früher zum Bundesdistrikt Columbia, jetzt zum Staate Virginia. Es liegt malerisch im Grün der Ausläufer der Alleghenies am Potomac und zählt 15 000 Einwohner. Viele Leute in Alexandria verwechselten den Kapitänleutnant Schmidt von Schwindt mit dem Prinzen, und dieser Irrtum führte zu einem ergötzlichen Vorkommnis. Eine gewisse Ähnlichkeit besteht zwischen den beiden Männern; als nun die Menge den jungen Marineoffizier erblickte und ihn mit Hochrufen begrüßte, gereichte dies dem Prinzen zu nicht geringem Vergnügen. Er rief den Polizeichef vom Geheimdienst zu sich und sagte: „Herr Wilkie, bitte, ermahnen Sie Herrn Schmidt von Schwindt, sehr vorsichtig in dem zu sein, was er tut; denn er muss sich erinnern, dass ich eine Reputation aufrecht zu erhalten habe.“ Der Kapitänleutnant geriet ein wenig in Verlegenheit über die lauten Kundgebungen der Menge und konnte sich in den Humor des Prinzen nicht so recht finden. Er versuchte sich möglichst gleichgültig gegenüber dem Publikum zu verhalten und grüßte nicht, gab auch sonst kein Zeichen der Erwiderung auf die Hochrufe von sich; aber es half ihm wenig. Er wurde auch weiter noch zum Gegenstand begeisterter Ehrungen.

Es war 16.30 Uhr, als man in Washington wieder eintraf, und der Prinz fuhr sofort nach der deutschen Botschaft, wo er einige Amerikaner in privater Audienz empfing, u.a. Chatfield Taylor, der ihm sein Buch über Kaiser Friedrich überreichte. Am Abend nahm Prinz Heinrich an einem Diner der Familie Roosevelt teil, bei welchem außer dem deutschen Botschafter von Holleben und dem General v. Plessen nur einige engere Freunde der Familie Roosevelt anwesend waren, Fräulein Carew und Senator Lodge und Gemahlin. Zuvor hatte er dem jungen Sohn des Präsidenten in seinem Krankenzimmer im Weißen Hause einen Besuch abgestattet und mit dem Knaben, der sich nach einer schweren Lungenentzündung nunmehr auf dem Wege der Besserung befand, eine Zeit lang freundlich und teilnahmsvoll geplaudert.

Der Tag galt wegen der Gedächtnisfeier für McKinley als Trauertag; es wurden deshalb keine Trinksprüche ausgebracht. Das Diner sollte Gelegenheit zu einem engeren Verkehr und Gedankenaustausch zwischen dem Prinzen Heinrich und dem Präsidenten bieten, als dies bei der offiziellen Begegnung im Kapitol möglich war, und es ist anzunehmen, dass die Unterredung politisch bedeutungsvoll war, da sich nach dem Essen die Damen zurückzogen und der Prinz mit Holleben, Roosevelt und Senator Lodge, des Präsidenten einflussreichstem Berater, allein blieb. Die heutige Nacht schlief Prinz Heinrich in der deutschen Botschaft; es war das erste Mal seit seiner Abreise von Deutschland, dass er in einem Hause übernachtete.

Unendlicher Regen strömte herab und ein heftiger Ostwind peitschte die wolkenbruchartigen Güsse über die breiten Avenues, als der Kaisersohn am anderen Morgen um 9 Uhr auf der Terrasse vor dem deutschen Botschafts-Hotel erschien, um den geplanten Besuch in Annapolis abzustatten. Er warf einen kritischen Blick auf die wässerige Umgebung, und die Begleitung des Prinzen machte einige schwache Versuche, ihn von der Fahrt abzuhalten; aber damit hatten die Herren kein Glück. Die Elemente konnten den gegen Wind und Wetter gestählten Seemann nicht schrecken; er schlug den Rockkragen in die Höhe, sprang in den Wagen und fort ging's.

Die Ehrenwache vom Geniekorps stand stramm da im gießenden Regen, aber die Kavallerie-Eskorte blieb heute daheim; sie war offenbar nicht so wasserdicht wie die Genietruppen. Nur von einem Vortrapp berittener Polizei begleitet und umgeben von einer Abteilung in Regenmäntel gehüllter Bicycle-Polizisten fuhr der Prinz nach dem Bahnhof der Pennsylvania-Railroad, woselbst Mitglieder des Gefolges, sowie mehrere Herren vom Stabe der Botschaft seiner harrten. Ein Extrazug stand bereit, den Prinzen der Hauptstadt Marylands zuzuführen.

Während der Fahrt suchte Marinesekretär Long, dem der Palastwagen „Garonne" zur Verfügung gestellt war, den Prinzenwagen „Viktoria" auf und stellte die amerikanischen Begleiter vor. Für jeden hatte der Prinz einige freundliche Worte. Als der Zug an seinem Bestimmungsorte eintraf, goss es noch immer in Strömen. Annapolis ist die politische Hauptstadt des Staates Maryland, der an der Chesapeake Bay gelegen ist, hat aber als Stadt oder Handelsplatz wenig Bedeutung, denn es zählt nicht viel über 8000 Einwohner; der einzige Umstand, der den Namen der Stadt in weiteren Kreisen bekannt gemacht hat, ist das Bestehen einer Marine-Akademie in ihren Mauern. Die bedeutendste Stadt von Maryland ist das am Atlantischen Ozean gelegene Baltimore, welches im Jahre 1729 erst aus einer einzigen Blockhütte bestand, 1775 unter dem Namen eines Dörfchens Johnstown knapp 25 Häuser zählte, und 1875 noch nicht 6000 Einwohner hatte. Jetzt besitzt es deren eine halbe Million, darunter etwa 25 000 Deutsche.

Trotz des Unwetters hatten sich in Annapolis viele Hunderte angesammelt, die den deutschen Ehrengast jubelnd begrüßten. In bereitstehenden Kutschen wurden der Prinz und seine Begleiter nach der Akademie gebracht, während die Kanonen einen Admiralssalut von 21 Schüssen ertönen ließen. Längs des Weges bildeten die Staatsmilizen Spalier. Auf dem Paradefelde nahm der Prinz in Sturm und Regen über die Marinekadetten Revue ab; eine schnell errichtete Bedachung aus Segeltuch vermochte den Hohenzollern-Seemann nicht gegen den Regen, den der Sturm in sein Antlitz Peitschte, zu schützen. Freilich noch übler daran waren die armen Kadetten, welche bei ihren Exerzitien knöcheltief durch aufgeweichten Boden marschieren mussten; nach dem Parademarsch bezeichnete eine Reihe steckengebliebener Schuhe den Weg, den die Kolonne genommen. Als die Besucher den Paradeplatz verließen, zuckten grelle Blitze durch die Luft, der Donner rollte und der tiefschwarze Himmel sandte strömende Regengüsse herab.

An die Exerzitien im Freien, die wohl oder übel abgekürzt werden mussten, schloss sich die Besichtigung der inneren Einrichtungen der Marine-Akademie, wo namentlich die Kadettenquartiere, das technische Laboratorium und sonstige Räumlichkeiten in Augenschein genommen wurden. In den Lehrsälen war alles in vollster Tätigkeit und der Besuch hier, wo man vor Wind und Wetter geschützt war, sowohl für den Prinzen wie für sein Gefolge hochinteressant.

In dem Gymnasium der Anstalt fand zu Ehren des deutschen Gastes ein Schauturnen statt, wobei sich die Kadetten in verschiedenen

Körperübungen wie Hiebfechten, Turnen, Boxen, Ringen und so weiter betätigten. Ihre Leistungen waren ausgezeichnet und fanden die volle Anerkennung des Prinzen. Nach dem Boxkampf ließ er sich den besiegten Kadetten vorstellen, reichte ihm die Hand und sagte: „Es tut mir leid, dass Sie unterlegen sind; Sie sind trotzdem ein tüchtiger Kerl." Dieser wohlwollende Charakterzug des Hohenzollern-Admirals, der eine große Feinfühligkeit bekundet, wurde von der gesamten amerikanischen Presse mit höchsten Lobsprüchen berichtet. Außer den Übungen veranstalteten die Kadetten auch Vorführungen auf dem Gebiete des Ingenieur- und Schiffsmaschinenwesens, welche die Besucher in hohem Grade befriedigten. Prinz Heinrich stellte zahlreiche Fragen, die sein ausgedehntes praktisches Wissen in technischen Fragen bewiesen.

Sehr befriedigt von dem Gesehenen äußerte sich unser Staatssekretär des Reichsmarine-Amts, Admiral von Tirpitz, gegenüber dem amerikanischen General Bradford, der sich ebenfalls unter den Besuchern befand, indem er sagte: „Die amerikanische Marine hat sich großartig entwickelt." Bradford entgegnete: „Da haben Sie den Unterschied zwischen früher und jetzt. Wenn Sie in eine Akademie der alten Zeit gekommen wären, hätten Sie die Kadetten beim Knotenmachen und bei Takelage-Übungen getroffen. Heutzutage arbeiten sie als Ingenieure."

Des Wetters wegen musste man den Besuch verschiedener Gebäude, welche zur Marine-Akademie gehören, teilweise aufgeben und suchte schließlich Zuflucht in dem Hause des Superintendenten Wainwright, welcher die Washingtoner Gäste mit einem glänzenden Gabelfrühstück bewirtete, an welchem sämtliche Offiziere und Beamte der Anstalt mit ihren Damen teilnahmen; dieses Personal besteht aus etwa vierzig Familien. Kapitän Wainwright, der Kommandeur des Marinekadetten-Hauses, gilt als ein besonders tüchtiger Seeoffizier. Im spanischen Kriege war er Kommandant der Yacht „Gloucester" und vernichtete bei Santiago zwei spanische Torpedobootzerstörer.

Während die Vorbereitungen zur Abfahrt getroffen wurden, hatten sich die Kadetten vor dem Hause des Superintendenten aufgestellt, und Prinz Heinrich richtete an dieselben folgende Worte: „Meine Herren, ich bin Ihnen sehr verbunden für den Empfang, welchen Sie mir heute entgegengebracht haben. Sehr erfreut bin ich, dass ich die Art und Weise Ihres hiesigen Lehrganges kennen gelernt habe. Ich weiß genau, dass Sie alle Ihre Pflicht tun werden, wenn das Vaterland einmal ruft. Nochmals meinen Dank für den interessanten und schönen Tag." Hierauf trat Kommandeur Wainwright vor und rief: „Lassen Sie uns drei Hochs auf Prinz Heinrich von Preußen ausbringen!" Mit diesen Worten schwenkte er seinen Hut, die Kadetten brachen in begeisterte Rufe aus, präsentierten das Gewehr, das Musikkorps spielte „Amerika" und dazwischen erdröhnten die Schüsse des Nationalsaluts.

Früh am Nachmittag begann das Wetter sich aufzuklären, und als der Prinz 20 Minuten nach drei Uhr wieder in der Bundeshauptstadt eintraf, begrüßten freundliche Sonnenblicke den hohen Besucher. Lange dauerte es indessen nicht; kaum hatte der Prinz das Botschaftshotel erreicht, als der Himmel sich von neuem bezog und das Plätschern begann, wenn auch in etwas bescheidenerem Maße. Der Abschiedsbesuch des Prinzen im Weißen Hause war ganz informell. Kapitän Gilmore von der Artillerie geleitete den Prinzen und sein Gefolge nach dem Blauen Saal, wo die Herren von dem Präsidenten, seiner Gemahlin und seinen Tochter auf das herzlichste begrüßt wurden. Familie Roosevelt wünschte eine glückliche Reise und nach fünf Minuten war die Zeremonie beendet. Der Prinz begab sich nach der Botschaft und vertauschte seine Admirals-Uniform mit einem dunkelblauen Reitanzuge und lederfarbenen Gamaschen und einem Fedorahut. Bis zum Eintreffen des Präsidenten unterhielt sich Prinz Heinrich mit Herrn von Holleben vor dem Botschaftsgebäude.

Während der Prinz sein Pferd bestieg, einen hübschen Kastanienbraunen, welcher dem Senator Lodge gehörte, schritt der Botschafter v. Holleben vor, um den Präsidenten zu begrüßen, und dieser äußerte sich gegen ihn: „Herr Botschafter, ich bedaure, dass ich dem Prinzen Umstände mache. Ich hoffe nur, dass er nicht zu gutmütig ist."

In einem Sprühregen, welcher sich später in einen Gussregen verwandelte, ritten die beiden Reiter davon, begleitet von einem Sergeanten der Artillerie. Als sie aufbrachen, winkte der Präsident Roosevelt dem Botschafter v. Holleben mit der Hand zu, und sagte mit einer Stimme, welche laut genug war, um über die Straße gehört zu werden: „Wir werden in anderthalb Stunden zurück sein." Und so geschah es. Der Weg hatte die beiden Reiter durch die nordwestlichen Vorstädte und das liebliche Rock Creek-Tal geführt; leider wurde er durch den Regen ein wenig beeinträchtigt.

Den Abschluss des Besuches des Prinzen Heinrich in der Bundeshauptstadt bildete ein Staatsdiner in der deutschen Botschaft. Der Flotten-Admiral saß zwischen der Frau des deutschen Marineattachees v. Rebeur-Paschwitz und der Frau des Oberrichters Fuller; gegenüber dem Prinzen saß der Botschafter von Holleben. An der Tafel nahmen ferner außer dem Gefolge des Prinzen die Vertreter Englands, Frankreichs, Russlands, Italiens, Österreich-Ungarns, Mexikos, der Sprecher des Repräsentantenhauses Henderson, die Mitglieder des Kabinetts, Unterstaatssekretär Hill, Mitglieder des Senats und des Repräsentantenhauses, sowie mehrere Generale und Admirale teil. Die Tafelmusik wurde von einer Marinekapelle ausgeführt.

Eine ungeheure Volksmenge hatte sich während des Galadiners vor dem Botschafter-Palast angesammelt, sodass die Massachusetts Avenue auf Blocks völlig unpassierbar war. Gegen 21.30 Uhr näherte sich die Spitze des Fackelzuges, welchen die deutschen Sänger und andere Vereine veranstaltet hatten, der deutschen Botschaft. Voran marschierte die Fahnen-Sektion, in friedlichem Vereine Sternenbanner und deutsche Fahnen mit sich führend; nach den Fackelträgern kam ein Sänger-Korps, etwa 100 Mann stark, welches unmittelbar unter dem Balkon des Botschafter-Hotels Aufstellung nahm.

Jetzt trat Prinz Heinrich auf den Balkon hinaus; er hatte die große Admirals-Uniform angelegt und trug den Schwarzen Adlerorden auf der Brust. Hinter ihm nahmen die Gäste des Gala-Diners Aufstellung, Botschafter und Offiziere in den glänzendsten Uniformen, während die Damen Plätze an den Fenstern innehatten, um das wunderbare Schauspiel zu genießen. Strahlenden Auges schaute Prinz Heinrich auf das prächtige Nachtbild.

Dann stimmten die Sänger ihre Lieder an: „Das deutsche Lied“, „Die Wacht am Rhein“ und das „Star Spangled Banner“. Als die letzten Töne der amerikanischen Nationalhymne verklungen waren, sprach der Prinz den Führern der Sänger seinen herzlichsten Dank für den wundervollen Gesang aus.

Im Namen seiner Genossen erinnerte in kurzer Rede Herr Elterich an die Freundschaft zwischen Deutschland und Amerika, welche von neuem dadurch besiegelt werde, dass der Kaiser seinen königlichen Bruder absende, um einen zum Herzen dringenden Beweis von dieser Gesinnung zu geben, und sagte, der Prinz habe sich die Herzen aller Amerikaner ohne Rücksicht auf ihre Abstammung gewonnen. Dann erwähnte er, dass der Prinz einen Friedenskranz auf dem Grabmal Washingtons niedergelegt habe, gedachte der Begrüßungen zwischen ihm und dem Präsidenten und schloss mit den Worten: „Niemand kann sich über diese Tatsachen glücklicher fühlen als wir amerikanischen Bürger deutscher Abstammung, und wir bitten Eure Königliche Hoheit um die große Gunst, diese Freude Seiner Majestät auszusprechen. Germania ist unsere Mutter, Columbia unsere Braut." Prinz Heinrich sprach von dem Vergnügen, welches es ihm gewährt habe, mit Vertretern der deutschen Vereine zusammenzutreffen, und fügte hinzu, was er vor kurzem den New Yorker Sängern gesagt, treffe in vollstem Sinne auch auf diejenigen zu, die ihn heute Abend mit ihrer Huldigung geehrt.

„Ich wünsche", so schloss er seine Ansprache, „dass Sie den Vereinigten Staaten alle die guten Eigenschaften widmen, welche Sie aus Ihrem Vaterlande herübergebracht haben. Seien Sie bestrebt, nützliche und gute Bürger des großen und glorreichen Landes zu sein."

9. Eine Blitzfahrt durch Nordamerika

Vorbereitungen zur Blitzfahrt – Der „königliche Zug“ – Der Staatswagen „Columbia“ – Amerikanische Eisenbahnen – Blitzzüge in Amerika und Europa – Deutscher und amerikanischer Maschinenbau – Das Eisenbahnnetz der Vereinigten Staaten – Programm der Blitzfahrt – 4500 Kilometer Schienenweg – Endlich wieder Hohenzollernwetter – Ein deutscher Prinz auf der Lokomotive – Eisenbahnunglück – Altoona, die erste Station – Ein kleines Missverständnis – Durch die Alleghenies – Johnstown unter Wasser – Pittsburgh, das amerikanische Essen – Ein Eisen- und Kohlen-Eldorado – Die Überschwemmung des Ohio – Pennsylvanien und die Deutschen – Im Bocksaugen-Staat (Ohio) – Prinz Heinrich in Columbus – Cincinnati, Stadt und Leute – „Porcopolis“ – Die Deutschen in Pittsburgh

Wem Gott will rechte Gunst erweisen,
den schickt er in die weite Welt.

Bevor wir den Prinzen Heinrich auf seiner Blitzfahrt durch die östlichen Staaten Nordamerikas begleiten, wollen wir zunächst den „Prinzenzug“ einer Besichtigung unterziehen und einen kurzen Blick auf das amerikanische Eisenbahnwesen werfen.

Die Vorbereitungen für die Blitzfahrt waren selbstverständlich die denkbar sorgfältigsten; aber der Fernerstehende vermag sich nur schwer ein Bild von der ungeheuren Summe von Arbeit zu machen, welche dazu erforderlich war, alle die hunderterlei Gesichtspunkte, welche hierbei in Betracht kamen, zu berücksichtigen. Schon die bloße Feststellung des Weges, die Auswahl derjenigen Städte, welche berührt werden sollten, machte große Schwierigkeiten, denn von allen Teilen der Vereinigten Staaten bis an den großen Ozean hin waren Einladungen an den Prinzen ergangen, und selbst Kanada bewarb sich mit vielem Fleiß um einen wenn auch noch so kurzen Besuch des königlichen Gastes. Natürlich konnte nur ein verhältnismäßig geringer Teil der Gesuche berücksichtigt werden, und der Aufenthalt in den meisten

Städten musste sich auf Minuten beschränken, sonst hätte die Amerika-Fahrt des Prinzen bis ins Unendliche ausgedehnt werden müssen.

Als es feststand, dass der Hohenzollernsohn eine kurze Fahrt durch die Vereinigten Staaten machen wollte, setzte sich Hilfs-Staatssekretär Dr. Hill sofort mit der Pennsylvania-Eisenbahn-Kompagnie wegen der Transport-Facilitäten und des Reiseweges in Verbindung, welche Verhandlungen bald zum Abschluss eines formellen Vertrages zwischen dem Empfangs-Komitee als Vertreter der Vereinigten Staaten-Regierung und der Verwaltung der Pennsylvania-Bahn führten. Die Auswahl des Sonderzuges wurde dem Ermessen der Bahn-Kompagnie anheimgestellt; dann ging man an die Ausarbeitung der an die fünftausend Meilen umfassenden Strecke bis in die kleinsten Einzelheiten, ein schwieriges Stück Arbeit, da der Reiseweg eine ganze Menge verschiedener Eisenbahnen und Eisenbahn-Systeme umfasste. Jeder General-Direktor der verschiedenen Gesellschaften, über deren Geleise der Spezialzug fahren sollte, wurde über die genaue Zeit der Ankunft und Abfahrt des Prinzenzuges verständigt; nicht das Allergeringste wurde bei der Ausarbeitung des Reiseplanes dem Zufall überlassen.

Der von den Veranstaltern ausgearbeitete Plan strebte nach Möglichkeit an, die großen Entfernungen zur Nachtzeit zurückzulegen, während welcher der Prinz in seinem Salonwagen ruht, bei Tage aber kurzen Aufenthalt in Ortschaften zu nehmen und langsam an Amerikas landschaftlichen Schönheiten, wie dem Hudson, den Alleghenies und Berkshires, oder historischen Stätten, wie den Schlachtfeldern des Südens, vorüberzurollen.

Die Auswahl der Zugbeamten und Zugbediensteten, im ganzen 24 Mann, wurde mit der größten Sorgfalt getroffen und nur die zuverlässigsten Leute dabei berücksichtigt. Außer den üblichen Zugangestellten trug der Sonderzug des Prinzen auch einen Spezial-Stenographen, einen Spezial-Gepäckmeister und mehrere zuverlässige Telegraphisten mit sich. Die Frage der Verpflegung gehörte mit zu den wichtigsten Punkten, wurde aber glänzend gelöst; es galt, die Vorräte und Herrichtungen für nicht weniger als 21 Mahlzeiten, die während der Fahrt eingenommen werden sollten, bereit zu stellen und die Tischkarten derselben in schöner und würdiger Weise im Voraus zu drucken.

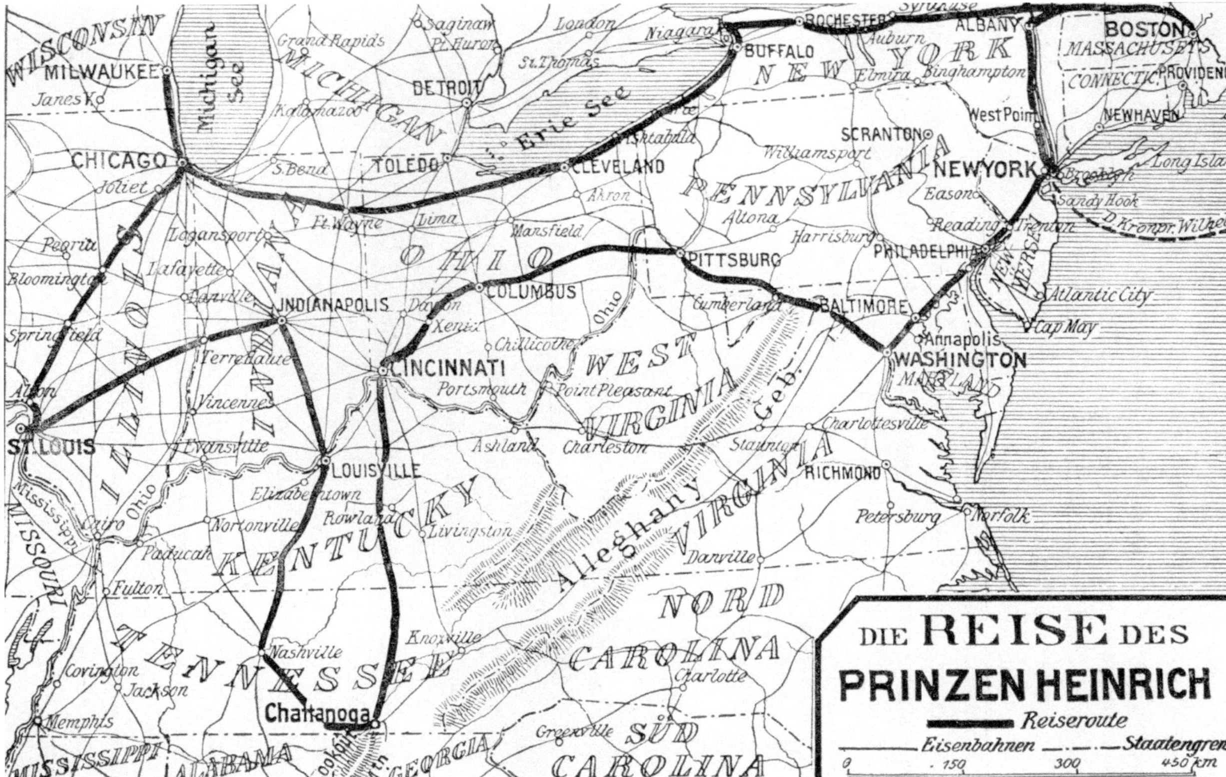
DIE REISE DES
PRINZEN HEINRICH
Reiseroute
Eisenbahnen
Staatengrenz
0
150
300
450 km
WISCONSIN
MILWAUKEE
Michigan See
MICHIGAN
DETROIT
Erie See
CHICAGO
TOLEDO
CLEVELAND
BUFFALO
ROCHESTER
ALBANY
BOSTON
MASSACHUSETTS
PROVIDENCE
NEWHAVEN
NEW YORK
NEWYORK
SCRANTON
PENNSYLVANIA
PITTSBURG
PHILADELPHIA
BALTIMORE
WASHINGTON
Atlantic City
Cap May
OHIO
COLUMBUS
INDIANAPOLIS
CINCINNATI
ST. LOUIS
LOUISVILLE
WEST VIRGINIA
VIRGINIA
RICHMOND
Norfolk
Allegheny Geb.
KENTUCKY
TENNESSEE
Nashville
Chattanoga
Knoxville
NORD CAROLINA
SÜD CAROLINA
GEORGIA
ALABAMA
MISSISSIPPI
MISSOURI
Memphis

Aber man beschränkte sich nicht nur darauf, Vorräte mitzunehmen, sondern man sorgte auch für Zufuhr frischer Ware unterwegs, und es ist leicht erklärlich, dass hierzu bei dem ungeheuer kurzen Aufenthalt an den einzelnen Haltestellen ein ziemlich verwickelter Apparat erforderlich war. So waren denn die kulinarischen Genüsse, welche dem Prinzen den höchst möglichen Begriff von der Kunst der Yankeeküche beibringen sollten, schon geregelt, bevor noch die Wagen des Zuges zusammengekoppelt wurden.

Der „Königliche Zug" – so wurde er offiziell im Festprogramm genannt – bestand aus sieben Wagen: dem Kombinationswagen „Utopia" (für Gepäck und als Rauchwagen), dem Pullmann-Schlafwagen „Biscay" für die Angestellten, den drei Pullmann-Abteilungswagen „Indiana", „Ohio" und „Iowa", dem Speisewagen „Willard" und dem für den Prinzen selbst bestimmten Spezial-Car „Columbia". Alle waren äußerst zweckmäßig eingerichtet, prächtig ausgestattet und zeigten die neuesten Fortschritte, die auf diesem Gebiete gemacht worden sind. In der Küche und dem Anrichtezimmer walteten ein Steward, ein Chefkoch, drei Köche und fünf Diener zum Auftragen ihres Amtes. Die drei Abteilungswagen waren sämtlich nach demselben Muster eingerichtet, aber verschieden ausgestattet; in jedem befanden sich an einem durchlaufenden Gange zehn Gelasse, welche auch untereinander direkt verbunden waren. Hier wurden die Herren vom Gefolge des Prinzen und die Delegaten des Präsidenten untergebracht. In einem weiteren Wagen fanden Schreiber, Stenographen, Telegraphenbeamte, Barbiere mit ihrem besonderen Raume, ihre schaumschlagende Kunst auszuüben, und ähnliche nützliche Menschen Platz.

Inneres eines Pullman-Wagens

In der „Columbia" waren außer dem Prinzen Heinrich selbst nur noch Admiral Evans, Botschafter von Holleben und der persönliche Adjutant, Kapitänleutnant Schmidt von Schwind untergebracht. Die

„Columbia“ ist der schönste Wagen, welchen die Pullmann-Kompagnie je gebaut hat; Präsident McKinley hatte ihn wiederholt benutzt. Jetzt kam er vollkommen frisch aus der Reparaturwerkstätte und hatte sogar für den bevorstehenden Zweck einige Umgestaltungen erfahren.

Als der Wagen zum letzten Male benutzt wurde, fuhr in ihm eine bleiche, gramgebeugte Frau in Schwarz nach Washington dem Sarge des Gatten voran, der auf dem letzten offenen Wagen des Zuges, umhüllt vom Sternenbanner, stand, die Witwe McKinleys. Die „Olympia“ ist 70 englische Fuß lang und enthält neben einer Dienstbotenabteilung und einem Baderaum fünf Gemächer, die alle verschieden ausgestattet und möbliert sind. Des Prinzen Heinrich Schlafgemach mit großer Messingbettstelle lag am vorderen Ende; am hinteren das 16 Personen fassende Speise- und Observationszimmer, welches in Zinnober gehalten war und einen Ausziehtisch sowie zwei Schränke enthielt. Aus diesem endlich gelangte man auf die hintere „Observations-Plattform“. Diese ist, wie das daranstoßende Zimmer, auf beiden Seiten mit riesigen Spiegelscheiben versehen, nach rückwärts aber vollständig offen; geht die Fahrt durch landschaftlich besonders reizvolle Gegenden, so wird der Wagen des Ehrengastes hinter allen anderen befestigt und auf die offene Plattform hinaustretend sieht dieser nach drei Seiten hin das zurückgleitende Panorama. Die Plattform dient gleichzeitig als Balkon zu Ansprachen und zur Entgegennahme von Begrüßungen, wo der kurze Aufenthalt ein Verlassen des Zuges nicht gestattet.

Auf der Plattform (v.l.n.r.): Admiral Evans, Prinz Heinrich, General Corbin

Derartige Beobachtungswagen, wenn auch in einfacherer, aber stets gediegener und vornehmer Ausstattung, hat man häufig am Schluss der amerikanischen Eisenbahnzüge, namentlich in solchen Gegenden, die hauptsächlich der Schönheit ihrer

Landschaft wegen bereist werden, also vorwiegend dem Touristenverkehr dienen. Es ist ja bekannt, dass sich gerade in Nordamerika eine Fülle von Naturwundern und Sehenswürdigkeiten findet, die sonst auf der Erde nicht wieder vertreten ist, und da erklärt es sich denn von selbst, dass die Benutzung eigens für diesen Zweck gebauter Wagen gang und gäbe ist.

Die Bauart der Wagen ist die allerstärkste; ihr Gewicht verringert die Erschütterungen selbst bei der schnellsten Fahrt. Alle Wagen sind durch Übergänge miteinander verbunden; elektrische Beleuchtung und Dampfheizung ist durchweg angebracht.

Der Zug wurde bei der Blitzfahrt des Prinzen Heinrich nach demselben System geführt wie die Präsidentenzüge. Die Strecke wurde ihm jederzeit frei gehalten, sodass der hohe Gast anhalten lassen und aussteigen konnte, wo er wollte, um etwa Sehenswürdigkeiten in Augenschein zu nehmen oder dergleichen. Natürlich trug der Prinz seinerseits den Gepflogenheiten der Präsidenten Rechnung und zeigte sich bei den Haltestellen auf der hinteren Plattform, von der er dann seine kurzen, prägnanten Ansprachen hielt. Das allgemeine Händeschütteln aber war bei dem ungeheuren, wohl niemals vorher dagewesenen Andrang von vornherein ausgeschlossen.

Wenn man bei der Rundfahrt des deutschen Prinzen immer von einer Blitzfahrt gesprochen hat, so bezieht sich dies keineswegs etwa auf die außergewöhnliche Geschwindigkeit des dahinbrausenden Zuges, denn der Gewinn an zurückgelegten Meilen in der Stunde war nicht so beträchtlich. Die Berechtigung zu der genannten Bezeichnung rührt mehr daher, dass diese Züge mit Verachtung aller kleineren und mittleren Städte durch die bedeutungslosen Ortschaften ohne Aufenthalt hindurchblitzen; sie brausen heran, verschwinden wieder und lassen in dem zufällig am Bahnhof weilenden Kleinstädter ein gewisses Gefühl der Demütigung zurück, zugleich der Sehnsucht nach jener schönen, weiten Welt, in die das stolze Dampfross mit den glücklichen Fahrtteilnehmern weiterstürmt. Allerdings muss zugegeben werden, dass die Amerikaner auf einzelnen Strecken die europäischen Geschwindigkeiten schlagen.

Dies ist in der Natur der Dinge begründet, denn man rechnet in Nordamerika bei seiner ungeheuren Ausdehnung namentlich von

Osten nach Westen und bei seinen viel weiter auseinanderliegenden Industrie- und Verkehrszentren mit ganz anderen Entfernungen, als in dem kleinen Europa, welches, schon rein geographisch von weit geringerem Umfange, außerdem noch in viele Länder zerstückelt ist und so einheitliche Riesenverkehrslinien, wie sie Nordamerika besitzt, überhaupt nicht kennt. Die Notwendigkeit, diese ungeheuren Entfernungen in kürzester Zeit zu überwinden, führte notgedrungen auch zu einer Ausbildung des Schlafwagenverkehrs, wie er in Europa gar keine Verwendung finden kann.

Die größeren Anforderungen, welche Amerika stellt, sind es eben in erster Linie, welche eine erhöhte Leistungsfähigkeit auf dem Gebiete des Verkehrs bedingen. Dazu kommt aber noch die Konkurrenz, welche sich die Bahnen untereinander machen; gibt es doch nicht selten zwischen zwei wichtigen Verkehrspunkten so und so viele Linien, und das Publikum sucht sich natürlich diejenige aus, auf welcher es am schnellsten zum Ziele gelangt. Um nur ein Beispiel anzuführen, möchte ich erwähnen, dass zwischen New York und Buffalo, der Strecke welche zu den Niagara-Fällen führt, nicht weniger als vier verschiedene Eisenbahnlinien bestehen; diese suchen sich natürlich an Leistungsfähigkeit gegenseitig zu überbieten.

Was die Pünktlichkeit der amerikanischen Eisenbahnen anbetrifft, so ist dieselbe nicht so peinlich wie bei uns. Allerdings auch auf den Bahnen Preußens, das doch wegen seiner militärischen Genauigkeit bekannt ist, spielen die Zugverspätungen eine solche Rolle, dass sie zu einer Art ständiger Einrichtungen geworden sind, was durch die auf jedem Bahnhof vorhandenen berüchtigten schwarzen Tafeln mit der Aufschrift: „Der Zug Nr.… von… hat… Minuten Verspätung“ bewiesen wird. Aber dass ein Zug, wie es mir in Amerika mehrfach passiert ist, gleich von seiner Ausgangsstation mit einer Verspätung von einer halben Stunde abfährt, dürfte doch in Europa kaum vorkommen. Hingegen leiden die amerikanischen Eisenbahnen im Allgemeinen weniger unter Verspätungen als unter Verfrühungen, ein Begriff, der in Deutschland wohl unbekannt ist.

Auch in Europa sucht man die Zuggeschwindigkeit fortwährend nach Möglichkeit zu steigern und hierin ringen abwechselnd Deutschland, Frankreich und England um die Palme. Heute hat die eine Nation den schnellsten Zug, morgen die andere, übermorgen die dritte. Gegenwärtig dürfte man die schnellsten Eilzüge Europas wohl in Frankreich finden, wo auf der Südbahn zwischen Morceaux und Bordeaux im Mittel 99,2 km stündlich zurückgelegt werden. Gleich danach kommen einige Züge der Nordbahn, die zwischen Paris und Amiens verkehren, mit 97,4 km und eine ganze Reihe anderer mit 93,7 bis herab zu 87,6 km, was noch immer eine achtungswerte Zahl ist. Annähernd gleich günstig stellen sich die Verhältnisse in Großbritannien, wo die Fahrpläne der London- und South Western-Bahn Züge zwischen Dorchester und Wareham mit 96,8 und der Caledonian-Bahn zwischen Forfax und Perth mit 95,2 km zu verzeichnen haben. Allerdings handelt es sich hier nur um kurzatmige Anstrengungen, da die Entfernungen zwischen Anfang- und Endstation nur 24,2 beziehungsweise 52,3 km betragen, die Lokomotiven also nur ¼ bis ½ Stunde lang diese Kraftleistungen zu vollführen haben. Deutschland verzeichnet seine schnellsten Züge zwischen Berlin und Hamburg mit etwa 82,3 km in der Stunde, womit die früher so berühmten Blitzzüge Berlin-Köln, seinerzeit die schnellsten Europas, überholt sind.

Die erwähnten europäischen Geschwindigkeiten werden jedoch durch vereinzelte Leistungen in Amerika übertroffen, wo die bedeutendste mittlere Geschwindigkeit von dem Atlantic City Flyer erreicht wird. Dieser „Flieger" der Philadelphia- und Reading-Bahn vermittelt den Verkehr zwischen Camden und Atlantic City mit einer mittleren Stundengeschwindigkeit von 107,5 km. Die Strecke ist jedoch nur 98,4 km lang, sodass der Zug, der nirgend Aufenthalt nimmt, zu ihrer Durchmessung etwa 55 Minuten benötigt. Eine annähernd gleich große Geschwindigkeit weist zwischen diesen beiden Städten ein anderer Zug der Pennsylvania-Bahn auf, der 103,5 km stündlich zurücklegt. Auch dieser Zug fährt ohne Aufenthalt.

Um wie viel die Zwischenstationen die mittlere Geschwindigkeit herabdrücken, kann man aus folgenden Zahlen ersehen. Der Schnellzug Nr. 520 zwischen Philadelphia und Jersey City, der stündlich 99,5 km zurückgelegt, erleidet auf einer Strecke von nur 145 km durch seine sieben Aufenthaltsstationen eine Verminderung seiner Reisegeschwindigkeit auf nur 93 km. Ebenso sinkt die mittlere Geschwindigkeit eines Zuges, der zwischen Hornensville und Susquehanna 91 km stündlich macht, infolge von ebenfalls sieben Zwischenstationen auf 73,4 km herab.

Man kann nicht behaupten, dass die Technik in Europa derjenigen Amerikas gar so sehr nachstände. Man stellt eben hier nicht die ungeheuren Anforderungen an die Leistungen der Eisenbahnen wie drüben; „leider!" möchte ich nicht unterlassen hinzuzufügen. Dem „alten" Europa klebt mehr weise Bedächtigkeit, um nicht zu sagen: Schläfrigkeit an, als dem himmelstürmenden Amerika. Trotzdem suchen auch unsere Ingenieure weiter vorwärts zu kommen; die Lokomotiven werden in den letzten Jahrzehnten bedeutend schwerer und kräftiger gebaut, man sucht die Kessel mit verbesserten Konstruktionen auszurüsten, eine größere Heizfläche im Verhältnis zur Zylinderleistung einzuführen, den Dampfdruck zu erhöhen und die bessere Ausnutzung des Dampfes, die bei den Schiffsmaschinen bereits zur größten Vollkommenheit (namentlich z.B. auf unseren Schnelldampfern) ausgebildet ist, durch Anwendung des Compoundsystems herbeizuführen, indem man die Lokomotiven neuerdings mit vier Dampfzylindern ausrüstet, während man sich früher mit zweien derselben begnügte.

Der deutsche Maschinenbau ist übrigens bestrebt, möglichst enge Fühlung mit dem amerikanischen zu halten und die Ideen von drüben in vielen Beziehungen befruchtend auf die eigenen Studien und Projekte wirken zu lassen. So haben die bayerischen Staatsbahnen im verflossenen Jahre bei den bekannten Baldwin Works in Philadelphia zwei für Schnellzüge bestimmte Lokomotiven bauen lassen. Es sind Compound-Maschinen mit vier Dampfzylindern, also auf jeder Seite ein Hochdruck- und ein Niederdruckzylinder. Der Guss der einzelnen Stücke, der Bau des Rahmens und die Steuereinrichtung zeichnen sich durch einfache und praktische Ausführung aus. Man kann von diesen Maschinen sagen, was überhaupt von einem Teil des amerikanischen Eisenbahn- und Maschinenbaues gilt: Solid und praktisch, wenn auch nicht immer elegant.

Es ist dies ein Grundsatz, der sich fast durch die gesamte Industrie Nordamerikas zieht, und wir begegnen ihm drüben auf allen Gebieten. Die New Yorker Hochbahn kann z.B. nicht den Ruhm in Anspruch nehmen, irgendwie zur äußeren Schönheit der Stadt beizutragen; im Gegenteil, ihre kahlen, nüchternen, jedes ornamentalen Schmuckes entbehrenden Eisenpfeiler, ihre mit Riesenreklame-Schildern überdeckten, spartanisch einfachen Stationshallen wirken geradezu hässlich. Aber sie ist praktisch; sie dient dem Verkehr in ganz ausgezeichneter Weise, ja man kann behaupten, ohne sie wäre der Riesenverkehr New Yorks nicht zu bewältigen. Das Eisenbahnnetz der Vereinigten Staaten ist das bei weitem ausgedehnteste der Welt und geradezu riesenhaft gegenüber demjenigen des winzigen Europa, obgleich Amerika hinsichtlich der Besiedelung des Landes weit hinter der überfüllten alten Welt zurücksteht.

Nach dem Archiv für Eisenbahnen betrug die gesamte Bahnlänge in den Vereinigten Staaten im Jahre 1898 186 396 Meilen d.h. ungefähr 298 000 Kilometer. Es verkehrten auf derselben 30 583 Lokomotiven und 1 282 421 Waggons. Man begreift beim Anblick dieser Zahlen, welche ungeheure Kulturarbeit diese Verkehrsmittel zu leisten ermöglichen.

Aus alledem erhellt, dass eine Eisenbahnfahrt durch die Vereinigten Staaten ebenso belehrend wie unterhaltend ist, und es war durch die für den Prinzen ausgewählte Begleitung dafür gesorgt, dass ihm über alles Wünschenswerte sofort die nötigen Aufklärungen zur Verfügung standen.

Die Umstände, unter denen Prinz Heinrich seine Blitzfahrt antrat, waren nicht eben die günstigsten. Wir haben schon gesehen, dass die letzten Tage schwere Regenstürme gebracht hatten. Aber nicht nur hier in und bei Washington waren Wolkenbrüche herniedergegangen, sondern von überallher, besonders von den zunächst zu durchquerenden Strecken, kamen Unglücksbotschaften. Der Weg nach Pittsburgh führte direkt durch überschwemmtes Gebiet, und furchtbar waren die Zerstörungen, welche das Hochwasser angerichtet hatte. In Tamarend war die große Röhrenleitung der Standard Oil Company gebrochen.

Zum Glück hatte der strömende Regen gänzlich nachgelassen, als der Zug sich in aller Herrgottsfrühe von Washington aus in Bewegung setzte. Es war noch total finster, denn der Winter übte ja seine Herrschaft aus. Als man Harrisburg erreicht hatte, begann der Tag zu grauen. Klar und verheißend dämmerte er herauf; der Sturm hatte sich ausgetobt, und milde Frühlingslüfte wehten hernieder von den Allegheny-Bergen, welche die Lokomotive jetzt durchbrauste. Es war eine herrliche

Fahrt; die Bahn klomm allmählich zur Wasserscheide zwischen dem Atlantischen Ozean und dem Stromgebiet des Mississippi empor, und herrliche, malerische Landschaftsbilder waren es, welche die Reisenden durch die großen Spiegelscheiben der Prachtwagen betrachten konnten. Fels, Wald und Strom zogen als ein prächtiges, stetig sich veränderndes Wandelpanorama vorüber, und in manchem der Beschauer lebten die Indianergeschichten Coopers, deren geschichtliche Stätten man hier durchstreifte, aus der Jugendzeit wieder auf.

Wo sind die Zeiten geblieben, da der rote Mann im Federschmuck die Jagdgründe der Alleghenies durchpirschte, wo das tiefe, einsame Schweigen auf diesen ausgedehnten, damals noch jungfräulichen Wäldern ruhte? Heut faucht das Dampfross durch den heiligen Waldesdom, und die rauschenden Wasser sind in den Dienst der Menschen gezwungen, sie tragen Flöße und treiben Mühlen, und der kupferhäutige Jäger, einst der unumschränkte Herrscher dieses schönen Landes, ist zu Grunde gegangen.

Traurige Reste seiner einst so stolzen Stämme siechen im Westen des Reiches, aus der Heimat vertrieben, dahin. Wo früher sich am Fluss ein einsames Indianerdorf erhob, stehen jetzt geräuschvolle Städte mit rauchenden Essen und rastlosem Getriebe. Wir nähern uns einem der ausgedehntesten Industrie-Mittelpunkte der Vereinigten Staaten, dem Eldorado von Eisen, Kohlen und Petroleum.

Prinz Heinrich im Gespräch mit dem Lokomotivführer

Nach dem Frühstück, welches der Prinz gegen 8 Uhr eingenommen hatte, machte der Zug auf offener Strecke Halt, und beunruhigt beugten sich die Fahrgäste aus den Wagenfenstern. Prinz Heinrich war ausgestiegen und schritt, lebhaft sprechend und gestikulierend mit

Mr. Boyd, dem Direktor der Pennsylvania-Bahn auf die Lokomotive zu. So entstand die allgemeine Annahme, es sei ein Unglück geschehen. Dem war jedoch nicht so, der Prinz wechselte nur seinen Platz: Er vertauschte den eleganten Salonwagen mit der rußigen Lokomotive, in deren Cab er von jetzt an die Fahrt durch die herrliche Landschaft fortsetzte. Beim Betreten seines neuen Gefährts reichte er sowohl dem Lokomotivführer wie dem Heizer die Hand und unterhielt sich später sehr lebhaft mit seinen jetzigen Reisegenossen. Kapitänleutnant von Egidy machte die Fahrt auf der Lokomotive mit. Prinz und Adjutant trugen Zivilanzüge.

Regenrisse in den Alleghenies

Der Weg führte durch äußerst malerische Szenerien, und der Charakter des Allegheny-Gebirges wurde immer wilder und zerrissener. Ein unvorhergesehener Aufenthalt entstand in Portage, wo ein Güterzug entgleist war, dessen Trümmer das Hauptgeleise versperrten. Der Prinz benutzte die unfreiwillige Muße dazu, die übrigens leicht das ganze Programm hätte über den Haufen werfen können, sich die Gegend anzusehen. Die Station Portage liegt nahe der Höhe der Allegheny-Berge.

Die Kaaterskillfälle in den Catskills (Alleghenies)

Der Aufenthalt des Sonderzuges dauerte eine Stunde und fünfzig Minuten, und erst gegen 11 Uhr waren die Trümmer des Frachtzuges soweit zur Seite geräumt, um die Weiterfahrt zu gestatten. Langsam setzte sich der Zug in Bewegung und fuhr vorsichtig an der Schreckensstätte vorbei. Da lag eine Lokomotive mit geplatztem Kessel; die zerrissenen Eingeweide quollen wie bei einem zu Tode Verwundeten hervor, und noch rauchten die Gluten in ihren zerstörten Feuerungsanlagen. Der Güterzug bildete ein unentwirrbares Chaos von Eisen und Holzsplittern, die zum Teil in Brand geraten waren. Ein grausiger Anblick! Doch, Gottlob, ein Menschenleben war nicht dabei zu Grunde gegangen.

Als der Extrazug die Trümmerstätte passiert hatte, nahm er bald eine schnellere Fahrt an und brauste dann mit erstaunlicher Geschwindigkeit dahin, da es den Bahnbeamten darum zu tun war, die verlorene Zeit wiedereinzubringen. Der erste Halt wurde in Altoona gemacht, wo ein Bürger-Komitee eine Willkomm-Adresse überreichte. Ihre Begegnung mit dem Kaisersohn verlief in unfreiwillig humoristischer Weise. Derselbe war schon einige Zeit zuvor aufgestanden und trug Zivilkleider, einen grauen Halbtuch-Jacketanzug mit einem schwarzen Derbyhut. Er stand auf der Plattform seines Wagens, als das Komitee herbeigeeilt kam und das erste Mitglied desselben mit ihm zusammenstieß. Der Mann, der den Prinzen nicht erkannte, entschuldigte sich und bat, ihn zu dem Prinzen Heinrich zu führen. Der Prinz lächelte, verbeugte sich und sagte: „Ich bin Prinz Heinrich." Das Komitee war zunächst ein wenig verlegen, erlangte aber seine Fassung wieder und entledigte sich nun seiner ehrenvollen Aufgabe. Ein Chor von 300 deutschen Sängern trug deutsche Lieder vor und die Bürger überreichten eine hübsche, gestochene Adresse, während die Damen einen mächtigen Strauß American Beauty-Rosen darbrachten.

Der Prinz dankte für die Hochrufe, welche die auf dem Bahnhofe versammelte Menge auf ihn ausbrachte. Eine Musikkapelle füllte den Rest der zur Verfügung stehenden 10 Minuten mit dem Vortrage volkstümlicher Lieder aus; unter erneuten Hochrufen wurde schließlich Abschied genommen. Nachdem der Zug Altoona verlassen, passierte er die bekannte Hufeisenkurve (*Horseshoe bend*) und erreichte dann nach Durchfahrung des großen Tunnels bei Gallitzin den Kamm des

Allegheny-Gebirges. Von dort geht es fast auf der ganzen Strecke bis nach Pittsburgh bergab, und wo irgend gute Bahn war, ließ der Maschinist seine große Lokomotive unter Volldampf laufen. Die höchste Geschwindigkeit, welche erreicht wurde, betrug 60 englische Meilen in der Stunde; die Fahrt, welche der Prinz auf der Maschine durch die Vorberge machte, war nicht ohne Aufregung.

Die Hufeisen-Kurve in den Alleghenies

Die Allegheny Mountains bilden ein völlig isoliertes Bergsystem im Osten der Vereinigten Staaten, welches von allen übrigen Gebirgen durch weite Tiefebenen getrennt ist; in mehreren Ketten zieht es sich in einer Länge von 2500 km der Küste parallel von Nordosten nach Südwesten dahin und erreicht eine mittlere Kammhöhe von 900 Metern. Die höchsten Gipfel steigen bis zu 2000 Metern empor, keine an sich sehr bedeutende Erhebung, indessen machen die Gebirgsstöcke wegen ihres häufig schroffen Emporschießens einen gewaltigen Eindruck auf den Beschauer. Der südliche Teil des Berglandes ist besonders reich an Eisen und Kohlen, was zur Folge hatte, dass sich hier eine mächtige Industrie entwickelte.

Mit einer Geschwindigkeit von 40 englischen Meilen in der Stunde wurde Johnstown passiert, und die Menge, welche sich auf dem Bahnhofe in zwei langen Reihen auf beiden Seiten der Geleise aufgestellt hatte, bekam den Zug kaum zu Gesicht. Das tief gelegene Johnstown war im Jahre 1889 der Schauplatz einer furchtbaren Wasserkatastrophe, welche die ganze Stadt und mit ihr fast 3000 Menschen vernichtete. Deutlich kann man jetzt noch die Dämme erkennen, welche an jenem entsetzlichen Tage, da das Zerstörungswerk vor sich ging, die überstauten Fluten durchbrachen, und den Weg der Verheerung verfolgen, die damals den ganzen Talkessel heimsuchte. Heut steht die Stadt wieder ansehnlich und blühend da, und Hunderte von Schloten qualmen so schwer und ruhig den Fluss entlang, als ob es niemals anders gewesen wäre. Die ungeheuren Cambrian Steelworks allein beschäftigen etwa 10 000 Menschen; das ganze Bild der Stadt erinnert lebhaft an unsere Industriezentren in Rheinland und Westfalen.

In Bradensville hielt der Zug und Prinz Heinrich kehrte mit bestäubten Gesichtszügen und geschwärzten Händen nach seinem Wagen zurück, um sich für den Empfang in Pittsburgh umzukleiden. Bei der Rückkehr in die „Columbia" lachte der Prinz über die soeben versuchte Art der Fahrt durch die Berge und erklärte, er habe sich vortrefflich unterhalten. Er legte seine Uniform an und die Mitglieder seines Gefolges, sowie die Militär- und Marine-Mitglieder der amerikanischen Begleitung gleichfalls. Ein weiterer Halt wurde vor Pittsburgh nicht gemacht.

Diese Stadt liegt an jener Stelle, wo sich die beiden aus dem soeben durchquerten Gebirge kommenden Flüsse Allegheny und Monongahela zum Ohio vereinigen. Der Ohio, ein Nebenfluss des Mississippi, ist im Allgemeinen ein sanfter, gefälliger Fluss, der von schiffsmörderischen Baumstämmen längst freigemacht ist und von den ersten, französischen Kolonisten *la belle rivière* genannt wurde; eine ähnliche Bedeutung hat der indianische Name Ohio, und in der Tat ist diese Bezeichnung wegen seiner malerischen Ufer durchaus zutreffend. Nur bei Louisville wird der Strom durch hervortretende Felsenzüge zu Stromschnellen eingeschnürt und kann hier nur bei Hochwasser von Schiffen befahren werden; ein 5 km langer Kanal umgeht diese gefährliche Stelle.

Inmitten eines von der Natur so reich begabten Gebietes musste sich an diesem schönen, schiffbaren Fluss eine reiche Industriestadt entwickeln. Pittsburgh ist das amerikanische Essen, das Zentrum der gigantischen amerikanischen Eisenindustrie und das Heim des

Morganschen Stahltrusts. Mit seiner rauchigen Atmosphäre, seinen schwarzen Häusern und Straßen macht es keinen einladenden Eindruck. Hesse-Wartegg, der geistvolle Reiseschriftsteller, bemerkte einst, man könnte auf die Stadt das auf Neapel geprägte Wort anwenden und sagen: „Pittsburgh sehen und dann sterben." In diesem Falle wäre indessen der Erstickungstod gemeint.

Mit den gegenüberliegenden Städten Allegheny, Birmingham und East-Birmingham, mit denen es jetzt einen Ort bildet, zählt Pittsburgh 350 000 Einwohner. Es ist die wichtigste Fabrikstadt im Westen und deshalb häufig das „amerikanische Sheffield" genannt worden. Eisenfabrikation, Petroleum-Raffinerien, Glashütten usw. stehen in hoher Blüte.

Mit zweistündiger Verspätung kurz nach ein Uhr mittags langte der Hohenzollernspross in der Eisenstadt an. Trotz des kurzen Aufenthalts war ihm seitens der Behörden und des Deutsch-Amerikanertums ein würdiger Empfang bereitet. Das Gefühl herzlicher Freundschaft, welches dem Ehrengast der Nation auch seitens der allgemeinen Bürgerschaft dargebracht wurde, erwies sich durch den Enthusiasmus, mit dem der Prinz von den vielen Tausenden, die sich längs der Geleise außerhalb des riesigen Bahnhofes (letzterer war streng abgesperrt für das allgemeine Publikum) und in den Straßen der Vorstädte angesammelt hatten, begrüßt wurde.

Als der Zug in den Bahnhof einfuhr, intonierte die Kapelle den „Unser Heinrich Marsch", und sobald sich der Prinz, umgeben von einigen Herren seines Gefolges, auf der Plattform des Waggons zeigte, wurde ihm ein brausendes, dreifaches Hurra ausgebracht, welches bei den Tausenden, die sich auf den Höhen oberhalb der Geleise aufgestellt hatten, einen donnernden Widerhall fand. Der Vorsitzende des Stadtrat-Komitees entbot dem Prinzen ein herzliches Willkommen, worauf letzterer entgegnete, er bedaure außerordentlich, dass es ihm nicht vergönnt sei, einen längeren Aufenthalt zu nehmen. Hierauf überreichte Herr Peter End, Inhaber des eisernen Kreuzes, dem Prinzen die Bewillkommnungs-Adresse der Kriegervereine, der Vize-Präsident des Nordamerikanischen Kriegerbundes, John Embs, ein herrliches Rosenbouquet. Beides wurde mit Dank angenommen. Als der Zug den Bahnhof verließ, konnten seine Insassen sich mit eigenen Augen von den furchtbaren Zerstörungen überzeugen, welche die durch die Wolkenbrüche der letzten Tage veranlassten Überschwemmungen angerichtet hatten. Die am Ufer des Ohio gelegenen Stadtteile standen sämtlich unter Wasser, manche der niedrigen Holzhäuser bis über die Türe des Erdgeschosses. Auch die Geleise einer Uferbahn waren überflutet, und von den Rädern der Kohlenwagen konnte man nichts mehr sehen, sodass es den Eindruck machte, als stände die schwere Last auf Schiffen verankert im Strome. Vom hohen Bahndamme aus erblickte man weite überschwemmte Flächen und konnte beobachten, wie in den Straßen die Leute auf Flößen den Verkehr aufrecht erhielten.

Pittsburgh ist die zweitbedeutendste Stadt des Staates Pennsylvanien. Die erste ist Philadelphia, dem wir noch später einen Besuch abstatten werden, während die politische Hauptstadt Harrisburg am Susquehanna mit 40 000 Einwohnern ist. Pennsylvanien bedeckt einen Flächenraum von 117 100 qkm und reicht von der vom Atlantischen Ozean gebildeten Chesapeake-Bai bis an den imposanten Erie-See. Durchzogen von den malerischen Alleghenies und bespült vom Delaware und Susquehanna, gehört es mit seinen stillen Wäldern zu den lieblichsten Landschaften der Union.

Die Schweden und die Holländer waren die ersten, welche in diesem weiten Gebiete Niederlassungen gründeten. Im Jahre 1862 wanderte der berühmte Quäker William Penn, der das Land von König Karl II. zum Geschenk erhalten, mit 2000 Ansiedlern hier ein und gründete im darauf folgenden Jahre bereits Philadelphia, die Stadt der Bruderliebe. Zu Beginn der Revolution wurde den der Quäkersekte angehörigen Besitzern ihr Eigentum für eine Summe von 130 000 Pfund Sterling (2 600 000 Mark) abgekauft, und das Land nahm in der Folge lebhaften Anteil am Kriege.

Unter der Bevölkerung, welche gegenwärtig rund 6 000 000 Köpfe zählt, ist das deutsche Element, besonders in den mittleren und westlichen Counties, sehr stark vertreten, sodass man Pennsylvanien auch das „nordamerikanische Deutschland" nennt. Der Unterschied zwischen der deutschen Besiedelungsweise und der amerikanischen tritt hier so recht hervor, namentlich durch den sorgfältigeren Schmuck des Heims innen und außen, den der Deutsche nicht entbehren kann, während der Amerikaner sein Interesse vorwiegend auf das rein Praktische richtet. Die deutschen Dörfer Pennsylvaniens haben ein ebenso gediegenes, wie liebliches Ansehen. Die prächtigen Gehöfte mit den sauberen Häusern, den wohlgebauten Scheunen, den reichen, sorgfältig gepflegten Obstgärten, das zahlreiche, in vortrefflichem Futterzustande befindliche Vieh, die große Menge des Hausgeflügels, die fast peinlich angebauten Äcker, die Wiesen mit den gefälligen Einzäunungen, das alles sieht man in Amerika fast nur bei den deutschen Ansiedlern.

Pennsylvanien ist eins der anmutigsten und fruchtbarsten Länder der Erde, und der deutsche Bauer hat ein ertragreiches, wohlhabendes Land daraus gemacht; er bildet hier den Grundstock der Landbevölkerung und erfreut sich der Früchte, welche Arbeitsamkeit und Sparsamkeit ihm eingebracht haben. Viele dieser Bauern. besitzen ein ganz bedeutendes Vermögen und es hat sich eine Art Bauernaristokratie herangebildet. Freilich von dem Deutschtum geht nach und nach immer mehr verloren. Die Namen sind zum Teil amerikanisiert und in die ursprünglich reine Sprache haben sich allmählich so viele englische Brocken hineingeschlichen, dass sie heute bereits ein Mischmasch bildet, welches mitten zwischen den beiden Sprachen steht; selbst das Schriftdeutsch der Zeitungen ist für uns fast unverständlich geworden. So kann man z.B. in einer deutschen pennsylvanischen Zeitung folgendes Inserat lesen: „Zu verkaufen in öffentlicher Vendu eine vornehme Grundlotte: darauf sind errichtet zwei gute Wohnhäuser, ein Brickhaus und ein Främhaus gewetterbordet."

Die Landwirtschaft bildet den Haupterwerbszweig der Pennsylvanier, trotz dem der Bergbau auf Eisen und Kohlen und die Industrie sehr beträchtlich sind und auch das Petroleum eine reiche Einnahmequelle bietet. Im Volksmunde führt Pennsylvanien den Beinamen *„The Keystone State"*, der Schlusssteinstaat, der gewissermaßen das Ganze zusammenhält, denn er bildet physisch und moralisch den Vermittler zwischen den Nord- und Südstaaten. Politisch ist der Staat der ruhigste von allen in der Union und von Parteigezänk fast völlig verschont.

Wir gehen nun in den benachbarten Ohio-Staat über. *Buckeye State*, Bocksaugen-Staat, nennt ihn der Amerikaner wegen der vielen Kastanien, welche dort wachsen. Er liegt zwischen dem Erie See und dem Ohio Fluss und umfasst einen Flächenraum von 106 340 qkm schönen, fruchtbaren Landes. Hier kommen wir schon mehr in die Region der Prärien, und so zeigt sich Ohio uns vorzugsweise als Agrikultur-Staat, wenngleich auch in ihm rege Fabriktätigkeit herrscht, ergiebige Eisen- und Steinkohlengruben, bedeutende Salzlager und reichliche Petroleumquellen vorhanden sind. Ohio besitzt das beste Weizenland der Union; neben dem Ackerbau ist auch die Viehzucht sehr beträchtlich. Politisch ist Ohio der demokratischste Staat Amerikas; man wollte mit seiner Verfassung den Versuch machen, mit welchem Minimum von Macht eine Regierung auskommen könne, und der Versuch hat sich recht gut bewährt. Unter den 3½ Millionen Einwohnern sind reichlich ½ Million Deutsche.

Die Hauptstadt des Staates der Kastanien ist Columbus, am Scioto River, einem Nebenfluss des Ohio, gelegen. Aber, wie dies fast überall in den Vereinigten Staaten der Fall ist, zeigt sich Columbus bei weitem nicht als der kommerziell oder industriell bedeutendste Platz. Es zählt etwa 90 000 Einwohner und besitzt eine theologische Lehranstalt der Lutheraner.

Als der Zug des Prinzen in den von Tausenden umlagerten Bahnhof der Union Station einlief, wurde er, wie überall, mit brausendem Jubel empfangen, und Prinz Heinrich, welcher eben auf die hintere Plattform seines Spezialwagens getreten war, legte seine Hand grüßend an die Mütze. Auf dem Bahnhof hatte sich unter Führung des Gouverneurs Nash ein aus hundert hervorragenden Bürgern der Stadt bestehendes Ehren-Komitee eingefunden. Der Gouverneur, Leutnant-Gouverneur Rippert, Mayor Hinkle und Herr Joseph Outwhaite, der Präsident der Gewerbekammer, bestiegen die „Columbia" und der Führer hieß den Prinzen mit den folgenden Worten willkommen: „Im Namen der Bevölkerung Ohios danke ich Ihnen für den Besuch, welchen Sie unserem Staate abstatten. Für das Volk des großen, deutschen Reiches und für seinen ausgezeichneten Kaiser, Ihren Bruder, haben wir stets die größte Freundschaft gefühlt, und wir hoffen, dass Ihr Verweilen unter uns ein angenehmes und glückliches sein möge."

Hierauf hielt Herr Outwhaite folgende Ansprache: „Prinz Heinrich! Im Namen der Gewerbekammer dieser Stadt und der Bürger von Columbus biete ich Ihnen einen herzlichen Willkomm. Unter den Hochrufen der uns umgebenden Menge hat Ihr Ohr ohne Zweifel die Musik Ihrer heimatlichen Zunge vernommen. Aber wenn auch die Grüße derjenigen, deren Vaterland auch Ihr Vaterland ist, Ihnen herzlicher und enthusiastischer geklungen haben mögen, so lassen Sie mich Ihnen doch versichern, dass der Willkomm, welcher Ihnen von unserer ganzen Bevölkerung geboten wird, der ernsteste und aufrichtigste ist. Willkommen Ihnen selbst, Willkommen Ihren erlauchten Vorfahren, Willkommen Ihrem kaiserlichen Bruder und Willkommen wegen der glücklichen internationalen Bedeutung Ihres Besuches. Wir bedauern tief, dass Ihr Schritt in unsere Mitte ein so kurzer sein muss, dass Sie nicht unsere Stadt sehen können, die größte der Welt unter denjenigen, welche nach dem Entdecker unseres Kontinentes benannt worden sind. Sollte Sie Ihr Weg hier wieder vorüber führen, so mögen Sie länger verweilen und Sie werden eine offene Tür und einen warmen Willkommengruß bei uns finden."

Der Prinz erwiderte: „Wohin ich auch in Ohio gekommen, bin ich von einer großen Volksmenge empfangen und mit der größten Freundlichkeit behandelt worden. Ich bedauere sehr, dass ich nicht allen diesen Leuten näher treten und ihnen die Hand drücken kann, aber es ist unmöglich. Ich weiß die große Herzlichkeit und das offene Entgegenkommen, welches mir heute erwiesen wird, im höchsten Grade zu schätzen und ich wünschte, Sie möchten der Bevölkerung von Ohio durch die Zeitungen meine Dankbarkeit für die Art aussprechen, in welcher sie mich hier empfangen hat."

Nachdem der Gouverneur und seine Begleiter sich zurückgezogen hatten, trat der Prinz hinaus auf die Plattform des Wagens und verweilte dort eine Zeit lang, während ein deutscher Männerchor „Ritters Abschied" sang. Um 17 Uhr 35 Minuten fuhr der Zug aus dem Zentral-Bahnhofe, Prinz Heinrich blieb auf der hinteren Plattform und grüßte die Menge mit der an die Mütze gelegten Rechten, während ihn Hochrufe begleiteten, bis die Stadtgrenze erreicht wurde.

Das nächste Ziel war Cincinnati, das nicht die politische Hauptstadt, wohl aber die bedeutendste Stadt Ohios ist und unter seinen 332 000 Einwohnern etwa ein Drittel Deutsche zählt. Die Stadt liegt in der südwestlichen Ecke des Staates am rechten Ufer des Ohio in einem von grünen Hügeln umgebenen, halbkreisförmigen Tale auf zwei Terrassen und ist, abgesehen von den älteren Teilen am Flusse, sehr regelmäßig angelegt. Die Mainstreet läuft vom Landungsplatze der Dampfschiffe aus nach Norden quer durch die ganze Stadt. Die neuen Stadtteile, die sich die lieblichen Hügel hinaufziehen und durch prächtige Gebäude sich vorteilhaft bemerkbar machen, sind überwiegend von Deutschen bewohnt. Über den Türen kann man allenthalben Schilder erblicken, deren Namen und Bezeichnung deutschen Charakter tragen. Das gesamte deutsche Handwerk, Schuhmacher, Schneider, Klempner usw., ist hier vertreten, und deutsche Wirtshäuser zeigen sich in großer Anzahl.

Fourth Street in Cincinnati

Cincinnati ist der Mittelpunkt des Binnenhandels und ein Knotenpunkt bedeutender Verkehrswege. Früher trug es den stolzen Beinamen „die Königin des Westens", aber das ist es seit langem nicht mehr, wenn es auch immer noch die reiche Metropole des schönen Ohio-Tales ist. Jetzt hat es einen weniger poetischen Beinamen, „Porcopolis", zu deutsch „Schweinestadt", welcher sich aber nicht etwa auf Unreinlichkeit der Straßen und Häuser bezieht, sondern auf den Handel mit Borstentieren und deren Produkten. Cincinnati versorgt fast die ganze Welt mit Schweinefleisch und Schweineschinken, der unter dem Namen „Westfalia" in den Handel kommt. Ohio ist einer der ersten Viehzuchtstaaten Nordamerikas, und die Union allein verbraucht mehr Schweinefleisch als die gesamte übrige Welt.

In den sehr praktisch eingerichteten Schlachthäusern Cincinnatis wird das Schlachten und Verarbeiten der Schweine so schnell und fabrikmäßig betrieben wie in den weltberühmten Werkstätten Chicagos. Wenige Minuten nach Einführung des lebenden Tieres ist dasselbe getötet, ausgeweidet, zerlegt und verteilt, wobei mit einer fabelhaften

Sicherheit gearbeitet wird. Die „Campagne" beginnt in der Mitte des Novembers; von diesem Zeitpunkt an werden vier Monate lang täglich Tausende von Schweinen geschlachtet.

Aber auch durch wissenschaftliche und Wohltätigkeitsanstalten aller Art zeichnet sich Cincinnati aus, das man infolge hiervon auch „das westliche Philadelphia" genannt hat. Von den die Stadt umkränzenden Anhöhen, auf welche Drahtseilbahnen hinaufführen, genießt man herrliche Ausblicke auf das liebliche Flusstal mit dem schimmernden Strom. Hier haben sich die wohlhabenderen Familien ihr Heim gegründet, und mit Stolz können wir berichten, dass sich gerade unter ihnen sehr viele Deutsche befinden. In Cincinnati entstanden die ersten deutschen Turnvereine, hier fand das erste deutsche Sängerfest statt, vor mehr als 50 Jahren.

30 000 Deutsche mögen wohl an jenem Abend auf dem Bahnhofe gewesen sein, um den Königssohn aus dem alten, noch immer geliebten Vaterlande zu begrüßen. Ein Jubelsturm verkündete dem Prinzen schon bei der Einfahrt des Zuges, was ihn hier erwarten dürfte; und ein Orkan von Enthusiasmus brauste 20 Minuten lang, solange der Sonderzug hielt, durch die riesige Wölbung des Bahnhofes. Keine menschliche Kraft hätte es vermocht, diese Menge irgendwo abzudrängen oder sie zu einer anderen Verteilung zu bewegen; man sah die Massen sich drängen, um dem geliebten Gast der Nation, dem Sprossen des deutschen Kaiserhauses, so nahe wie möglich zu kommen.

Auf dem Perron hatten sich Mayor Fleischmann, die Spitzen der städtischen Behörden und die hervorragendsten Bürger der Stadt eingefunden, um den hohen Gast zu begrüßen. Nachdem die Herren des Empfangskomitees dem Prinzen vorgestellt waren, nahm Mayor Fleischmann das Wort zu einer Ansprache an den Prinzen.

„Eure Königliche Hoheit! Es ist mein Vorrecht, auf das ich stolz bin und das mich mit aufrichtiger Freude erfüllt, dass ich Eure Königliche Hoheit im Namen der Bürger Cincinnatis willkommen heißen darf. In diesen Willkommensgruß mischt sich jedoch das aufrichtige Bedauern darüber, dass Ihr Aufenthalt nur ein sehr kurzer ist. Mit entschuldbarem Stolze schmeichle ich mir, dass unsere Stadt viel bieten könnte, das sowohl Eure Königliche Hoheit wie die Herren Ihres Gefolges interessieren und ihnen gefallen würde. Nicht nur auf dem Gebiete der Kunst, sondern auch auf dem des Handels, nicht nur in der Musik, sondern auch in geschäftlicher Hinsicht und auf praktischem Gebiete hat Cincinnati sich eine angesehene Stellung unter den Städten der Union erworben und gehört zu den bedeutendsten Städten der Welt. Leider fehlt aber die Zeit, um Eure Königliche Hoheit, wie es der Herzenswunsch der Bürgerschaft gewesen wäre, Cincinnati in gebührender Weise zu zeigen, Sie in angemessener Weise zu bewirten, und zwar nicht allein als den Vertreter Ihres Bruders, des deutschen Kaisers, und des großen deutschen Reiches, mit welchem unser Land durch Bande inniger Freundschaft verbunden ist, sondern um Ihrer selbst willen, um den Beweis für die hohe Achtung zu liefern, die Sie unter der hiesigen Bürgerschaft genießen. Wir begrüßen Sie als Amerikaner und als Cincinnatier und geben der Hoffnung Ausdruck, dass Ihre Reise durch die Vereinigten Staaten ebenso angenehm verlaufen möge, wie Ihre Anwesenheit in Cincinnati für die Bürgerschaft ist.“

Der Prinz dankte dem Sprecher für seine freundliche Begrüßung in kurzen Worten. Als Zeichen der Hochachtung der Bürgerschaft dem königlichen Besucher gegenüber und zum Andenken an die „Königin des Westens“ wurde dem Prinzen die Willkomms-Adresse des Bürgermeisters in prächtiger Ausstattung in einem mit schwerer roter Seide ausgeschlagenen Kästchen überreicht. Der Zug des Prinzen verblieb eine halbe Stunde auf der Panhandle Station und wurde dann durch die Stadt nach der Queen- und Crescent-Bahn übergeleitet, von wo derselbe seine Weiterfahrt durch die Blue Grass-Region Kentuckys nach Chattanooga im Staate Tennessee antrat.

10. Auf dem Schlachtfelde von Chattanooga

Gestörte Nachtruhe – Im Reiche des „blauen Grases" – Amerikanische Frauen – Die Schönheit der Amerikanerinnen – Der Staat Kentucky und seine Naturwunder – In Tennessee – Nach dem Schlachtfelde von Chattanooga – Die Besteigung des Lookout Mountain – Der amerikanische Bürgerkrieg (1861-1865) – Nord und Süd – Die Sklavenfrage – Abraham Lincoln – Der Ausbruch des Kampfes – Aufhebung der Sklaverei – Eine blutige Entscheidungsschlacht – Die Erstürmung des Missionary Ridge – Anteil der Deutschen am Kampfe um Chattanooga – Abraham Lincolns Tod – Die Freiheit der Neger – Folgen des Sezessionskrieges – Durch die Cumberland-Berge – Echter, alter Pfirsich-Branntwein aus Kentucky

Die Fahrt von Cincinnati nach Chattanooga wurde während der Nacht angetreten, denn es galt rüstig vorwärtszukommen. Der Vorsicht halber hatte man auf der ganzen Strecke dem Prinzen-Zuge eine Extra-Lokomotive vorausgeschickt, um nichts zu versäumen und allen Zufälligkeiten nach Möglichkeit zu begegnen; überhaupt waren stets alle nur erdenklichen Sicherheitsmaßregeln seitens der amerikanischen Wirte getroffen worden, um jeden etwaigen Zwischenfall von vornherein auszuschließen.

Aber freilich der Begeisterung konnte man nicht gebieten. Sie brach mit elementarer Gewalt durch, und selbst während der Nacht hielten ungeheure Menschenmassen die Bahnhöfe derjenigen Stationen besetzt, welche der „königliche Zug" passieren musste. Der Prinz hatte sich sogleich nach der Abfahrt von Cincinnati zurückgezogen, indessen wurde seine Nachtruhe des Öfteren gestört und seine Geduld auf eine harte Probe gestellt.

Auf verschiedenen Haltestellen in dem Staate Kentucky, welchen man jetzt durchquerte, suchte die Bevölkerung mit allzu stürmischen Huldigungen den Prinzen zu bewillkommnen, und infolge der bitteren Enttäuschung, den Gast nicht sehen zu können, wuchs der Lärm noch mehr an.

In Sommerset, wo der Sonderzug einige Minuten Halt machte, damit die Lokomotive Wasser einnehmen konnte, hämmerten mehrere Burschen sogar an die sämtlichen Fenster des Zuges, und riefen mit lauter Stimme nach dem Prinzen. Dieser erwachte auch von dem Lärm und äußerte am anderen Morgen frohgelaunt, er hätte den Leuten gern das Vergnügen gemacht, sich zu zeigen, aber er wäre nicht danach angezogen gewesen.

Man befand sich jetzt im Reiche des „blauen Grases", jenem Staate, der wegen der Schönheit seiner Frauen und seiner Pferde bekannt ist. Über die amerikanische Frau ist schon viel geschrieben worden; der Amerikaner selbst hält seine Frauen für die schönsten, bringt überhaupt dem weiblichen Geschlecht einen hohen Zoll an Achtung entgegen, was vielleicht eine Nachwirkung des Umstandes ist, dass zu Beginn der Besiedelung des Landes Jahrzehnte, ja Jahrhunderte lang die Frau in der Neuen Welt sehr stark in der Minderzahl war, wodurch bewirkt wurde, dass die Männer, welche sich um eine Frau bewarben, sich einer gewissen Unterwürfigkeit befleißigen mussten, wodurch ihnen das Weib, das vielumworbene und daher sehr schwer nahbare, nur umso höher erschien. Schönheit ist vielfach Ansichtssache, aber man kann wohl behaupten, dass die Amerikanerin im Durchschnitt schlanker und graziöser ist, als z.B. unsere deutschen Frauen. An Wirtschaftlichkeit und an mütterlichen Tugenden allerdings muss wohl der Unparteiische der deutschen Frau den Preis zuerkennen; übrigens hängt dies mit dem Zuschnitt der ganzen sozialen und gesellschaftlichen Formen zusammen, die in Amerika wesentlich anders sind als bei uns.

Ein bekannter Reiseschriftsteller will hierbei auch dem Klima eine hervorragende Bedeutung zumessen. „Das amerikanische Klima, welches entschieden gegen jede Ausdehnung des Körpervolumens in die Breite wirkt, hat einen Frauentypus geschaffen, der in seiner graziösen Leichtigkeit und Zierlichkeit, seiner raschen Beweglichkeit und Geschmeidigkeit, der Schmalheit des kleinen Kopfes und der feinen, zarten Rundung der Glieder gegen die im Durchschnitt massiveren Frauentypen der älteren europäischen Länder absticht und dem Fremden in Nordamerika überall auffallend viele Gestalten vor Augen führt, die sich in ihrer ätherischen Leichtigkeit ganz vorzüglich zur Darstellung von Feen, Nixen, Nymphen usw. eignen." Schönheiten im

Rubensschen Kunstgeschmack sind in Nordamerika unter den Frauen angelsächsischer Rasse äußerst selten, hingegen wird man Raffaelschen Frauenerscheinungen sehr häufig in allen Straßen der großen Städte begegnen. Übrigens zeichnen sich die amerikanischen Frauen in ihrem festen und energischen, auf das Gute gerichteten Charakter, ihrem Freisein von aller weiblichen Ängstlichkeit und Schüchternheit, sowie auch durch die Entschlossenheit und Fähigkeit aus, mit der sie sich in allen schwierigen Lagen des Lebens zu helfen wissen.

Die ersten Ansiedler haben in Kentucky blutige Kriege gegen die Indianer führen müssen, darum nennt man den Staat auch *„the state of the dark and bloody ground“*, den Staat des finsteren und blutigen Bodens. Im Jahre 1775 siedelte sich hier die erste weiße Familie an, und die Kolonisten lebten Jahrzehnte hindurch in den bittersten Fehden mit dem roten Mann, der sich tapfer gegen die Verdrängung wehrte. Aber immer mehr Weiße kamen in das Land; schon 1789 wurde Kentucky zum Territorium, und 1792 zum Staat erhoben. Die Entwicklung ging immens rasch vor sich; heute zählt es rund 2 Millionen Einwohner, unter denen sich weit über 100 000 Deutsche befinden.

Am Ohio in Kentucky

Im östlichen Teile des Staates, der gebirgig ist, gibt es eine Anzahl merkwürdiger Höhlen, deren Verhältnisse wie alle amerikanischen Dinge ins Große gehen. Die Mammuthöhle ist bei weitem die größte der Erde; es steht dies fest, obwohl sie noch nicht gänzlich erforscht ist, was bei ihren enormen Verzweigungen (man hat deren bereits mehr als zweihundert gezählt) fast zu den Unmöglichkeiten gehört. Etwa 30 km des Hauptstollens sind bekannt. Hier zählt man fünfzig domartige Erweiterungen, acht unterirdische Wasserfälle usw. Auch Mumien eines unbekannten Geschlechtes hat man daselbst aufgefunden. In den Wassern, die nie ein Sonnenstrahl beschien, befinden sich Tiere, die nirgend wieder auf der Erde vorkommen, Fische ohne Augen und dergleichen.

Bilder aus der Mammuthöhle in Kentucky

Der Prinz sah von all diesen Herrlichkeiten nichts, denn unaufhaltsam rollte der Zug durch die Nacht dahin, dem Staate Tennessee zu, in welchem bei Chattanooga Station gemacht werden sollte. Tennessee, ein längliches Viereck zwischen den Alleghenies und dem Mississippi, der hier viele Krümmungen macht, am Ober- und Unterlaufe des Flusses Tennessee gelegen, bildete früher einen Teil von Nord-Carolina, kam 1790 als Territorium an die Union und wurde 1796 zum Staate erhoben. Auch Tennessee trägt bereits ein wenig den Charakter der Südstaaten; das schwarze Element tritt hier deutlicher hervor als weiter nördlich. Der Staat zählt etwa 1 850 000 Einwohner, die sich vorwiegend mit Plantagenbau befassen.

Blick auf Chattanooga

Um 7 Uhr morgens lief der Zug in Chattanooga ein. Es war Sonntag, das Wetter ziemlich klar und trocken, wenn auch etwas frisch; das Empfangskomitee bestand aus dem Vorsitzenden Newell Sanders, Pensionskommissar H. Clay Evans und General H. V. Boynton, der unter General Sherman gedient und sich auf dem Schlachtfelde von Chattanooga die Sporen verdient hatte. Letzterer führte die Reisegesellschaft als militärischer Cicerone. General Boynton ist jetzt der Vorsitzende des Nationalpark-Komitees, denn die amerikanische Regierung hat das ganze Schlachtfeld von Chickamauga und Chattanooga angekauft und zu einem Nationalpark umgewandelt, den zahlreiche Monumente zum Andenken an die Gefallenen schmücken.

Die Reisegesellschaft bestieg alsbald die elektrische Bahn, welche den Prinzen und sein Gefolge zunächst an den Fuß des Lookout Mountain brachte; dann ging es mit der Drahtseilbahn, deren Steigung auf einer Strecke von 500 Fuß 65 Fuß beträgt, hinauf auf den Berg selbst, der 2500 Fuß misst. Einen herrlichen Rundblick konnte man von hier aus über den tiefen Talkessel genießen, der vom Tennessee durchströmt ist. Ein schönes, malerisches Bild. Eugen Bracht, der bekannte deutsche Maler hat vor einigen Jahren in Verbindung mit dem Schlachtenmaler Carl Röchling dieses romantische Waldland auf seinem großen Schlachtenpanorama wundervoll wiedergegeben, welches die beiden Künstler für Amerika malten und das seinerzeit in Berlin ausgestellt war. Bracht hatte das schöne Tennessee-Tal bei Sonnenuntergang dargestellt, übergossen von dem rötlichen Schein des untergehenden Tagesgestirns, während der Mond bereits als riesige Scheibe aufsteigt. Das Bild war schon rein technisch dadurch interessant, dass der Beschauer, scheinbar auf einem Berge stehend, einen Abhang hinuntersieht, den anstürmende, unionistische Truppen emporsteigen.

Auf dem Schlachtfeld von Chattanooga

Eine steile Felswand stürzt von dem Gipfel des Berges in das Tal hinab und auf der Höhe ihres Plateaus hielt der kundige Führer einen erläuternden Vortrag über die einzelnen Kampfepisoden jenes heißen Schlachttages vom 29. November 1863, der für Sieger und Besiegte gleich ehrenvoll war. Über sieben Staaten schweift der Blick von diesem herrlichen Luginsland, und auf allen Seiten öffnen sich die malerischen Bergketten in den Talkessel hin.

Der entscheidende Grund zu dem blutigen Bürgerkriege, der von 1860-1865 die Vereinigten Staaten durchtobte, lag, wie Daniel, dem wir in den nachstehenden Ausführungen folgen, sagt, in der sich scharf widerstrebenden ökonomischen Lage der Nord- und Südstaaten; die Sklavenfrage bildete nur den nächsten Ausgangspunkt. Dass die Männer des Freiheitskrieges bis zu einem gewissen Zeitpunkte Sklaveneinfuhr gestatteten, lässt sich nur aus einem Irrtum erklären, dessen Obwalten bei den Gründern der Verfassung durch zahlreiche Zeugnisse feststeht. Sie glaubten, die Sklaverei werde nach einem Menschenalter durch die Zunahme freier Arbeit von selbst erlöschen; der Termin, zu welchem dem Kongress das Verbot der Sklaveneinfuhr freigestellt wurde, galt ihnen für den Endpunkt der Sklaverei selbst. Die Sklavenarbeit wurde zur Zeit der Gründung der Verfassung fast ausschließlich zur Tabaks-, Reis- und Indigo-Kultur, und zwar ganz vorzugsweise für die erstere verwendet.

Alle Amerikaner, welche die Geschichte der Sklaverei studiert haben, sind darüber einig, dass dieselbe, wäre sie auf diese Kulturen beschränkt geblieben, den Anfang des vorigen Jahrhunderts nicht überlebt haben würde. Der verhängnisvolle, unvorhergesehene Wendepunkt lag in dem riesenhaften Aufschwunge der Kultur der Baumwolle. Nur in den Verfassungen der einzelnen Staaten konnte sich später die Differenz in der Sklavenfrage herausstellen. Die nördlichen, mehr dem Handel zugewandten Staaten der Union verwarfen in ihren Verfassungen die Sklaverei, und obwohl auch dort eine gewisse Verachtung der Schwarzen, die man wegwerfend als „Nigger" bezeichnete, scharf ausgebildet war, so gab es doch eine starke Partei von „Abolitionisten", welche die Negersklaverei überhaupt abgeschafft wissen wollte.

Die südlichen, mehr auf Plantagenbau angewiesenen Staaten verteidigten natürlich die Sklaverei und wollten dieses Institut auch durch Gesetze der anderen Staaten, z.B. über Auslieferung flüchtiger Sklaven usw., geschützt sehen. Natürlich lag es in ihrem Interesse, in neu aufzunehmenden Staaten das Prinzip der Sklaverei zur Herrschaft zu bringen. Sie drohten mit dem Austritte aus der Union, wenn man die Sklavenfrage auf dem Kongress gegen sie entscheide. Hierher stammt der für die Südstaatler von nun an gebräuchliche Ausdruck „Sezessionisten".

Im Jahre 1819 bestimmte der Kongress, dass in keinem neuen Staate nördlich vom 36. Grade Sklaverei gestattet sein sollte (Missouri-Kompromiss); 1854 wurde diese Einschränkung wieder zurückgenommen (Nebraska Bill), nachdem schon 1851 ein strenges Gesetz über die Auslieferung flüchtiger Sklaven erlassen worden war. Der Präsident Buchanan erklärte bei seinem Amtsantritt., man dürfe die Sklaverei weder sanktionieren noch ausschließen, müsse vielmehr dem Volke die nötige Freiheit lassen, seine Einrichtungen in diesem Punkte zu regeln.

So war denn die Sklavenfrage ein brennender Streitpunkt zwischen dem Norden und dem Süden. Es bestanden aber, wie schon angedeutet, zwischen den beiden Hälften der Union auch noch starke politische und soziale Gegensätze. Im Norden überwiegend germanisches Blut, durch dauernde Einwanderung vermehrt, im Süden das Germanentum mit französischen und spanischen Elementen vermischt; im Norden mehr Industrie und Handel, im Süden Plantagenbau, die Kultur von Baumwolle, Reis, Tabak, Zuckerrohr usw. Der Norden forderte hohe Schutzzölle für seine Fabriken, der Süden möglichst niedrige Einfuhrsteuern.

Unter solchen Umständen hatte sich schon lange ein scharfer Gegensatz zwischen Norden und Süden gebildet, der einen baldigen Bruch voraussehen ließ. Eine Zeit lang wurde dieser letztere durch patriotische Schritte, dann aber durch die Rührigkeit der Südstaaten aufgehalten, welche bei den Parteispaltungen des Nordens in den Wahlen zum Präsidium und Kongress ihre Interessen durchzusetzen wussten. Im Geheimen arbeitete seit geraumer Zeit der Bund der „Ritter vom goldenen Zirkel" auf die Trennung des Südens hin; man wollte eine selbständige Republik mit Sklaverei gründen und hoffte auf Anschluss der spanischen Republiken an die Südstaaten.

Abraham Lincoln (1809-1865)

Indessen erlitten im Jahre 1860 die Südstaaten durch die Wahl des Abolitionisten Abraham Lincoln zum Präsidenten eine entschiedene Niederlage.

Der abtretende Präsident Buchanan erklärte in seiner Botschaft vom 3. Dezember 1860 die Wahl Lincolns für durchaus gesetzlich; auf der anderen Seite habe er jedoch die Überzeugung, dass kein Staat mit Gewalt genötigt werden dürfe, an der Union festzuhalten. Hierdurch fühlten sich die Südstaaten in ihren Trennungsgelüsten bestärkt.

Nachdem Süd-Carolina schon 17 Tage nach Buchanans Botschaft das Zeichen zur Losreißung gegeben, folgten im Januar 1861: Mississippi, Florida, Alabama, Georgia, Louisiana, und später sagten sich auch Virginia, Nord-Carolina, Tennessee und Arkansas von der Union los und konstituierten sich unter dem Präsidenten Jefferson Davis als „Konföderierte Staaten von Amerika". Vier Sklavenstaaten: Delaware, Maryland, Kentucky und Missouri, schlossen sich der Konföderation nicht an, sondern blieben bei der Union.

Es standen 22 Millionen Weiße des Nordens gegen 5½ Millionen Weiße und 3½ Millionen Sklaven in den Südstaaten. Aber diese hatten sich nicht nur länger schon auf einen Krieg vorbereitet, sondern hofften auf Spaltungen im Norden oder europäische Hilfe. In stolzem Selbstgefühle eröffneten oder provozierten die Konföderierten, nachdem Lincoln in seiner Botschaft die Union für unauflöslich und den Austritt eines Staates für unzulässig erklärt, zugleich aber für den Fall, dass die Bundesorganisation verletzt werde, mit Krieg gegen die Südstaaten gedroht hatte, den Kampf durch Eroberung des dem Bunde gehörigen Forts Hunter bei Charleston am 14. April 1861.

Der von 1861-1865 dauernde Bürgerkrieg zeigte gleich in der ersten Schlacht bei Bulls Run am 21. Juni 1861 den Süden bedeutend im Vorteil. Die Nordstaaten erlitten mehrere entschiedene Niederlagen. Im Kriege musste sich erst die Armee des Nordens heranbilden, mussten erst die Führer die Kriegskunst erlernen. Im April 1862 gelang es den Unionisten, New Orleans einzunehmen. Am 2. Dezember desselben Jahres indessen schlug der sezessionistische General Lee die Unionstruppen bei Fredericksburg.

Abraham Lincoln geriet derart in Bedrängnis, dass er zu einem sehr gewagten Mittel schreiten musste, zumal die Kriegsbegeisterung in den Nordstaaten bedenklich abgeflaut war und es unmöglich wurde, weitere Truppen aufzubringen, um sie den wohlgerüsteten und organisierten Südstaatlern gegenüber zu stellen: Er erklärte am 1. Januar 1863 durch Proklamation alle Sklaven für frei. Für den Krieg hatte diese gefährliche Maßregel ein Steigen der Waage zu Gunsten der Nordstaaten im Gefolge.

Negersklaven strömten zu Tausenden unter die Fahne der Union und schlugen sich im Allgemeinen recht brav, wenn sie auch andererseits manchmal schwer zu bändigen und leicht geneigt waren, für die ihnen früher angetane Unbill blutige Rache zu nehmen. Den Nordstaaten erstand nun in dem General Ulysses Grant der Mann, der die Sezessionisten völlig zu Boden schlagen sollte. Seine Aufgabe war, den verwegenen General Bragg der Konföderierten, der den Unionsgeneral Rosenkranz am Chickamauga geschlagen hatte und nun Chattanooga belagerte, anzugreifen und womöglich zu vernichten.

General Ulysses Grant (1822-1885)

Dies gelang in einer furchtbaren, dreitägigen Schlacht am 27., 28. und 29. November, wo er die Sezessionisten unweit Chattanooga bei Missionary Ridge und Lookout Mountain völlig auf das Haupt schlug. Braggs Armee wurde total vernichtet; ihre Trümmer retteten sich in gänzlicher Auflösung nach Atalanta. Der Verlust dieser blutigen Schlacht wird bei einer Zahl von Mitkämpfern in Höhe von 112 000 Mann auf insgesamt 40 000 Mann auf beiden Seiten geschätzt.

Grant eroberte 42 Geschütze und machte nahezu 7000 Konföderierte zu Gefangenen. Einen entscheidenden Schlag zu diesem Siege führte der deutsche General August Willich aus, der, ohne den Befehl dazu erhalten zu haben, den steilen, von 20 Geschützen verteidigten, für geradezu uneinnehmbar gehaltenen Missionary Ridge unter wütendem Feuer erstürmte, eine von seltener Bravour und Unerschrockenheit zeugende Tat; auch die deutschen Regimenter unter Osterhaus zeichneten sich durch ihre todesverachtende Tapferkeit aus.

In dem Vortrage, welchen General Boynton dem Prinzen Heinrich hielt, war eine besonders bemerkenswerte Stelle diejenige, in welcher er den berühmten Deutsch-Amerikaner Karl Schurz, der in den vorhergangenen Septemberkämpfen um Chattanooga unglücklich gewesen war, gegen die ungerechten Beschuldigungen in Schutz nahm, denen er lange Zeit ausgesetzt war. General Boynton erklärte, Schurz sowohl als sein deutsches Regiment hätten vollauf ihre Pflicht getan, aber kein Soldat der Welt hätte die Stellung behaupten können, die ein unfähiger amerikanischer Offizier ihm zugewiesen hatte. Die Schuld an dem Unglück des damaligen Tages treffe nicht die Deutschen, sondern jenen amerikanischen Offizier. Diese Klarlegung aus dem Munde eines alten Mitkämpfers machte auf alle Anwesenden sichtlichen Eindruck.

Von Chattanooga aus, welches einen entscheidenden Wendepunkt in dem nordamerikanischen Bürgerkrieg bildete und deshalb Anspruch auf die besondere Aufmerksamkeit der Amerikaner hat, trat General Sherman seinen berühmten Marsch nach der See an, auf welchem er mitten durch die Südstaaten hindurch zog und das Schicksal der Rebellion entschied, denn die Kraft der Konföderation erlahmte nun schnell. Schon nach dem Siege von Chattanooga konnte Präsident Lincoln mit voller Berechtigung sagen: „Ich hoffe, der Frieden kommt jetzt bald auf die Dauer und so, dass er für alle Zukunft gehalten zu werden verdient." Die Generäle Grant und Sheridan errangen vom 29. März bis 2. April 1865 in einer fünftägigen Schlacht einen glänzenden Sieg bei Petersburg und nahmen Richmond, die Stadt der Sezessionisten, ein. Der Krieg war zu Ende, aber glühender Hass schwelte lange Zeit unter der Oberfläche und kam u.a. durch eine verdammungswürdige Bluttat zum Durchbruch: Ein fanatischer Südländer, John Wilkes Booth, ermordete Abraham Lincoln, der zum zweiten Mal Präsident geworden war, am Karfreitage, dem 14. April 1865 im Theater zu Washington. Der Verfassung gemäß übernahm der Vizepräsident Johnson die Präsidentschaft.

Die Rekonstruktion der Union war eine schwierige Aufgabe. Johnson wollte versöhnen, „der wilden, im Übermaße und mit Hintansetzung aller christlichen Pflichten und Gefühle ausgeführten Rache" ein Ende machen; der Rumpf-Kongress wollte hart und grausam strafen und die Kraft des Südens, der „Rebellen", völlig brechen, die unterjochten Staaten möglichst lange vom Eintritt in die Union zurückhalten. Beide Häuser des Kongresses einigten sich am 20. Februar 1867 bezüglich der Behandlung der Südstaaten (Rekonstruktions-Bill) dahin, dass die zehn ehemaligen Rebellenstaaten Ost-Virginien, Nord- und Süd-Carolina, Georgia, Florida, Alabama, Mississippi, Arkansas, Louisiana, Texas in fünf Militärbezirke geteilt und der Bundesmilitärautorität unterworfen würden solange, bis sie eine in jeder Beziehung mit der Bundesverfassung und dem von dem Bundeskongress als Artikel der Bundesverfassung vorgeschlagenen Amendement (betreffend die Aufhebung der Sklaverei usw.) im Einklang stehende Staatsverfassung und Verwaltungsorganisation angenommen hätten. Die Streitigkeiten zwischen Johnson und dem Kongress über die Behandlung der Südstaaten führten bis zu einer (fruchtlosen) Anklage des Präsidenten und zogen sich bis zum Ablaufe seiner Amtsperiode hin. Auch der neue Präsident Grant nahm eine versöhnliche Haltung gegen die früher konföderierten Staaten ein.

Die Sklaven- oder vielmehr Negerfrage musste naturgemäß die größten Schwierigkeiten bereiten. Am 31. Januar 1865 nahm das Repräsentantenhaus mit 115 gegen 56 Stimmen als Amendement zur Verfassung einen Beschluss an, der die Sklaverei in den Vereinigten Staaten aufhob. Aber die Erfahrung hat gelehrt, dass mit solchen Erklärungen das Wenigste getan ist. Der freie Neger leidet an dem Wahne, sich durch Arbeit zu erniedrigen. Unfähig, seine Freiheit recht zu gebrauchen, musste er leiblich und geistig rückwärts gehen. Der Anglo-Amerikaner hat nicht, wie der Spanier auf Cuba und Puerto Rico, verstanden, den schwarzen Mann an sich heranzuziehen, ihn auf die Freiheit vorzubereiten; er hat sich zu ihm nicht als Mensch zum Menschen gestellt, sondern eine unüberschreitbare Kluft zwischen sich und dem Neger, gelassen; nun sollte dieser plötzlich und ohne Übergangsphase Mitarbeiter in der Kulturwerkstätte des amerikanischen Volkes werden. Die Wandlung war zu unvermittelt.

Am 13. Dezember 1866 bewilligte der Kongress den Negern im Distrikt Columbia, im Januar 1867 in den Territorien, später den Negern überhaupt das allgemeine Stimmrecht, während er es allen weißen Bewohnern, die nicht beschwören konnten oder wollten, „dass sie keine direkten oder indirekten Sympathien für die Rebellion gehabt hätten“, entzog. Die Wahllisten ergaben 1867, dass in den meisten Südstaaten die Neger die Mehrzahl der Wähler bildeten. Man begann in eine wahre Leidenschaft für den ehemaligen Sklaven zu geraten. Auf der einen Seite verstieg man sich zu der Behauptung, dass aus der verkommenen weißen Menschenrasse nur dann etwas werden könne, wenn sie sich durch das Blut der kräftigeren und edleren Nachkommen Hams wieder auffrische; nur durch *„Miscegenation"* sei ihre „Wiedergeburt" möglich. Auf der anderen Seite vereinigten sich die Weißen der Südstaaten zu einem Geheimbund gegen die Begünstigung der Neger, dem *Ku-Klux-Clan,* der indessen 1871 durch Gewaltmaßregeln unterdrückt wurde.

Die Folgen des unheilvollen Kampfes für die Union gingen aber weit über die Negerfrage hinaus. Mit dem Schlusse des Krieges war der Süden finanziell ruiniert. Die Einzelstaaten tief in Schulden, das Land verheert, die weißen Männer zum großen Teile im Kriege gefallen, die früheren Sklaven als freie Männer zur Arbeit unlustig: dadurch war die Baumwollenproduktion, der Haupterwerb der Südstaaten, auf ein Viertel zurückgegangen, und andere Länder, wie Ägypten, Ostindien, Brasilien, hatten, die günstige Gelegenheit benutzend, zu teuren Preisen ihre Baumwolle dem europäischen Markte zugeführt.

Baumwollstaude

Es muss als ein Beweis für die zähe Lebenskraft der Südstaaten der Union betrachtet werden, dass in weniger als einem Menschenalter die alte Zahl der Baumwollenausfuhr wieder erreicht wurde; allerdings nicht ganz in der alten Weise. Der Plantagenbesitzer kann nicht mehr so viele Arbeiter wie früher zusammenbringen; dagegen hat das Kulturgebiet der Baumwolle sich nach Norden hin erweitert. Missouri, Tennessee, Kentucky, Illinois und andere Staaten

Das Pflücken der Baumwolle

haben wesentlichen Anteil an der Produktion, und hier ist es nicht der Großgrundbesitzer, sondern der Bauer, der seine Baumwolle auf den Markt liefert.

Ein Baumwoll-Zug

Chattanooga, zur Zeit des Bürgerkrieges noch ein unbedeutender Ort, hat sich inzwischen zu einem wichtigen Industriemittelpunkt mit etwa 50 000 Einwohnern entwickelt; es zeigt schon deutlich südliches Gepräge, aber in seiner Bevölkerung vereint sich die südliche Aristokratin mit dem nördlichen Yankee. Es ist die Hauptstadt des County Hamilton im Staate Tennessee und der bedeutendste Handelsplatz am Tennessee-Flusse, der hier selbst für größere Schiffe zehn Monate des Jahres hindurch befahrbar ist.

Die Eisen- und Stahl-Industrie hat sich zu größter Bedeutung emporgeschwungen; in der Umgegend befinden sich reiche Kohlen- und Eisenerz-Lager, die Industrie wird durch ausgezeichnete Wasserkraft unterstützt; Hochöfen, Walzwerke, Eisen-Gießereien und Fabriken aller Art sind in Menge vorhanden, Handel und Verkehr lebhaft. Chattanooga ist Knotenpunkt von neun Eisenbahnen und noch immer in mächtigem Emporblühen begriffen. Auf seinem berühmten Soldatenkirchhof liegen 13 000 Mann bestattet, die Opfer jener furchtbaren Schlacht im amerikanischen Bürgerkrieg.

Das Wetter, welches in den ersten Morgenstunden zu Befürchtungen Anlass gegeben, hatte sich bald aufgeklärt, und als der Prinz mit seiner Reisegesellschaft den Aussichtsgipfel erreichte, trat das herrliche Gebirgspanorama ihm in seiner ganzen wundervollen Pracht vor Augen. Missionary Ridge, Orchard Knob und Racoon Mountain ließen sich deutlich unterscheiden, zwischen ihnen hin schlängelt sich der Tennessee River majestätisch durch das wundervolle Tal. Der Eindruck, den der Prinz gewann, muss ein überwältigender gewesen sein, denn er erklärte seinen Begleitern: „Dies ist wundervoll! In ganz Europa gibt's nichts Schöneres; ich habe nie zuvor solch ein Schlachtfeld gesehen." Während bis dahin heller Sonnenschein geherrscht, verdunkelte sich alsbald der Himmel; graue Wolken zogen sich zusammen und ein heftiges Schneetreiben begann. Um 10 Uhr kehrte die Gesellschaft von ihrem Ausflug nach Chattanooga zurück. Dort wurde dem Prinzen von dem Bürger-Komitee ein schönes Album überreicht, wofür der Prinz in herzlichen Worten dankte. Die Abfahrt von Chattanooga erfolgte um 10.30 Uhr vormittags; der Weg durch die Cumberland Berge war äußerst interessant.

Der Prinz war den ganzen Tag über beschäftigt, allerlei Merkwürdigkeiten zu besichtigen, und unterhielt sich darüber mit Admiral Evans und den anderen Herren seines Gefolges auf das lebhafteste. Der Empfang, welcher dem Prinzen in Bowling Green zu Teil wurde, schien ihm ebenso viel Vergnügen zu machen, wie der in den größeren Orten. Richter Simms, ein bejahrter Herr, stieg auf die hintere Plattform des Salonwagens „Columbia" und überreichte „im Namen Kentuckys" alten Pfirsich-Branntwein und Whiskey. Der Prinz nahm mit größter Liebenswürdigkeit das Geschenk entgegen und versicherte dem alten Kentuckyer, dass er bei dem nächsten Durste von seiner schönen Gabe Gebrauch machen werde. Als der Zug sich in Bewegung setzte, winkte der Prinz dem Publikum herzliche Abschiedsgrüße zu.

11. Am Vater der Ströme

Der Mississippi und seine Zuflüsse – Das Mississippibecken – Nordamerikanischer Urwald – Indianischer Sommer – Die Prärien – Der aussterbende Bison – Cattlo, ein Bison-Bastard – Das Mississippi-Delta – Stromregulierung –Fiebersümpfe – Nashville – Ein Negerkonzert – Louisville – Der blockierte Salonwagen – Eine Adresse des deutschen Krieger-Vereins – Indianapolis – Saint Louis – Auf der berühmten Eadsbrücke – Entwicklung der Mississippi-Metropole – Handel und Industrie

Der Reiseweg verlässt nun die Alleghenies und wendet sich, nachdem er bei Chattanooga den südlichsten Punkt erreicht hat, nach Westen in das Gebiet der großen Prärien, welches von dem „Vater der Ströme" und seinem weitverzweigten, wie das Geäst eines Riesenbaumes sich ausbreitenden System von Neben- und Zuflüssen beherrscht wird. Nicht von ungefähr hat der Mississippi den erwähnten Ehrennamen erhalten. Er ist in Wahrheit der König der amerikanischen Flüsse; schon die Indianer haben ihn den „Vater der Gewässer" genannt, denn in der Algonkin-Sprache bedeutet *Missi* alles, das Ganze, und *Sippi* Fluss, also Missi-Sippi der Strom, der alle Flüsse in sich vereinigt. Mit seinen Nebenflüssen ist er mindestens 33 000 km für Dampfschiffe zu befahren; an seinen Ufern wachsen Baumwolle, Zuckerrohr und Südfrüchte, nordische Tannen und nordisches Moos. Er entspringt, wo Schnee und Eis fast ein halbes Jahr den Boden bedecken, und mündet, wo in einem fast tropischen Klima beide fast nur dem Namen nach bekannt sind.

Siebenundfünfzig Flüsse, unter denen viele den Hauptströmen Europas gleichstehen, ergießen sich in den mächtigen Strom. Seine Lauflänge beträgt 3.940 km; von der Missouri-Quelle an gerechnet sogar 7.275 km. Das Quellgebiet des Mississippi wurde erst im Jahre 1832 von Allen und Shoolcraft aufgefunden. Den Oberlauf rechnet man bis St. Anthony, wo sich die letzten Fälle (5 Meter hoch) und bedeutende Stromschnellen befinden. Der Mittellauf wird bis zu dem

Punkte bemessen, wo links Ausläufer der Alleghenies, rechts die Ozark-Berge an seine Ufer treten. Der Mississippi wälzt hier schon trübe, gelblich gefärbte Fluten, doch wird sein Wasser von den Amerikanern für heilsam gehalten und gern getrunken. Das Befahren des Mississippi

Am Mississippi

war früher außerordentlich gefährlich. Sandstein- und Kalkmassen, oft zu den abenteuerlichsten Formen ausgewaschen, erheben sich hier und da über dem Wasserspiegel und bilden, noch schlimmer unter der Oberfläche, gefährliche Klippen. Mächtige Baumstämme, von den Fluten aus den Urwäldern losgerissen, trieben auf dem Strome, bohrten sich häufig in dem Schlamme des Bodens fest (Snags), und manches stattliche Schiff ging an ihnen zu Grunde.

Jetzt sind die meisten dieser Hindernisse weggeräumt, und die Mississippi-Lotsen verstehen es vortrefflich, die Gefahren, welche den Dampfern drohen, zu vermeiden. Außerdem lässt die fortschreitende Kultur nicht mehr viele Bäume im Flusse verloren gehen. Eigentümlich ist die Gleichmäßigkeit der Uferbildung in Vorsprüngen und Buchten, die meist so völlig abgerundet sind, als wäre dies mit einem Zirkel geschehen; sie liegen stets schräg an entgegengesetzten Ufern einander gegenüber, indem der Strom quer durch sein Flussbett von einer Bucht in die andere geht, wodurch viele für die Uferländer gefährliche Strömungen entstehen. Das Fahrwasser verändert sich sehr häufig; der Strom reißt hier ganze Strecken Landes vom Ufer los und setzt sie an anderer Stelle wieder an. So entstehen auch häufig Inseln mitten im Strome. An Nebenflüssen empfängt der Mississippi rechts den an Lauflänge (3865 km) und Wasserfälle weit überlegenen Missouri, der mit Recht als Hauptstrom betrachtet wird, links den Illinois und den Ohio. Das Gebiet des Mississippi bildet ein muldenförmiges Becken zwischen den Rocky Mountains (Felsengebirgen) und Alleghenies, das namentlich auf dem westlichen Rande aus dem Felsengebirge vorgelagerten Hochebenen besteht und sich gegen den Strom hin senkt. Auch von den Alleghenies senkt sich das Land, doch ist die Hauptabdachung von Westen nach Osten gerichtet. Jene etagenförmig übereinander gelagerten Bergebenen (*Barren Grounds*) verbinden mit ihren Baumgruppen und Grasfluren den Charakter des Waldes mit dem der Steppe und gehen in weiterer Senkung in eine von beiden Formen über. Der Übergang in die Ebene wird oft durch wunderlich gestaltete Bildungen rötlichen Sandsteins bezeichnet, die man mit den Formen der sächsischen Schweiz vergleichen kann. Die Flüsse haben ihr Bett so tief in die Ebenen eingegraben, dass sie von steilen Hügeln (*Bluffs*) überragt zu sein scheinen.

Einen großen Teil des östlichen und nördlichen Gebietes nimmt noch immer der Urwald ein, der auch die Flussufer und Flussgründe (*Bottoms*) begleitet. Die Waldungen Nordamerikas unterscheiden sich von den unsrigen, unter gleicher Breite gelegenen namentlich dadurch, dass in ihnen nicht eine Baumart vorherrscht, sondern eine reiche Abwechslung von 20 bis 50 verschiedenen Arten stattfindet. Tagelang kann man wandern, ohne dass ein Sonnenstrahl den dichten Schatten der gigantischen Bäume unterbricht. Der Boden ist von dem angehäuften Pflanzenmoder schwarz wie ein Kohlenlager. Im Oktober und November, dem „indianischen Sommer", ist die Farbenschattierung des verschiedenen Laubes von herrlicher Wirkung. Gold- und silberfarbige Blätter erglänzen auf dem Hintergrunde eines noch frischen Grüns; das braune gezackte Eichenlaub wird durch die Zedern angenehm schattiert, während das ziegelrote Laubwerk einer Ahornart und das brennend rote eines Sumach aus dem übrigen Blättergebüsch hell hervorleuchten.

Gefährliche Tiere, Klapperschlangen abgerechnet, gibt es nicht; sonst ist die Tierwelt vertreten durch das noch ziemlich häufige Elen, die artenreiche Gattung der Eichhörnchen, das Opossum oder die virginische Beutelratte (als Leckerbissen geschätzt), das Stinktier u.a.

Einen anderen bedeutenden Teil des mittleren Mississippi-Beckens, vornehmlich am rechten Ufer, nehmen die Prärien ein, von denen man niedrige und hohe unterscheidet. Erstere, unmittelbar an den Strömen gelegen, sind ungemein fruchtbar, aber wegen der vielen Sumpfstrecken ungesund. Unter den hohen, die selten vollkommen eben, meist wellenförmig sind (*rolling prairies*), gibt es zwar auch gut bewässerte Flecke tragkräftigen Bodens, aber ihrer bei weitem größten Ausdehnung nach sind es holz- und wasserleere Flächen mit einer auf Graswuchs beschränkten Vegetation, wo der Reisende tagelang den Horizont auf allen Seiten in einem ungeheuren Gräser- und Blumenmeer verloren sieht, das, vom Winde bewegt, wie in Wogen auf und nieder wallt. Selten nur zieht sich am Uferrande eines Baches eine Zickzacklinie von Erlen und Haselsträuchern hin, mit Wein und anderen Schlinggewächsen überrankt. Vereinzelte Baumgruppen erscheinen dem auf dem unendlichen Grasozean irrenden Auge wie segelnde Schiffe.

Die Prärien sind die letzte Zuflucht der Bisons, deren Nahrung das sogenannte Büffelgras bildet. Früher wurden die weiten Ebenen von Herden, die Millionen Tiere zählten, bevölkert. Sie sind dahin, durch Unverstand und Habgier massenweise abgeschlachtet. Traurige Reste nur sind von dieser einstigen Überfülle noch vorhanden. Wilde Büffelherden gibt es, wie erst kürzlich der amerikanische Landwirtschaftsminister im Auftrage des Senates der Vereinigten Staaten festgestellt hat, nur noch zwei in der Union. Die eine im Yellowstone Nationalpark, jenem für unverletzlich erklärten Wunderlande im Westen der Vereinigten Staaten in den Felsengebirgen, die andere im Lost Park in Colorado. In Kanada kommen wilde Büffel nur noch im Gebiete des Peace River vor; diese gehören aber einer anderen Art an. In gezähmtem und halbwildem Zustande sind außer kleinen Herden in den Zoologischen Gärten und im Besitze weniger Privatleute noch drei größere Herden vorhanden. Die amerikanische Regierung will dem gänzlichen Aussterben des Bisons, wenn noch möglich, Einhalt tun; darum werden jetzt Erhebungen angestellt und der genannte Minister hat bereits hierauf bezügliche Vorschläge gemacht; hiernach soll die Regierung eine beträchtliche Anzahl von Vollbluttieren aufkaufen und durch Zucht

Der Bison oder amerikanischer Büffel

wiederum eine Vermehrung der Tiere erzielen. Findige Geschäftsleute haben die Entdeckung gemacht, dass die Kreuzung des Bisons mit dem Hausrind vorzügliche Resultate liefert, und man beabsichtigt demnächst Versuche im Großen damit anzustellen. Besonders in Montana hat man sich darauf verlegt und die Mischung der beiden Rassen soll sich vorzüglich bewährt haben. Die aus der Kreuzung hervorgegangenen Tiere erreichen zwar nicht die Körperproportionen der wilden Büffel, aber sie lassen an ausdauernder Lebenskraft und Fortpflanzungsfähigkeit nichts zu wünschen übrig. Man hat für den Bastardbüffel schon einen besonderen Namen erfunden, Cattlo, abgeleitet von *cattle* (Vieh) und *lo,* dem Spitznamen des Indianers. Der Cattlo steht an Stärke und Gesundheit nur wenig hinter dem wilden Monarchen der Prairie zurück, ist beinah so groß und schwer wie dieser und besitzt noch sonstige, geschäftlich sehr wertvolle Eigenschaften. Die wichtigste der letzteren ist, dass der Cattlo gegen die furchtbaren

Schneestürme, Blizzards, denen jährlich Tausende von Rindern zum Opfer fallen, gefeit ist. Sein Körper ist mit einer dichten Pelzdecke bekleidet, die ihn gegen den schwersten Frost schützt, aber auch wegen ihres weichen, seidenartigen Charakters einen bedeutenden Handelswert besitzt. Ferner ist der Cattlo auf das Prärieleben mit all seinen Schrecken von Natur aus eingerichtet; statt zu verhungern, wenn der Boden mit einer dicken Schnee- und Eiskruste bedeckt ist, scharrt er diese bedächtig durch, bis er an das darunter befindliche Gras kommt. Sein Fleisch ist wohlschmeckend und saftig und findet ebenso raschen Absatz, wie dasjenige der besten zahmen Rinder.

Der Unterlauf des Mississippi bewegt sich in einer weiten Tiefebene, die an dem Ufer des Stromes und Meeres den Charakter des Sumpfes annimmt. Aus dem Prärielande am rechten Ufer des Unterlaufes gehen dem Mississippi noch zwei bedeutende Nebenflüsse zu, der Arkansas und der Red River. Das Delta des Stromes beginnt 320 km oberhalb des Meeres; es bildet eine 31 900 qkm große Niederung, die vom April bis zum Juli unter Wasser steht. Das feuchte Mündungsgebiet ist die

Pflanzerwohnung am unteren Mississippi

Heimat der mächtigsten Pflanzenformen undurchdringliche Schilfwaldungen bedecken in unabsehbarer Einförmigkeit die Ufergegenden, aus denen die Zypressen und Moorpalmen hervorragen. Hier befinden sich die sogenannten Fiebersümpfe, welche im Sommer das gelbe Fieber aushauchen und von Schlangen wimmeln.

Die Menge des Schlammes, den der Mississippi mit sich führt, ist ungeheuer; da er sehr wenig Gefäll hat, vermag das Wasser die Sand- und Lehmmassen nicht weit in den mexikanischen Golf hinauszuführen, und so wächst denn das Delta immer mehr und mehr an. Sandbänke, Untiefen und vorgelagerte Inseln ragen bis weit in das Meer hinaus, und die Regulierung der Mündung hat schon Unsummen Geldes verschlungen. Fünf Mündungsarme erreichen das Meer; fast der ganze Unterlauf des Flusses ist von Deichen eingefasst, die immer höher steigen, und an manchen Stellen hat es fast den Anschein, als flösse der Strom auf einem Bergrücken dahin. In diese südlichen Regionen konnte Prinz Heinrich nicht vordringen, da es an Zeit mangelte. Man musste sich bei der Rundfahrt eben zum eigenen Bedauern und zu demjenigen der Bewohner aller der Gegenden, welche nicht berührt wurden, mancherlei Beschränkungen auferlegen. So ging es denn in rasendem Tempo weiter von Chattanooga dem Vater der Ströme zu.

Die erste Station, welche um halb drei nachmittags erreicht wurde, war Nashville im schönen Tennessee, wo der Zug 15 Minuten lang Halt machte. Am dortigen Zentralbahnhof drängten sich mehr als zehntausend Menschen: Männer, Frauen und Kinder. Der Prinz verließ den Wagen nicht, sondern dankte von der hinteren Plattform aus durch freundliches Lächeln für den enthusiastischen Empfang.

Das Musikkorps, welches patriotische Weisen aufspielte, ging völlig in den allgemeinen Hoch- und Hurrarufen unter, obwohl sich Dirigent und Musiker offenbar alle Mühe gaben, den Lärm zu übertönen. Bürgermeister Head hielt eine Ansprache, welche als besonders interessant bezeichnet zu werden verdient. Er sagte u.a. folgendes: „In den Anfangsjahren unserer Republik lebte unweit unserer Stadt ein Mann, dessen Name fortlebt in der Weltgeschichte. Am 8. Januar 1815 vernichtete er bei New Orleans mit weniger als 6000 unerfahrenen Leuten die Blüte der britischen Armee. Der Kommandeur Perkingham und mehr Leute, als auf amerikanischer Seite fochten, fielen in diesem Kampfe. Dadurch wurde für ewige Zeiten das Recht der Vereinigten Staaten begründet, einen Platz unter den Nationen der Erde einzunehmen. Was sterblich war an diesem Soldaten, Staatsmann und Patrioten Andrew Jackson, schlummert friedlich in seinem alten Heim, der Eremitage. Wir haben in letzter Woche unweit der Gruft diesen Walnussstock abgeschnitten, welchen wir in seiner natürlichen Einfachheit überreichen möchten als Andenken, typisch für das Leben und den Charakter des großen Mannes. Ich bin auch von der deutsch-amerikanischen Gesellschaft beauftragt, dieses schöne Blumenstück zu überreichen als einfachen Ausdruck der süßen Erinnerungen, welche sie für das teure alte Vaterland bewahrt. Eure Königliche Hoheit haben den Wunsch ausgedrückt, die alten Negermelodien zu hören, welche noch jetzt in den Plantagengegenden erklingen, aber bald entschwinden werden. Wir haben deshalb die *Jubilee Singers* der Fisk University bestellt, die unter der Leitung von Frau Moore singen, dieselben, welche Eure Königliche Hoheit in Berlin bei Gelegenheit einer europäischen Konzertreise erfreuten."

Prinz Heinrich dankte dem Bürgermeister auf das herzlichste. Dem kundgegebenen Wunsche entsprachen die farbigen Sänger mit großer Bereitwilligkeit in einer Weise, die dem Prinzen großen Genuss gewährte. Einer der Sänger war Mitglied des Vereins, als dieser vor einigen Jahren seine europäische Fahrt unternahm. Als dies dem Prinzen, nachdem das erste Lied gesungen war, mitgeteilt wurde, reichte er dem Sänger von der Plattform herunter die Hand und drückte diese, wobei er an einige Momente des Besuchs der Sänger in Berlin erinnerte. An den neben ihm stehenden Gouverneur McMillan richtete er eine Frage über Inhalt und Bedeutung der Lieder. Der Gouverneur antwortete, es seien *„Revival Songs"*, die der Erinnerung an die alten schönen Zeiten der Neger des Südens, ihr Leben auf den Plantagen, ihre religiösen Gebräuche und ihre Lebensgewohnheiten gelten.

Zur festgesetzten Zeit machte sich der Zug auf den Weg nach Louisville in Kentucky, wo er um 19 Uhr und 45 Minuten von einer jubelnden Menge und donnerndem Kanonensalut empfangen wurde. Ein tragikomischer Zwischenfall verkürzte sehr zum Leidwesen der harrenden Menge den ohnehin knapp bemessenen Aufenthalt des hohen Gastes recht erheblich, denn es war dem Prinzen unmöglich den Wagen zu verlassen, da die Tribüne, auf welcher sich der feierliche Empfang abspielen sollte, so gebaut war, dass man eine Verbindung mit dem Wagen nicht herstellen konnte. Als das Hindernis endlich beseitigt war, bewillkommnete der Präses des Empfangskomitees den hohen Gast mit den folgenden Worten:

„Als Mayor von Louisville und im Namen aller unserer Bürger, wovon viele der besten aus Deutschland gekommen oder von deutschen Eltern stammen, heiße ich Eure Hoheit willkommen und biete Ihnen das Ehrengastrecht der Stadt an. Es ist in hohem Grade bedauerlich, dass Ihr Besuch in den Vereinigten Staaten von so kurzer Dauer und Ihr Reiseplan so eingerichtet ist, dass Ihnen für Louisville nur zehn Minuten bleiben; dessen ungeachtet wissen die Einwohner unserer Stadt die hohe Ehre Ihres Hierseins gebührend zu schätzen und hegen im Vereine mit mir die Hoffnung, dass die Eindrücke, die Sie aus Amerika zu Seiner Majestät, Ihrem Bruder und Souverän, mitnehmen, von dem Sie als Botschafter der Freundschaft kommen, über Erwarten angenehm sein und in gleichem Maße zum größeren Ruhme und zur Prosperität des Deutschen Reiches und unserer Republik andauern mögen. Unsere besten Wünsche begleiten Sie auf Ihrer Reise über den Kontinent und zurück nach Ihrem Geburtslande Preußen."

Hiermit überreichte Mayor Grainger das Souvenir-Album. Prinz Heinrich erwiderte: „Ich danke Ihnen, Herr Mayor, für Ihre freundlichen Worte, und bitte Sie, so gütig zu sein, Ihren Mitbürgern für den großartigen Empfang, den Sie mir bereiten, meinen Dank auszudrücken. Leider bin ich ein wenig heiser und muss mich aus diesem Grunde kurz fassen. Seien Sie versichert, dass mein Aufenthalt in Ihrer Stadt mir eine angenehme Erinnerung sein wird."

Eine Deputation des Krieger-Vereins überbrachte dem Prinzen eine kunstvoll ausgestattete Adresse. Nachdem der Prinz die Andenken entgegengenommen hatte, bestieg er auf des Mayors Bitte eine auf der Plattform stehende Bank, um die riesige Volksmenge zu überblicken. Letztere brach in stürmische Hochrufe aus, als sie des Gastes ansichtig wurde, und Prinz Heinrich verbeugte sich wiederholt, um zu danken. Gleich darauf nahm er von dem Mayor und seinem Gefolge Abschied und begab sich mit seinen Begleitern wieder auf den Zug. Der Empfang hatte sein Ende erreicht; während der Vorgänge auf der Plattform schüttelten die Herren vom Gefolge des Prinzen, die den Zug nicht verlassen hatten, aus den Fenstern der Wagen die Hände von Hunderten von herandrängenden Personen, Admiral von Baudissin namentlich war stark umdrängt, da viele ihn für den Prinzen hielten. Pünktlich um acht Uhr fuhr der Zug wieder ab und kreuzte zehn Minuten später den stark angeschwollenen Ohiostrom über die alte Brücke auf Indianagebiet.

Erst mit dem Empfang in Indianapolis, der schon in später Nachtstunde um 23.15 Uhr erfolgte, hatte Prinz Heinrich die Strapazen des zweiten Reisetages überstanden. Auf dem Bahnhofe dortselbst hatten sich etwa 15 000 Personen zur Begrüßung eingefunden. Bürgermeister Bookwalter überreichte ein Album, bewillkommnete den Prinzen als den Vertreter der großen befreundeten Nation und sagte, obwohl die deutschen Bürger der Vereinigten Staaten gegenüber dem Adoptivlande sich in jeder Hinsicht pflichtgetreu zeigten, bewahrten sie dennoch die herzlichsten, zartesten Erinnerungen an das Vaterland. Aber er bewillkommnete den Prinzen nicht namens dieser Bürgerklasse allein, sondern im Namen aller Bewohner der schönen, gastfreien Hauptstadt Indianas ohne Unterschied der Rasse und des Glaubens. Für die mächtige Nation, die der Prinz repräsentiere, könne er nur wünschen, dass sie auch fernerhin eine beherrschende Stellung unter den Völkern der Erde einnehmen möge. Prinz Heinrich dankte in herzlichen Worten und grüßte militärisch unter den Hurrarufen der Menge. Nach einer Viertelstunde Aufenthalt setzte sich der Zug wieder in Bewegung, um die Nacht über die weiten Prärien zu durchmessen. Gegen Morgen des nächsten Tages sollte der Prinz am Vater der Ströme eintreffen. Hier war ein vierstündiger Aufenthalt vorgesehen, und der hohe Reisende konnte während dieser Zeit den ihm fast zum Käfig gewordenen Salonwagen verlassen, um ein wenig Luft zu schöpfen.

Mit einer Verspätung von 5 Minuten traf der Sonder-Zug des Morgens um 7.05 Uhr auf dem Unionbahnhofe von Saint Louis ein. Für die Begrüßung des Prinzen in der festlich geschmückten Bahnhofshalle war eine Tribüne errichtet worden, um welche ein Raum für das aus 100 angesehenen Bürgern bestehende Empfangs-Komitee abgegrenzt war. Bürgermeister Wells, vorgestellt durch den deutschen Konsul Dr. Rieloff, begrüßte den hohen Gast im Namen der Stadt und überreichte ihm die elegant gebundene Willkomm-Adresse in einer aus Gold und Silber gefertigten kostbaren Schatulle, deren reiche Verzierungen in voller Reliefarbeit ausgeführt und farbenprächtig emailliert waren.

Eine zweite Begrüßungs-Adresse wurde von einem Komitee der deutschen Militär-Verbände von St. Louis: Kriegerbund, Landwehrverein und Militärverein, sowie dem Veteranenverein von Springfield, Missouri, überreicht. In seiner freundlichen, herzgewinnenden Weise dankte der Prinz. Darauf folgte eine Wagenfahrt durch die festlich geschmückten Straßen der Stadt nach der Eads-Brücke, wo der Prinz zum ersten Male des gewaltigen Mississippi ansichtig wurde. Er fuhr mit dem Bürgermeister in einem vierspännigen Wagen, der von Bundeskavallerie und berittenen Polizisten eskortiert wurde.

Adresse der deutschen Vereine in Saint Louis

Die Eads-Brücke ist trotz ihres amerikanischen Namens – Eads hat die bedeutende Bausumme hergegeben – das Werk deutscher Ingenieure und eins der großartigsten Bauwerke Amerikas. Die Brücke überspannt außer dem 1300 m breiten Strom auch die weite Niederungsebene und bildet eins der wichtigsten Verbindungsmittel zwischen dem Osten und dem Westen der Vereinigten Staaten. Der Mississippi beschreibt bei St. Louis einen großen Bogen; in diesem Halbkreise liegt die Stadt. Sie hat eine Wasserfront von 16½ englischen Meilen, während ihre größte Breite vom Flussufer bis zu ihrer westlichen Grenze 6½ Meilen beträgt.

Die Eads-Brücke über den Mississippi bei Saint Louis

Nach der Rückkehr nahm Prinz Heinrich in dem palastartigen Hause des St. Louis-Klub am Lindell Boulevard das Frühstück ein.

Der Klub war zu Ehren des Tages wahrhaft fürstlich ausgeschmückt. Die Tafelmusik lieferte Weils Kapelle, hinter einem Wald von Palmen verborgen. Später wurde eine Spazierfahrt durch das vornehme Wohnviertel der Stadt unternommen, dann weiter nach dem Forest Park, wo auf dem Kunsthügel Halt gemacht wurde, damit der Prinz einen Überblick über die Anlagen der Weltausstellung erhielte.

Saint Louis wird von seinen Bewohnern mit Stolz die „Kaiserin des Westens" genannt, ein Titel, den sich auch Chicago mit Vorliebe beizulegen pflegt. Und in der Tat rivalisieren die beiden Städte stark miteinander. Unstreitig ist Saint Louis die Metropole des Mississippi-Tales. Sie ist vielleicht die originellste unter den Städten der Union; denn Süd und Nord, Ost und West treffen in ihr zusammen, und alle Rassenmischungen sind hier in ausgeprägten Exemplaren zu finden. Zwar sieht man hier nicht mehr so viel Schwarze auf den Straßen wie in Chattanooga, das ja bereits an der Grenze des Staates Georgia liegt; aber es sind ihrer noch genug vorhanden, um den Charakter einer südlichen Stadt zu wahren. Andrerseits verrät jede Straße, dass wir uns in einem Gemeinwesen befinden, das noch zum zivilisierten Osten gehört. Nur die alten Holzhäuser in der Unterstadt am Flusshafen tragen einen stark an Wild West erinnernden Charakter.

Saint Louis ist eine französische Gründung. Es wurde am 15. Februar 1764 von Pierre Laclede Liguest angelegt als Handelsposten für das Pelzgeschäft mit den Indianern. Er hatte einen guten Blick; wenige Meilen unterhalb der Mündung des Missouri und Illinois und nicht zu weit von der Mündung des Ohio gelegen, entwickelte die Stadt sich schnell zu einer bedeutenden Handelszentrale. So jung Saint Louis verhältnismäßig ist, hat es doch schon vier Herren gehabt. Von den Franzosen zur Zeit Ludwigs XV. gegründet, ging es 1764 in den Besitz der spanischen Könige über, wurde 1801 von Spanien an die französische Republik abgetreten und 1803 vom Ersten Konsul, zusammen mit dem Territorium Louisiana, an die Vereinigten Staaten für 15 Millionen Dollar verkauft. Aus dem großen Territorium haben die Yankees 14 Staaten herausgeschnitten, die heute von 14½ Millionen Menschen bewohnt werden.

Im Jahre 1822 erhielt Saint Louis die Rechte einer City. Zur Blüte gelangte es aber erst, als sich nach 1848 der Strom europäischer Auswanderer nach dem Westen ergoss, und namentlich als die Deutschen sich die weiten Prärien des Westens zum Ziel nahmen. Saint Louis blieb der Mittelpunkt, und um diesen herum entstanden zahlreiche, fast rein deutsche Ortschaften, Belleville mit seinen „lateinischen" Bauern, unter ihnen Teilnehmer an dem Sturm auf die Frankfurter Hauptwache, Hermann, die Weinstadt, in der noch vor 20 Jahren die Stadtverordneten sich in ihren Sitzungen der deutschen Sprache bedienten, die Schweizer Kolonie Highland etc. Von dem französischen Ursprung der Stadt zeugen nur noch einige Straßenbezeichnungen und der Name der Stadt selbst. Nur noch wenige alte Familien pflegen französische Sprache und Sitte; desto zahlreicher sind die Deutschen, die merkwürdigerweise am dichtesten in *„Frenchtown"*, der Franzosenstadt, beisammen wohnen. Ein anderer, fast ganz deutscher Stadtteil ist „Bremen" getauft. Ursprünglich ein selbständiger Vorort, ist Bremen im Laufe der Jahre ganz mit der Stadt verschmolzen worden.

Direkt am Flusse, sechs Meter über dem höchsten Wasserstande, liegen die alten, vom Hafenvolke, Arbeitern und Negern bewohnten Viertel mit ihren engen geschwärzten Straßen, auf einer 13 m höher gelegenen Kalksteinterrasse die vornehmen Stadtteile mit ihren weißen Häusern, die der Stadt einen malerischen, reichen Eindruck verleihen.

Die Einwohnerzahl ist rapide gewachsen. Im Jahre 1810 zählte Saint Louis erst 1600 Einwohner, 1850: 77 465, 1870: 310 864, 1880: 350 500, 1890: 451 177. Heute besitzt die Stadt 600 000 Einwohner, davon mindestens ein Drittel Deutsche. Im Jahre 1817 erschien das erste Dampfboot auf dem Mississippi, 1819 das erste, welches den Missouri hinauffuhr; dann folgte eine kolossale Entwicklung der Dampfschifffahrt auf dem Mississippi und seinen Nebenflüssen. Wenn auch die Dampfschifffahrt infolge des energischen Ausbaues des Schienennetzes auf dem Mississippi bedeutend zurückgegangen ist, so ist der Fluss auch heute noch beständig belebt von Dampfern. Freilich, die Zeit ist vorüber, wo täglich Dutzende von Dampfern Saint Louis anliefen und man häufig die Dampfer einen an dem anderen festmachen musste, nur um ihre Ladung löschen zu können. Dafür aber ist Saint Louis ein Eisenbahnknotenpunkt von der größten Bedeutung geworden, da hier nicht weniger als zwei Dutzend Bahnlinien aus dem Osten und Westen zusammentreffen, alle auf einem Bahnhofe, dem zweitgrößten der Welt. In seiner Einfahrtshalle, die keinen geringeren Raum als 4,4 Hektar bedeckt, haben 36 Züge nebeneinander Platz.

Die Stadt hat außer einer kommerziellen auch eine kirchliche Bedeutung. Der Katholizismus in der Union hat hier eine Hauptstätte; er besitzt viele Kirchen, Unterrichtsanstalten und Klöster und erheblichen politischen Einfluss. Auch als Industriestadt ist Saint Louis bedeutend und rechnet zu den ersten Fabrikstädten Amerikas. Dampfmühlen, Fleischfabriken, Hochöfen, Bleihütten, Zuckerraffinerien, Ölmühlen und Schiffsbauwerkstätten finden sich in großer Anzahl.

Um 11 Uhr verließ der prinzliche Zug die schöne Stadt, begleitet von den Glückwünschen der Menge.

12. Die Königin des Westens

In der „Kornkammer Amerikas" – Der rote Mann – Ansiedelung im Indianer-Territorium (1825) – Der „ewige Friedens- und Freundschaftsvertrag" (1851) – Indianeraufstände – Amerikanische Städtenamen – Eine rapide Entwicklung – Chicago – Der große Brand (1871) – Riesenwerke der Ingenieurkunst – Ein Lichtmeer – Der 65. Geburtstag – Ein Riesen-Musikfest – „Columbia bleibt Germania getreu" – Ball im Auditorium-Hotel – Besichtung der Stadt durch den Prinzen – Am Denkmal Abraham Lincolns – Luncheon im Germania-Klub – Ein Geschenk für Prinzessin Irene – Abschied von Chicago

Die Fahrt von Saint Louis nach Chicago glich einem ungeheuren Triumphzuge; es ist unmöglich, den Enthusiasmus zu schildern, der sich auf der ganzen Strecke kundtat. Selbst auf den kleinsten Stationen, an denen man ohne Aufenthalt vorüberraste, hatten sich Hunderte und Tausende eingefunden, um wenigstens den Zug von außen zu sehen, sogar zwischen den Stationen hielten Wagen und Reiter, die von weither gekommen zu sein schienen.

Auf dem Bahnhof in Springfield waren rund 10 000 Menschen versammelt, die den hohen Gast mit brausenden Hurrarufen empfingen. Der Prinz befand sich grade beim Frühstück, als der Zug in den Bahnhof einlief. Er brach es ab und trat auf die Plattform, wo sein Erscheinen einen wahren Taumel von Begeisterung hervorrief. Der Aufenthalt war nur kurz bemessen; schon nach drei Minuten setzte sich der Train wiederum in Bewegung. Auf der Station war der Präsident der Chicago-Alton-Eisenbahn, Mr. Felton, eingestiegen, der auf Einladung des Prinzen mit am Frühstück teilnahm und Auskunft über die durchfahrenen Gebiete, über kommerzielle und industrielle Probleme erteilte. Prinz Heinrich zeigte ein lebhaftes Interesse an diesen Dingen und gab durch zahlreiche Fragen zu erkennen, wie tief er in die Verhältnisse einzudringen geneigt schien. Der Zug rollte jetzt durch die gesegneten Gefilde der „Kornkammer Amerikas" dahin. Illinois, der „Prärie-Staat", liegt zwischen dem Mississippi, Ohio,

Wabash und dem Obern-See und umfasst das ausgedehnte Gebiet von 146 720 qkm. Es wurde zuerst von Franzosen kolonisiert, kam 1763 an England und ging 1783 an die Vereinigten Staaten über. Im Jahre 1818 wurde es zum Staat erhoben und zählt gegenwärtig unter seinen 5 Millionen Einwohnern nahezu 1 Million Deutsche. Früher hauptsächlich Agrikulturstaat, hat es in den letzten Jahrzehnten auch industriell einen sehr bedeutenden Aufschwung genommen, vornehmlich infolge der reichen Steinkohlenlager, die eine lebhafte Eisenfabrikation hervorriefen. Kammgarnspinnereien und Wollfabriken findet man in großer Anzahl, aber Ackerbau und Viehzucht sind die bedeutendsten in der Union. Vor wenig mehr als 65 Jahren stand an der Stelle, wo sich heute die stolze Metropole des Westens erhebt, deren Glanz das ältere Saint Louis rasch überstrahlte, nur ein einfaches Fort zur Bewachung der Indianer, und daneben hatten sich ein Dutzend Weiße angesiedelt, die einen unbedeutenden Pelzhandel trieben. Ärmliche, hölzerne Hütten primitivster Konstruktion dienten ihnen als Wohnstätte.

Wir dürfen Amerika nicht bereisen, ohne der einstigen Herren des Landes wenigstens Erwähnung zu tun. Manche irrtümliche Ansicht, die noch immer über dieselben in Europa verbreitet ist, mag dadurch richtig gestellt werden können, und unsere Jugend, welche diese Zeilen liest, wird endlich einsehen, dass es mit der alten Indianerherrlichkeit, welche Cooper geschildert hat, ein für alle Mal vorüber ist. Der Zensus beweist uns, dass ihre Zahl stetig zurückgeht; nichts scheint das Aussterben der roten Rasse aufhalten zu können, die bereits auf die kleine Zahl von 240 000 Köpfen zusammengeschmolzen ist, also kaum eine mittelgroße Stadt. zu füllen imstande wäre.

Die meisten derselben leben in sogenannten „Reservationen“, die ihnen die Regierung angewiesen hat, nach der Weise ihrer Väter, von Jagd und Fischerei, in halbwildem Zustande, aber sie sind meist verkommen und entkräftet; ein Teil hat die Zivilisation angenommen, aber auch dieser dürfte der Menschheit nicht dauernd gewonnen sein; der Indianer kann die Kultur nicht vertragen. Mit den Tieren des Waldes, die seine Nahrung bildeten, und mit der Freiheit, ohne die er nicht existieren kann, geht er dahin. Eine Lebenszähigkeit, wie sie die Zigeuner Europas besitzen, ist ihm versagt.

Man unterscheidet 60 bis 70 verschiedene Stämme, die man in drei große Gruppen zusammenfassen kann: Die nordwestliche oder Columbische Gruppe zwischen dem Großen Ozean, dem Felsengebirge und den Wüstenstrichen Kaliforniens. Man bezeichnet sie gewöhnlich nicht mit ihren stammeseigentümlichen Namen, sondern mit Benennungen, die sie besonders charakterisieren, wie *Flatheads* (Flachköpfe), *Nez percés* (durchbohrte Nasen) usw.

Alter Tschippewäh-Indianer

Die zweite Gruppe ist die östliche oder atlantische, die früher über das ungeheure Gebiet zwischen den Felsen-Gebirgen und dem Atlantischen Ozean, vom Mexikanischen Meerbusen bis an die Polargrenze verbreitet war. Zu dieser gehören der mächtige Stamm der Algonkin-Indianer, der in einzelne Völkerschaften wie Tschippewäh, Lenape, Delawaren, Mohikans usw. zerfiel; die Irokesen und die Huronen, an den Ufern der großen Seen, umfassend die Völkerschaften der Onondaga, Oneida, Mohawk, Seneca und Cayuga; die Sioux oder Dakota, hauptsächlich am Missouri und Mississippi mit den Stämmen der Assiniboin, Teton, Osagen, Winnebagoe, Iowa, Omaha, Kansas, Arkansas usw. Zu diesen gehören auch die weiter westlich wohnenden Schwarzfüße und die Pawnee am oberen Yellowstone, die uns Cooper als ein kriegerisches und kraftvolles Geschlecht voll Mut und Entschlossenheit schildert.

Was ist aus ihnen geworden? Ein deutscher Ansiedler entwirft uns ein trauriges Bild; er schreibt über sie: „Sie sind ein herabgekommenes Geschlecht, welches jetzt mehr einer vagabundierenden Bettlerbande gleicht als einem Kriegervolke. Es sind lästige Gesellen, die, wenn sie sonst nichts erlangen können, bloß ein Stück Brot fordern, und haben sie dieses erhalten, unter allerlei Gebärden und Misstönen ihr Verlangen nach Speck, Tee oder Kaffee ausdrücken. In ihrer äußeren Erscheinung gleichen sie den Zigeunern in Ungarn und der Wallachei." Hierher gehörten auch die im Jahre 1836 vom oberen Tennessee vertriebenen Cherokee und Seminolen, die zum Teil heldenmütig im Kampfe gegen den rücksichtslos vordringenden Weißen untergegangen sind.

Die dritte große Gruppe ist die neumexikanische; sie domiziliert südlich der beiden erstgenannten in den Hochsteppen Neu-Mexikos und Neu-Kaliforniens, in Texas usw. Hier finden wir bekannte Namen vertreten: die gänzlich untergegangenen Alleghenie, die wilden Apachen am Rio Grande, die Apalachen am Red River, das kühne Reitervolk der Comanchen usw.

Der Kongress der Vereinigten Staaten beschloss im Jahre 1825, alle östlich des Mississippi befindlichen Indianer nach und nach über die westliche Grenze der Staaten hinaus zu schaffen und im jetzigen Indianer-Territorium für immer anzusiedeln. Es wurden Verträge mit den Häuptlingen abgeschlossen und die Zahlung des Kaufgeldes sowie der Jahrgelder besonderen Agenten übertragen. Die meisten der Stämme fügten sich freiwillig; nur die Cherokee verließen erst 1838, der Gewalt weichend, die Länder ihrer Väter, und die Seminolen führten noch 1842 einen blutigen Krieg gegen ihre Bedränger, bis sie völlig unterlagen und die ohnmächtigen Trümmer, nicht mehr fähig, Widerstand zu leisten, der Übermacht und den besseren Waffen weichen mussten. Es liegt ein dramatisches Moment in dem Untergang dieser Naturvölker. Mit den nördlichen Stämmen der Sioux, Cheyenne, Arapahoe, Crow, Assiniboin, Grosventre und Arrikara wurde am 23. September 1851 zu Fort Laramin ein sogenannter „ewiger Friedens- und Freundschaftsvertrag“ abgeschlossen, in welchem die Indianer sich verbindlich machten, für alle von Mitgliedern ihrer Stämme an Weißen verübten Räubereien Schadenersatz zu leisten, und der Union das Recht einräumten, Straßen durch ihr Gebiet anzulegen, sowie militärische und andere Posten zu errichten; dagegen garantierte die Union Schadenersatz für alle Beraubungen, die den Indianern durch Weiße zugefügt werden und zahlt den Stämmen außerdem ein Jahrgeld von 50 000 Dollar auf 50 Jahre als Entschädigung für das Wild, welches von den durch das Gebiet wandernden Emigranten vertrieben wird.

Daher kommt es, dass man in den östlichen Unionsgebieten nur noch vereinzelt auf ein Häuflein Indianer stößt, das unter den Weißen sitzen geblieben ist. Bald wird auch der letzte verschwunden sein. Selbst am oberen Mississippi und am Missouri findet man nur selten noch einige Hütten, in denen freie Indianer hausen. Die großen Stämme sind weit nach Westen gedrängt. Auch dort ist der Widerstand der Indianer völlig gebrochen. Wenn es hin und wieder noch eine kleine Erhebung gibt, veranlasst durch Hunger und die Unterschlagungen gewissenloser Agenten, welche die Abfindungssummen und Jahrgelder nicht selten selbst in die Tasche stecken, so ist dieselbe ohne Belang. Der Ausstand wird schnell niedergeworfen und das weitere Aussterben des roten Mannes dadurch nur beschleunigt. In den südlichen Teilen der Union, an der mexikanischen Grenze, streifen noch einige Stämme in ungebändigter Wildheit umher. Sie halten sich selbst der Zivilisation so fern wie möglich, und dieser Umstand ist es, der ihnen noch weitere Existenz ermöglicht. Bei näherer Berührung mit der Kultur siecht der Indianer dahin, das „Feuerwasser" (Branntwein) und ansteckende Krankheiten sind es zumeist, die an seinem Lebensmark zehren. Häufig sind, eine Folge des Hungers und schlechter Ernährung, die Blattern unter den Rothäuten aufgetreten und haben zu dem allgemeinen Zersetzungsprozess beigetragen. Armer, roter Mann! Dein Schicksal ist besiegelt; die Zivilisation konnte dich nicht zu sich emporheben, so musste sie dich vernichten.

Altes Beratungshaus der Indianer

Bevor wir uns der Betrachtung der großen Metropole am Michigan-See zuwenden, sei mir noch eine Bemerkung über amerikanische Städtenamen gestattet. Bei dem raschen Entstehen einer großen Anzahl neuer Wohnplätze in Amerika hat sich der Übelstand ergeben, dass sehr vielfach ein und derselbe Name für verschiedene Ortschaften in Anwendung gekommen ist, umso mehr, da man die Städte zumeist entweder nach bekannten Städten oder Ländern der alten Welt getauft oder auch mit den Namen berühmter Männer irgend eines Zeitalters belegt hat; auch Vornamen, Namen von Göttern, Tugenden, Tieren und sonst allerlei Beliebiges sind zur Taufe mit herangezogen worden je nach dem persönlichen Geschmack des Städtegründers. Biblische Namen und solche aus der Weltgeschichte kommen besonders häufig vor.

Es gibt beispielsweise nicht weniger als 164 Orte, die Washington heißen; daneben existieren eine große Anzahl Georgetown oder andere, die mit George zusammengesetzt sind. Ferner 71 Jefferson, 55 Perry, 32 Clay, 25 York, 24 Troja, 22 Concord, 21 Lafayette, 19 Hannover, 18 Manchester, 18 Oxford, 17 Dover, 8 Bismarck, 5 Berlin; dann eine ganze Menge von mehrfach vorhandenen Orten mit dem Namen Canaan, Eden, Goshen, Napoleon, Alexander, Aurora, Friendship, Sparta, Syrakus, Belvedere, Kossuth, Ypsilanti und dergleichen.

Fast sämtliche amerikanischen Städte sind enorm schnell gewachsen, was natürlich nur durch den andauernd aus der alten Welt sich ergießenden starken Auswandererstrom möglich war. Hierfür ist Chicago das beste Beispiel. Vor 65 Jahren gegründet zählte es im Jahre 1829 nur 30 Einwohner, 1850 bereits 29 963, 1860: 112 721, 1870: 298 977, 1880: 503 300, 1890: 1 099 850, jetzt rund 2 Millionen. Es gibt in Europa kein Beispiel einer auch nur ähnlich rapiden Entwicklung. Früher ein Konglomerat leicht hingebauter Holzhäuser, macht die Stadt heute einen außerordentlich gediegenen und imposanten Eindruck. Kein Europäer wird sich dem entziehen können; überall lachende Plätze, von Baumreihen durchgrünte, schön angelegte Straßen, prächtige, massiv gebaute Häuser, glänzende Hotels, vornehme Privatgebäude, stattliche Banken, reiche Läden; dies alles macht Chicago zu jener Zauberstadt, die mit Recht den Namen einer „Königin des Westens“ führen darf. Es gibt kaum zwei bis drei Städte, die so schön angelegt und ausgebaut sind wie Chicago. Saint Louis hat es längst an architektonischer Pracht, aber auch an regem Handel und lebhafter Industrie überstrahlt; New York hat nichts aufzuweisen, was sich der Wabash- und Michigan-Avenue an die Seite stellen lässt, nicht einmal die stolze Fifth Avenue; die „Linden“, die Pracht-Straße Berlins, würden daneben einen erbärmlichen Eindruck machen.

Die durchweg stattlichen und schönen Kirchen sind meist aus großen Steinblöcken erbaut, und die öffentlichen Gebäude tragen durchweg den Stempel der Solidität und Pracht. Das Opernhaus ist größer und bequemer als sämtliche Theater Londons mit einziger Ausnahme des Covent Garden. Chicago wächst noch immer mit fabelhafter Schnelligkeit; die Straßen laufen zum Teil breit und gradlinig in die Prärie hinaus und bedecken sich mit staunenerregender Geschwindigkeit immer weiter mit Häuserblocks. Dabei vergisst man die Schönheit durchaus nicht, denn sie sind sämtlich luftig und vornehm angelegt und mit Bäumen bepflanzt. Dass sich an der Peripherie vielfach Bretterhäuser befinden, die den Charakter des Wildwest nicht ganz verleugnen können, liegt bei den amerikanischen Verhältnissen in der Natur der Sache.

Blick auf Chicago

Die Schulen sind wohleingerichtet und erfreuen sich eines weit verbreiteten Ruhmes wegen ihrer Vorzüglichkeit, wie ja überhaupt die amerikanische Volksschule, die selbst von den Kindern der Reichen besucht wird, allgemeine Anerkennung findet. Die Universität besteht seit dem Jahre 1855 und ist mit einer Sternwarte und einem Seminar verbunden.

Ganz besonders hervorragend ist die Industrie; mächtige Eisenwerkstätten, Dampfmaschinenbauanstalten, Wagenfabriken, Brauereien, Mühlen aller Art, Leder-, Hut-, Zucker-, Tabaksfabriken, Schlachthäuser und Konserven-Fabriken finden sich in großer Menge und suchen zum Teil in der Welt ihres Gleichen. Mustergültig sind die Schlachthäuser eingerichtet, in denen das Vieh direkt von der Prärie mit der Eisenbahn in die Hallen geführt wird, wo die rationelle Verarbeitung geschieht. Tausende von Tieren werden täglich geschlachtet und bis auf den letzten ihrer Abfälle sorgsam verwertet, um in ihren Produkten in alle Welt hinauszugehen.

Der Handel wird durch zahlreiche Eisenbahnlinien, Kanäle und einen überaus regen Schiffsverkehr auf dem Michigan See gefördert. Der Betrieb der elektrischen Straßen-, Kabel- und Untergrundbahnen ist vorbildlich. Die Kornbörse in Chicago steht mit der Kornbörse in London in direkter telegraphischer Verbindung. Der Kornhandel ist enorm; das zugeführte Getreide wird in großen mit Aufzügen versehenen Speichern (*Elevators*) aufbewahrt, mittels Dampfkraft aus den Schiffen oder Eisenbahnen aufgesaugt beziehungsweise direkt durch große Röhren in dieselben verladen.

Der gewaltige Brand, dem am 7. und 8. Oktober 1871 fast die ganze Stadt zum Opfer fiel, konnte ihre Lebenskraft nicht schwächen. Bemerkenswert ist, dass wenige Wochen vor der furchtbaren Katastrophe, welche die Augen der ganzen Welt auf sich zog, die dortselbst erscheinende Zeitung „Spektator“ die Stadt für eine „ungeheure Menschenfalle und Zunderbüchse“ erklärte. Der betreffende Artikel führte aus, dass, abgesehen von den wenigen Bauwerken, welche dem Staate Illinois als solchem gehörten, in einer Stadt von mehr als 200 000 Einwohnern nur zwei solid und mit Brandmauern versehene Gebäude vorhanden seien, nämlich das der ersten Nationalbank und das der Zeitung „Tribüne“. Alle anderen ohne eine Ausnahme seien Menschenfallen und Zunderbüchsen. Das furchtbare Ereignis sollte dem Schreiber dieses Aufsatzes nur allzu sehr Recht geben. Das Feuer verursachte einen Schaden von weit über 1000 Millionen Mark und machte gegen 100 000 Menschen über Nacht obdachlos, die nun wochenlang ohne Existenzmittel auf der offenen Prärie hausen mussten.

Aber schneller, als die kühnste Phantasie hoffen durfte, erhob sich aus der Trümmerstätte dem Phönix gleich eine herrliche Stadt, und man kann wohl behaupten, dass sie ohne jenes an sich schreckliche Unglück heute kaum so glänzend und gediegen dastehen würde. Bewunderungswürdig allerdings ist die Energie, mit welcher in der Metropole der Prärie gearbeitet wird, und staunenswert die Wunderwerke der Technik, welche hier verrichtet worden sind. Eine solcher Riesenarbeiten ist die Aufschraubung und Höherlegung ganzer Stadtteile um 1 bis 3 Meter. Die tiefe Lage der Häuserblocks am See erschwerte den Wasserabfluss und so entschloss man sich denn zu der unerhörten Leistung. Für Arbeiten, welche in Europa fast nie vorkommen, zum mindesten nicht in so großartigem Maßstabe, gibt es in Chicago besondere Gesellschaften, zum Beispiel solche, die vertragsmäßig das Verrücken von ganzen Häusern vornehmen und dergleichen mehr.

Ein Wunder- und Titanenwerk ersten Ranges ist auch der Seetunnel. Chicago hatte früher unter dem Mangel an gutem Trinkwasser stark zu leiden, da die Ufer des Chicagoflusses sich mit Branntweinbrennereien, Schlachthäusern, Färbereien usw. besetzten, aus denen der Fluss mit Abwässern aller Art verunreinigt wurde, die nun dem See zugeführt wurden und dadurch auch dessen Wasser längs der Ufer, wo die Wasserwerke schöpften, fast ganz ungenießbar machten. Es wurde daher ein Riesenplan entworfen, den zunächst namhafte Ingenieure für unausführbar erklärten, nämlich einen Tunnel 3 Kilometer weit unter dem Bette des Michigan-Sees hinauszutreiben und dort einen Schacht einzusetzen, um auf diese Weise der Stadt reines und gesundes Trinkwasser mitten aus den kristallklaren Fluten des Sees zu verschaffen. Die Hauptschwierigkeit war eben dieser Schacht, denn es musste für denselben erst eine feste Basis in Gestalt einer Insel inmitten der oft stürmisch erregten Wogen geschaffen werden. Das ungeheure Werk wurde trotz vielfachen Widerspruches von Autoritäten unternommen und innerhalb eines Zeitraums von noch nicht ganz drei Jahren am 6. Dezember 1866 vollendet. Wenige Werke menschlichen Geistes können ihm an die Seite gestellt werden. Die Weltausstellung im Jahre 1895 gehört zu den großartigsten Triumphen nordamerikanischer Industrie. Chicago erhebt den Anspruch, die amerikanischste aller Städte der Union zu sein, was auch vor den deutschen Gästen bei dem Besuch des Prinzen Heinrich von dem Bürgermeister Harrison hervorgehoben wurde.

Der Abend war bereits herniedergesunken, als sich der Zug, durch die Prärie eilend, der Stadt näherte. Aber Chicago leuchtete demselben bereits meilenweit entgegen; eine solche Fülle von Licht strahlte an jenem Festabend von der Stadt aus. Millionen von elektrischen Lichtern und Fackeln, lohende Bengalfeuer und blitzende Scheinwerfer erhellten weit und breit den Himmel und übergossen Prärie und See mit magischem Licht. Als der Zug gegen 18.30 Uhr auf dem dortigen Bahnhof eintraf, kannte die Begeisterung keine Grenzen. Hunderttausende hatten sich eingefunden, den deutschen Gast zu sehen und zu begrüßen. Der Prinz wurde von dem Mayor Harrison, dem deutschen Konsul Dr. Wever und einem aus Bürgern gebildeten Komitee empfangen und mit seinem Gefolge in Galawagen nach dem Auditorium-Hotel geleitet, auf welchem Wege 2000 Polizisten und 2000 ehemalige Soldaten derart Spalier bildeten, dass je ein Soldat neben einem Polizisten stand. Kopf an Kopf drängte sich dahinter die unzählbare Menge, deren Hurrarufe ununterbrochen wie Meeresbranden ertönten. Der Prinzenwagen wurde von einer Kavallerie-Eskorte begleitet; hinter demselben her marschierten die fackeltragenden deutschen Krieger. Jedes Gebäude war herrlich mit amerikanischen und deutschen Fahnen geschmückt; unter den Emblemen herrschte der preußische Adler vor; eine große Menge elektrischer „Willkommen" flammte überall auf.

Im Auditorium-Hotel wurde der Prinz, der unterwegs in einem fortwährenden Grüßen und Winken geblieben war, von den Mitgliedern des Bankettkomitees empfangen, zunächst in seine Wohnung im zweiten Stockwerk und bald darauf zu dem Bankettsaal im sechsten Stock geleitet. Als der hohe Gast dort erschien, spielte die Musikkapelle, welche von Farnen und Palmen verdeckt war die Nationalhymne. In dem herrlich geschmückten Saale waren neun Tafeln, an denen 157 Personen Platz nahmen, aufgestellt. Bei dem Diner, welches nunmehr begann, erhob sich der Bürgermeister und begrüßte den Prinzen, nachdem die üblichen Trinksprüche auf den Präsidenten Roosevelt und Kaiser Wilhelm ausgebracht waren, mit folgenden Worten:

„Königliche Hoheit! Es möge mir gestattet sein, einige Worte der Bewillkommnung durch die Bevölkerung hinzuzufügen. Wir betrachten Chicago als die typische amerikanische Stadt, wo der Amerikaner und der Amerikanismus der Gegenwart und Zukunft in der reinsten Form gefunden werden. Daher bereiten wir Eurer Königlichen Hoheit, ein typisches Chicago-Willkommen, ein typisches amerikanisches Willkommen, nämlich ein Willkommen, das direkt aus dem Herzen kommt. Morgen feiert Chicago den 65. Geburtstag, den Jahrestag der

Erlangung der Stadtrechte. In einer kurzen Zeitspanne hat der Grenzhandelsposten sich zu einer Metropole von zwei Millionen Seelen, zur zweiten Stadt des amerikanischen Kontinents entwickelt. Die Ursachen dieses wunderbaren Wachstums anzuführen, würde heute weder nötig noch passend sein. Gestatten Sie mir aber, zu sagen, das heutige Chicago verdankt sein Dasein in großem Maße der Tatsache, dass seine Bevölkerung eine halbe Million Deutsche einschließt, welche allen ihnen innewohnenden Fleiß, sowie Intelligenz und Pflichtgefühl mitbrachten. Wir freuen uns mit Ihnen, Sir, der freundschaftlichen Beziehungen für alle Zeiten. Dürfen wir nicht eine Bürgschaft für eine dauernde, wachsende Freundschaft in der Tatsache erblicken, dass in allen unseren Städten, Dörfern, Farmen sich Hunderttausende von Deutsch-Amerikanern befinden, die, dem Adoptivlande treu bis zum Tode, dennoch im Herzen eine nie ersterbende Liebe für das Deutsche, Liebe für die Sitten und Einrichtungen des Vaterlandes bewahren? Wir bewillkommnen Sie nicht allein wegen der Hochachtung und Bewunderung, welche wir für Seine Majestät den deutschen Kaiser empfinden, als dessen persönlicher Vertreter Sie die Botschaft der Freundschaft von Ihrer großen Nation bringen, sondern auch weil wir Ihr demokratisches Auftreten lieben. Gentlemen, ich habe die Ehre, einen Toast zu proponieren auf Seine Königliche Hoheit Prinz Heinrich von Preußen!“

Der Beifallssturm, welcher diesen Worten folgte, war noch kaum verbraust, als sich Prinz Heinrich erhob und folgendes erwiderte:

„Herr Mayor, meine Herren! Bitte nehmen Sie den herzlichsten Dank für den mir gewordenen Empfang in Chicago; die Stadt, welche fast zwei Millionen Menschen beherbergt und vor weniger als 100 Jahren nur ein Grenzhandelsposten und von allen Seiten von feindlichen Indianerbanden umringt war, hat sich seitdem zu einer Stätte der Pracht und Schönheit entwickelt, obwohl sie vor 30 Jahren durch eine entsetzliche Feuersbrunst beinahe dem Erdboden gleichgemacht wurde, bei welcher Gelegenheit die Sympathie der ganzen Welt wachgerufen und gleichzeitig den Bewohnern Gelegenheit geboten wurde, zu zeigen, aus welchem Holze sie geschnitzt seien. Die heutige Stadt ist wahrlich ein Denkmal unentwegten Mutes, Unternehmungsgeistes und Ausdauer. Während ich heute einige der reichsten Teile der Vereinigten Staaten durcheilte, beklagte ich, dass die Umstände mich verhindern, der letzten Ruhestätte eines der größten Bürger der Vereinigten Staaten, des Bürgers von Illinois, Abraham Lincoln, den Tribut der Achtung zu zollen. Im Jahre 1893 stand Chicago im Mittelpunkt der Anziehung durch seine berühmte Weltausstellung, obwohl meiner Ansicht nach Chicago selbst eine permanente Ausstellung von amerikanischer Energie, amerikanischem Mute und amerikanischer Unternehmungslust ist. Mir ist auch gesagt worden, es bestehe eine gewisse Beziehung zwischen der Stadt und einem gewissen nützlichen Tiere, welches in der kunstvollsten Weise mit Blitzesschnelle in allerhand Formen und Gestalten verwandelt wird, um die Menschheit zu erfreuen und ihr zu dienen. Mir war es unbekannt, dass die Stadt morgen Geburtstag hat. Ich wünsche, dazu herzlichst zu gratulieren! Ehe ich schließe, möchte Ich Ihre Aufmerksamkeit noch darauf lenken, dass Ihre Flotte durch ein Geschwader von vier Schiffen vertreten war, dessen Flaggschiff ‚Illinois' hieß. Ich möchte den Namen des Mannes, dessen Flagge auf der ‚Illinois' weht, und der, ich glaube, einer ihrer populärsten Männer ist, mit meinem Toast verknüpfen, des Mannes, der allgemein Bob Evans genannt wird. Nach dieser Abschweifung danke ich nochmals für die liebenswürdige Gastfreundschaft und trinke auf das Wohlergehen und das Gedeihen Chicagos."

Auch dieser Toast erweckte ein wahres Beifallsgetöse, und als nun die Kapelle die Nationalhymne anstimmte, da fielen sie alle im Saale mit ein und sangen die feierliche Melodie bis zu Ende mit. Bemerkt wurde, dass Prinz Heinrich bei dieser Rede sich mit außerordentlichem Glück einer Anzahl echt amerikanischer Redewendungen bediente. Diese, sowie seine humoristische Anspielung auf das „gewisse nützliche Tier" riefen einen lauten Jubel hervor.

Es folgte nun die Fahrt nach der eine Meile von Chicago entfernten Waffenhalle des ersten Illinois-Regiments, wo der Gesangverein ein Riesen-Musikfest veranstaltete. Über 15 000 Deutsche erwarteten den Prinzen Heinrich in der Armory, deren Parterre mit Stühlen dicht besetzt war, während einen Teil der Mittelgalerie ein großer Damenchor einnahm, rechts und links von einer gedrängten Menge flankiert. Ein Männerchor von 700 Stimmen befand sich im Parterre. Als der Prinz in die riesige Halle eintrat, erfolgte eine enthusiastische Kundgebung von allen Seiten.

Der schöne Begrüßungschor setzte ein, aber Musik und Gesang wurden übertönt durch Hurrarufe aus 6000 Kehlen. Das Stimmengetöse dauerte fünf Minuten lang und die Tausende außerhalb des Gebäudes stimmten ein. Jetzt wurden die Türen geschlossen, um die Anstürmenden zurückzuhalten. Das Komitee geleitete den Prinzen zu dem herrlich geschmückten Balkon, wo er die Mittelloge einnahm; Konsul Dr. Wever war der rechte Logennachbar des Prinzen, links saßen deutsche Lehrer. Der Anblick der Festhalle, das Meer von Gesichtern und wehenden Taschentüchern, die brausenden Hurras machten einen überwältigenden Eindruck.

Nun konnte der gemischte Chor unter Leitung seines Dirigenten Gustav Ehrhorn sich Geltung verschaffen, ebenso das Orchester unter Karl Bunge; beide boten musikalische Glanzleistungen ersten Ranges. Nach dem Vortrage des Liedes „Ich kenn' einen hellen Edelstein" hielt Thies Lofens eine Ansprache, welche weit über die bei solchen Gelegenheiten vielfach üblichen Redensarten hinausragte und offensichtlich einen tiefen Eindruck auf die andächtig lauschende Zuhörerschaft machte. Unter anderem führte er folgendes aus: „Dank dem freundlichen Entgegenkommen der Behörden und der Einwohner Chicagos ist es den Bürgern des deutschen Stammes vergönnt, den Gast der Nation in der Muttersprache zu begrüßen und ihren Dank darzubringen, Seiner Majestät dem Deutschen Kaiser für die Abordnung eines ihm so nahestehenden Vertreters und Eurer Königlichen Hoheit für die Überbringung der hohen Botschaft an die amerikanische Nation. Die Botschaft, die im Besuche zum Ausdruck gelangt, steht im Einklange mit den seit Friedrich dem Großen und George Washington bestehenden freundschaftlichen Beziehungen." Lofens betonte alsdann, es wäre undankbar, das deutsche Vaterland zu vergessen, und schloss seine Rede mit einem Hoch auf den Prinzen.

Prinz Heinrich erwiderte: „Ich danke Ihnen herzlich für die freundlichen Worte, die Sie soeben gesprochen; aber die schönsten sind diejenigen über unser Vaterland und unser Volk. Sie sollen hier die besten Bürger sein, aber niemals vergessen, dass Sie alle Deutsche oder deutscher Abstammung sind, und sollen gute, loyale amerikanische Bürger sein, wie Sie im alten Vaterlande gute Bürger gewesen sind. Sie haben das alte Vaterland verlassen, aber wenn Sie noch Liebe für dasselbe hegen, dann fordere ich Sie auf, ein dreifaches Hoch auszubringen auf den, der mich hierher gesandt hat, Ihnen diese Grüße zu überbringen, auf Seine Majestät den Deutschen Kaiser und König von Preußen."

Das brausende Hoch, welches die Versammelten anstimmten, gab Kunde davon, wie sehr sie noch an der alten Heimat hingen. Unter den künstlerischen Darbietungen des Abends fand auch ein warmempfundenes Gedicht, welches von dem Verfasser, dem städtischen Hilfsbibliothekar E. F. L. Gauß, selbst vorgelesen wurde, lauten Beifall; es schildert die Gefühle der Deutschen Amerikas und wir möchten es an dieser Stelle wiedergeben, um dieselben zu kennzeichnen.

Das treue deutsche Herz schlägt Dir entgegen,
O Prinz aus höchstem deutschen Fürstenhaus!
Aus jedem Deiner Tritte sprieße Segen,
Und seine Früchte folgen Dir hinaus
Zurück ins Vaterland, dem wir entsprossen,
Das uns durch Dich nun neuen Gruß entbot
Als Mutter, die wir fest ans Herz geschlossen,
Und die wir lieben werden bis zum Tod.

Wir grüßen Dich in dieses Landes Namen,
Das mächtig ward durch seines Volkes Kraft,
Wo reiche Saat erblüht aus frischem Samen,
Wo sich die Menschheit neue Bahnen schafft.
Auch deutsche Hand hat dazu beigetragen,
Auch deutscher Geist bewegt die neue Welt;
Wir schätzen hoch, wodurch in diesen Tagen
Des Landes Streben neuen Trieb erhält.

Wir grüßen Dich als einen Freundschaftsboten
Von Deutschlands weisem, hochgesinntem Herrn,
Dem längst schon unsrer Herzen Flammen lohten
Als wahren Friedens starkem Hort und Stern.
O möge nie dies Freundschaftsbündnis rosten,
Was auch der Lauf der Zeiten bringen mag –
Es kommt der Welt der Sonne Glanz von Osten
Und in dem Westen wird es heller Tag.

Wir grüßen Dich als hohen Stammverwandten,
Selbst hochverdient schon um das Vaterland.
Wir sehen in Dir mehr als den Gesandten,
Denn auch im Herzen bist du ihm verwandt
Dem edlen Fürsten, dessen Hand wir fassen,
Die er durch Dich so freundlich beut und treu.
Fern sei von uns, je diese Hand zu lassen:
Columbia bleibt Germania getreu.

Kurz nach 10 Uhr erhob sich der Prinz, um die Rückfahrt nach dem Hotel anzutreten. Ganz Chicago war trotz der vorgerückten Abendstunde noch auf den Beinen und überall wurden Feuerwerkskörper abgebrannt. Der Ball im Auditorium-Hotel war eine der glänzendsten gesellschaftlichen Veranstaltungen, die Chicago je gesehen hat. Zu der feenhaften Ausschmückung des Ballsaales waren die deutschen und amerikanischen Farben, preußische Adler und nautische Motive verwandt worden; an der Decke prangte eine gelbweiße Draperie, welche durch Adler gehalten wurde. Am westlichen Ende des Ballsaales befand sich die Loge des Prinzen; darüber spannte sich ein Baldachin, während über dem Sessel des Ehrengastes die Yachtflagge des Prinzen angebracht war. Die Spitzen der Gesellschaft, sowohl der deutschen wie der amerikanischen, waren erschienen und drückten dem blendenden Feste den Stempel der Vornehmheit und Exklusivität auf. Eine Pracht der Toiletten und ein Glanz von Brillanten wurde dabei entfaltet, welche mit dem Aufwande für die Galavorstellung in der New Yorker Großen Oper wetteiferten.

Überhaupt konnte man überall bemerken, dass Chicago in jeder Beziehung bemüht war, nirgends hinter New York zurückzubleiben, und mit höchster Befriedigung verzeichneten die Blätter am Tage darauf die Urteile des Kapitäns von Müller und des Generals von Plessen, welche anerkannten, dass die Großartigkeit des gebotenen Empfanges der imponierenden Größe dieses außergewöhnlichen Gemeinwesens voll entsprach. Um 22.30 Uhr betrat Prinz Heinrich mit dem Bürgermeister Harrison den Ballsaal, wo bereits gegen 2000 Personen der Ankunft des Ehrengastes harrten und ihn mit begeisterten Zurufen begrüßten. Sobald die offizielle Vorstellung vorüber war, bot der Prinz-Admiral der

Gemahlin des Bürgermeisters den Arm, eröffnete die Promenade und geleitete die Dame zu ihrem Ehrensitz in der Loge, nahm dann selbst Platz, unterhielt sich und schaute den Hunderten von walzenden Paaren zu. Präsident Roosevelt und seine Gemahlin hatten dem Bürgermeister telegraphisch ihr Bedauern ausgesprochen, an dem Balle nicht teilnehmen zu können. Das Fest verlief überaus glänzend; Mitternacht war vorüber, als der Prinz aufbrach, während hier die Wogen der Freude noch hochgingen. Nachdem er in dem anstoßenden Gebäude der schönen Künste das Nachtmahl eingenommen, durfte er sich endlich nach diesem sehr anstrengenden Tage der Ruhe überlassen. Lange währte dieselbe indessen nicht, aber schon der Umstand, dass er wieder in einem feststehenden Hause schlafen konnte, war eine Erholung für ihn.

Der nächste Morgen brachte neue Pflichten. Bereits um 10 Uhr früh empfing Prinz Heinrich den Gouverneur von Minnesota, van Sant, sowie eine Abordnung des deutschen Zentralbundes von St. Paul, welche eine kunstvolle Adresse überreichte.

Den Rest des Vormittags widmete der Prinz den Sehenswürdigkeiten der Stadt; ein bereitstehendes Automobil schlug er aus und bestieg einen Wagen. Der Weg ging zunächst zum Wolkenkratzer der *Illinois Trust and Savings Bank*, welche der Prinz eingehend besichtigte. Von hier begab er sich zu Fuß nach dem Rodkery-Gebäude und von dort wurde die Fahrt durch die Bazargegend zu der wundervollen öffentlichen Bibliothek fortgesetzt. Nach seiner Rückkehr in das Auditorium-Hotel empfing der Prinz den Gouverneur und trat dann eine Wagenfahrt nach dem Lincoln Park an.

Die Straßen, welche nach dem schönen Park führen, waren festlich geschmückt; an allen Fenstern wurden Taschentücher geschwenkt und überall erklang jubelnder Zuruf. Fahnen wiegten sich in der Luft und Flaggendekorationen schmückten die Fassaden der Häuser. Es war ein rauher, wenn auch klarer Wintertag; die Wogen des Michigan-Sees schienen so hoch zu gehen wie die des Ozeans. Trotzdem ließ sich Prinz Heinrich nicht bewegen, in geschlossenem Wagen zu fahren; er wollte den Hunderttausenden, die ihn geduldig den ganzen Tag hindurch in den Straßen erwarteten, keine Täuschung bereiten.

Auch am Lincoln-Denkmal hatte sich eine riesige Menschenmenge versammelt, welche in Hochrufe auf Kaiser Wilhelm und Prinz Heinrich ausbrach, als der hohe Gast eintraf. Das Denkmal war abgezäunt und ein starkes Polizeiaufgebot hielt die Ordnung aufrecht; zum Glück dauerte die Zeremonie – der Prinz legte einen Kranz am Fuße des Denkmals nieder – nicht lange, denn auf die Dauer hätte die Polizei schwerlich diesem Ansturm der Hunderttausende trotzen können.

Prinz Heinrich vor dem Lincoln-Denkmal

Vom Lincoln Park aus begab sich Prinz Heinrich zum Luncheon nach dem Germania-Club, eins der schönsten Gebäude Chicagos, erbaut von dem bekannten Architekten Fiedler, der seinerzeit das deutsche Haus der Weltausstellung geschaffen hat. Auf der Treppe zum Bankettsaal standen weißgekleidete Mädchen; der Saal trug wundervollen Festschmuck; das durch die Fenster hereinflutende Licht war durch blau und weißen Atlas gedämpft, Büsten von Kaiser Wilhelm und Präsident Roosevelt waren aufgestellt, unter einem Triumphbogen fand sich ein mächtiger amerikanischer Adler gegenüber dem deutschen Adler. An dem Luncheon nahm außer dem Gefolge des Prinzen eine Abordnung der deutschen Vereine und 50 Mitglieder des Clubs teil; andere, sangesfrohe und außerordentlich sangeskundige Männer brachten während der Mahlzeit verschiedene Chöre meisterhaft zum Vortrage. Unter den Tafelgästen, die dem Prinzen vorgestellt wurden, befanden sich verschiedene Deutsche, die schon im Bürgerkriege, zumeist im Regimente von Karl Schurz, die Sache der Union mit ihrem

Blute vertreten hatten. Ein geborener Westfale, Rechtsanwalt Bocke, konnte z.B. über die Schlacht von Chattanooga aus eigenem Augenschein berichten, weil er dieselbe in allen ihren Stadien mitgemacht hatte. Auch andere Mitstreiter aus jener Zeit waren anwesend und legten Zeugnis dafür ab, wie innig die Verbindung zwischen ihnen und ihrem Adoptiv-Vaterlande ist. Nach dem Frühstück wurde der Prinz vom Empfangskomitee in den großen Saal geleitet. Die Szene war durch einen besonderen Lichteffekt begünstigt; zuerst hatte der Saal nur von oben Beleuchtung durch zwei große, mit mildem Glühlicht versehene Kronen; das Tageslicht fand seinen Weg nur schwer und kaum merklich durch die prächtigen, gemalten Scheiben. Plötzlich trat die Sonne hinter einer Wolke hervor und sandte ihr volles Licht durch die hohen Fenster, deren buntgetönte Verglasung jetzt ein überraschendes Farbenspiel in den ganzen Raum brachte. Die Wirkung dieser Beleuchtung wurde durch die prächtigen Toiletten, in denen die deutschen Damen Chicagos hier zum Empfang erschienen waren, noch erhöht. Im Auftrage der Damen überreichte nun Fischer, der Präsident des Germania-Klubs, eine kostbare silberne Vase mit eingravierter Widmung für die Prinzessin Irene. Der Prinz war hierüber hocherfreut und sagte, seine Frau werde das Geschenk als einen Schatz betrachten.

Clubhaus des Germania-Männerchores, Chicago

Den Abschied des Prinzen begleitete eine nochmalige stürmische Kundgebung, die sich bis auf die Straße hinaus fortsetzte und ihr Ende erst fand, als sich der Sonderzug nach Milwaukee in Bewegung setzte.

13. Die Deutschen in Nordamerika

Einwanderung in die Vereinigten Staaten – Die weiße, die gelbe und die schwarze Rasse – Das deutsche Element in der Bevölkerung – Ein amerikanisches Urteil über die Deutschen in der Union – Deutsche Ansiedler in Pennsylvanien – Die Deutschen im Sezessionskriege – Die Auswanderer – Ferdinand Freiligrath – Eine Auktion in den Backwoods – Das deutsche Volkslied in Amerika – Milwaukees Gründung und Werden – Milwaukee-Bier – 60% Deutsche – Das gastfreie Milwaukee

Der Besuch des Prinzen Heinrich in der deutschesten Stadt Amerikas, Milwaukee, gibt uns Gelegenheit, die Bevölkerungsverhältnisse der Vereinigten Staaten, insbesondere in Bezug auf die Einwanderung und die in der Union lebenden Deutschen kennen zu lernen. Die Bevölkerung des gesamten Amerikas ist wie die keines anderen Erdteils in fortdauernder Veränderung begriffen. Ein Strom der Einwanderung, wie er sonst nirgends gesehen wird, schwellt die Völkermasse der Neuen Welt, und drei Menschenrassen stellen dazu ihr Kontingent, drei Erdteile sind es, die fortgesetzt überschüssige Kräfte nach Nordamerika abführen.

Aus Afrika werden noch immer Neger eingeführt, die jetzt nicht als Sklaven, sondern als freie Arbeiter kommen; die chinesische Einwanderung aus Asien wird trotz aller Erschwerungsmaßregeln immer bedeutender; aber die stärkste Einwanderung kommt doch aus dem kleinen Europa. Viele Auswanderer werden von allerlei Missständen ihrer Heimatländer – Übervölkerung und dadurch bedingte Nahrungssorgen sind das Hauptmotiv – über das Weltmeer getrieben, andere suchen für ihre politische oder religiöse Überzeugung eine Freistatt. Amerika ist noch immer das Zauberwort, dessen Klang allein genügt, die Bewohner der alten Welt zu elektrisieren, und in gewissem Sinne hat dies auch seine Berechtigung, denn die neue Welt ist ungeachtet der starken Einwanderung noch dünn bevölkert, dagegen voll von unentwickelten und unbenutzten Kräften, reich an noch unbeackerten, aber fruchtbaren Landstrecken, und das Individuum wird dort nicht durch Rücksicht auf allzu viele Nebenmenschen und allzu strenge behördliche Vorschriften eingeengt.

Recht treffend ist eine Schilderung, welche Dixon in seinem „Neu-Amerika“ von dem weißen und dem gelben Manne in der Union entwirft. Er sagt: Der weiße Mann, der weder Hitze noch Kälte scheut, wo er sich nur gut ernähren und angemessen bekleiden kann, scheint eine unbestrittene Herrschaft in allen Zonen zu besitzen; er erträgt jedes Klima, schreckt vor keiner Arbeit zurück und besiegt alle Hindernisse. In der Bai von Fundi wirft er seine Netze aus, in den Tälern des Sacramento wühlt er nach Gold, in Florida pflanzt er Datteln und

Einwandererlager in der Prärie

Orangen, in Oregon jagt er Biber, in Texas zieht er Herden von Schafen, in Massachusetts spinnt er Zwirn, in Washington macht er Politik und in New York schreibt er Leitartikel. Er ist der Mann des ausdauernden Charakters, ebensowohl zu Hause unter den Palmen wie unter den Fichten, unter jeder Breite der Führer, Arbeitgeber und Herrscher. Der gelbe Mann, meist Chinese, zuweilen Malaye, seltener Dajake ist von Asien und dem östlichen Archipel nach den amerikanischen Südstaaten durch das dringende Bedürfnis nach Arbeitskräften hinübergeführt worden. Mag es sich um harte Minenarbeit, um die Zubereitung eines Omelettes oder um das Waschen und Bügeln eines Hemdes handeln, er lässt sich zu allem bereit finden, womit Geld zu verdienen ist. Von diesen gelben Menschen leben ungefähr 60 000 in Kalifornien, Utah und Montana; sie kommen und gehen, doch es kommen ihrer mehr als da gehen. Sie mögen in wenigen Jahren 600 000 Mann stark sein.

Die Verhältnisse entwickeln sich in Nordamerika ungemein rasch und die Vereinigten Staaten arbeiten sich schnell aus ihren unfertigen Verhältnissen heraus, wie beispielsweise die Weltausstellung zu Chicago im Jahre 1893 mit einer für Europa fast beängstigenden Deutlichkeit bewiesen hat. Zu dieser rapiden Entwicklung aber trägt der rastlos fließende Einwandererstrom in erster Linie bei. Das deutsche Element der Einwanderung ist das wichtigste, denn in moralischer Beziehung hat sich um Kultur und Zivilisation der westlichen Hemisphäre keine Nation größere Verdienste erworben als die deutsche, und in materieller steht sie jeder anderen der dort angesiedelten Nationen mindestens gleich. Die deutsche Auswanderung begann seit 1783 lebhaft zu werden, stieg seit 1830 auffallend, besonders nach der Revolution von 1848 und den Teuerungsjahren 1846 und 1847, sowie 1853 und 1854; auch nach den Kriegen von 1866 und 1870/71 war sie bedeutend. Hinsichtlich der Nationalität verteilte sich die europäische Auswanderung nach den Vereinigten Staaten in dem Zeitraum von 1820-1882 folgendermaßen auf die einzelnen Völkerschaften:

1. England: 5 377 000
2. Deutschland: 4 384 000
3. Skandinavien: 632 000
4. Frankreich: 274 000
5. Italien: 114 000
6. Schweiz: 110 000
7. Pyrenäische Halbinsel: 32 000
8. Andere europäische Staaten: 815 000

Die Deutschen sind am zahlreichsten vertreten in den Staaten Wisconsin, Pennsylvanien, Minnesota, Michigan, Illinois, Nebraska, Ohio und New York. Ihre Stellung hat sich seit 1871 wesentlich geändert; früher waren sie als Nation nicht eben hoch angesehen, und der Ausdruck *Dutch* oder *Dutchman* (eigentlich Holländer), der auf sie angewendet wurde, galt nicht als Ehrenbezeichnung Diese Missachtung war eine Folge der deutschen Zerrissenheit, und man muss zugestehen, dass die ärmere, ländliche Bevölkerung Deutschlands, welche ja am massenhaftesten unter den Einwanderern auftritt, mit ihren wunderlichen Trachten, ihrer blöden Unkenntnis der dortigen von den unseren so sehr abweichenden Verhältnisse, der daraus entspringenden Unbeholfenheit zumal infolge der Nichtkenntnis der englischen Sprache nicht geeignet war, dem Amerikaner viel Ehrerbietung abzunötigen. Übrigens unterschied man drüben zwischen dem German und dem Dutchman; mit dem ersteren bezeichnet man den gebildeten Deutschen, der sich durch bessere Kleidung und feinere Sitte aus der großen Masse erhob.

Der Wert der deutschen Bevölkerung für die Union ist sehr hoch anzuschlagen, namentlich wenn man das Vordringen der Kultur nach Westen in Betrachtung zieht und die urbar gemachten und bebauten Landstrecken. Kohl erzählt von einem amerikanischen Kutscher, der ihn durch die gesegneten Kornfelder Pennsylvaniens fuhr, dieser habe die treffende Bemerkung gemacht: „Die Deutschen füttern und pflegen den Acker wie ihr Kind." Der Deutsche war es, der zuerst rationell die Viehzucht betrieb; er führte den Wein- und Indigobau ein; er legte sich zuerst auf den Seidenbau. Deutsche Pennsylvanier erfanden die berühmte amerikanische Axt, den Schraubenbohrer, die großen Sensen und andere nützliche Geräte. Viele der großen Bauten, welche die Welt in Staunen setzen, stammen von deutschen Ingenieuren, so die Brücke über den East River von New York nach Brooklyn und die über den Mississippi bei Saint Louis. David Rittenhaus und Henry setzten das erste Dampfboot zusammen und in Bewegung, nur verfolgten sie ihre Erfindung nicht weiter, da sie sich eifrig mit der besten Methode der Breiten- und Längenbestimmung beschäftigten. Hierzu hatte Thomas Gottfried in Germantown durch Verbesserung des Schiffsquadranten vorgearbeitet.

Deutsche hatten sich zuerst am Ohio angesiedelt und Deutsche fuhren im Oktober 1811 auf dem ersten Dampfboote den Ohio hinab: Rosenfeld als Unternehmer, Heinrich als Kapitän und Becker als Maschinenmeister. Der deutsche Schreve war der erste, welcher mit seinem Dampfboote den ganzen Mississippi von Pittsburgh nach New Orleans stromab und stromauf befuhr. Nach Pennsylvanien waren die Deutschen auf William Penns ausdrückliche Einladung gekommen, der sie auf einer Reise durch Deutschland kennen und schätzen gelernt hatte.

Maisplantage am Ohio

Der deutsche Ansiedler, sagt Löher in seinen Schilderungen, nachdem er den kreolischen Jäger, den Yankeeholzfäller und den südländischen Pflanzer gezeichnet hat, bildet insgemein die schwere Nachhut. Er besitzt von jedem der Vorgenannten etwas in seinem Charakter; aber er hat mehr Stetiges und Mildes; sein Verstand kann nicht wirken, ohne eine gewisse Wärme der Seele auszustrahlen, seine Abenteuerlust nimmt gern den Anstrich des Idealen an. Er ist reicher an geistigem Vermögen und feiner und ausdauernder an körperlichem, aber es fehlt ihm rasche Entschiedenheit ebensowohl als Einseitigkeit. Er ist so wagehalsig wie der Kreole, der Yankee oder der Südländer aber auf die Länge nachdrücklicher als sie alle. Gewöhnlich beeilt er sich nicht, in die Wälder einzudringen; das überlässt er anderen. Diese müssen ihm die große Vorarbeit tun und die Wege machen; er nimmt währenddessen erst das Beste in seiner Nachbarschaft und bringt es zur Blüte. Dann folgt er jenem Vortrab, kauft ihn aus und schickt ihn weiter westwärts. Wo er Fuß fasst, da wurzelt er auch; in kurzer Zeit gibt er seinem neuen Wohnorte heimatlichen Reiz. Fängt er mit einem Blockhause an, so muss er nach drei Jahren ein geräumiges, festes Holzhaus und nach ein paar weiteren Jahren ein stattliches Steinhaus haben, um welches sich hohe Scheunen, weite Stallungen, Obstgärten, Wiesen und Felder ausdehnen.

Während des Sezessionskrieges kämpften die Deutschen fast insgesamt auf der Seite der Nordstaaten, die schließlich den Sieg errangen; sie bildeten ein Drittel der Nordarmee, und deutsche Heerführer erwarben sich hohe Anerkennung. Einer derselben, Schurz, wurde vom Staate Missouri als Senator nach Washington gesandt: der erste Deutsche im Kongress! Die Achtung vor der deutschen Nationalität war bald im Steigen. Der *New York Herald*, ein spezifisch amerikanisches Blatt, sagte schon vor vielen Jahren in einem Leitartikel:

„Es hat den Anschein, als ob demnächst die Deutschen noch viel mächtiger werden würden als die Irländer(!). In gesellschaftlicher Beziehung stehen sie längst als eine Macht da; ihre Liebe zur Musik, ihr ganzes Betragen und Benehmen, ihre Vergnügungen üben einen mächtigen Einfluss aus auf alle Gegenden dieses großen Landes. In allen Städten fühlt man ihre kommerzielle Bedeutung und weiß, dass sie wohlhabend sind; überall im Westen haben sie durch Fleiß und Energie die Wildnis in einen blühenden Garten umgewandelt. In der ganzen Länge und Breite der Union gibt es keine kräftigeren, fleißigeren und intelligenteren Bürger als die Deutschen und überall haben sie Erfolg. Die deutschen Einwanderer bringen, weit mehr als die irgendeines anderen Volkes, vortreffliche Eigenschaften in unser Land mit sich: Gesundheit, gute Sitten, gesunden Menschenverstand und außerdem vielerlei Habe. Es sind mancherlei Einflüsse, welche für die Zukunft umgestaltend auf das Leben in den Vereinigten Staaten wirken werden; darunter aber sind die besten und gesündesten jene, welche von Seiten der Deutschen kommen. Deshalb erscheint es uns als ein hoffnungsvolles und ermutigendes Zeichen der Zeit, dass die Deutschen immer mehr Anteil am politischen Leben nehmen; sie werden auf dasselbe einen ebenso gesunden und heilbringenden Einfluss üben, wie sie ihn bislang schon auf das gesellschaftliche und kommerzielle Leben geübt haben."

Es wäre freilich verfehlt, wenn man etwa glauben würde, in Zukunft ein „transatlantisches Deutschland" im Mississippibecken erblühen zu sehen. Nicht sehr trostreich, aber durchaus zutreffend äußert Ratzel: „Unsere Landsleute bauen das Feld eines fremden Volkes. Mit allen Schulen, Zeitungen, Dichtern, Lehrern, Rednern und was sie alles aufbieten, geht uns die zweite Generation zum großen Teil, die dritte vollständig und rettungslos verloren. Nie wird deutsche Sprache und Gesittung in den Vereinigten Staaten eine sichere, feste Stätte finden, nie sich einwurzeln können."

Vom deutschen Standpunkte aus sehen wir mit schwerem Herzen so viele tausend Brüder alljährlich über den Ozean ziehen, und mögen sie drüben die alte Heimat noch so treu in der Erinnerung bewahren, für Deutschland ist ihre Hand und ihr Kopf auf immer verloren. Sie gehen in der zwar uns eng befreundeten aber dennoch fremden Nation auf, deren Bürger sie dort werden. Diese Gefühle schildert rein und wahr Ferdinand Freiligrath in seinem herrlichen Gedichte, das wir hier wiedergeben wollen.

Die Auswanderer

Ich kann den Blick nicht von euch wenden,
Ich muss euch anschaun immerdar,
Wie reicht ihr mit geschäftgen Händen
Dem Schiffer eure Habe dar!

Ihr Männer, die ihr von dem Nacken
Die Körbe langt, mit Brot beschwert,
Das ihr, aus deutschem Korn gebacken,
Geröstet habt auf deutschem Herd.

Und ihr, im Schmuck der langen Zöpfe,
Ihr Schwarzwaldmädchen, braun und schlank,
Wie sorgsam stellt ihr Krüg' und Töpfe,
Auf der Schaluppe grüne Bank!

Das sind dieselben Töpf' und Krüge,
Oft an der Heimat Born gefüllt;
Wenn am Missouri alles schwiege,
Sie malten euch der Heimat Bild;

Des Dorfes steingefasste Quelle,
Zu der ihr schöpfend euch gebückt,
Des Herdes traute Feuerstelle,
Das Wandgesims, das sie geschmückt.

Bald zieren sie im fernen Westen
Des leichten Bretterhauses Wand;
Bald reicht sie müden braunen Gästen
Voll frischen Trunkes, eure Hand.

Es trinkt daraus der Tscherokese,
Ermattet, von der Jagd bestaubt;
Nicht mehr von deutscher Rebenlese
Tragt ihr sie heim, mit Grün belaubt.

O sprecht! Warum zogt ihr von dannen?
Das Neckartal hat Wein und Korn,
Der Schwarzwald steht voll finstrer Tannen,
Im Spessart klingt des Älplers Horn.

Wie wird es in den fremden Wäldern
Euch nach der Heimatberge Grün,
Nach Deutschlands gelben Weizenfeldern,
Nach seinen Rebenhügeln ziehn!

Wie wird das Bild der alten Tage
Durch eure Träume glänzend wehn!
Gleich einer stillen, frommen Sage
Wird es euch vor der Seele stehn.

Der Bootsmann winkt. – Zieht hin in Frieden!
Gott schütz' euch, Mann und Weib und Greis!
Sei Friede eurer Brust beschieden
Und euren Feldern Reis und Mais!

Allerdings dürfen wir nicht vergessen, dass viele, viele der Ausgewanderten auch praktisch ihre Anhänglichkeit an die alte Heimat bekundet haben bei jeder Gelegenheit, welche sich hierzu bot. Mit stolzer Genugtuung gedenken wir der tatkräftigen Hilfe, welche die Deutsch-Amerikaner durch großartige Spenden an Geld und Liebesgaben im Kriege 1870/71 unseren Verwundeten bewiesen haben. Auch von den 60 000 Talern, welche 1868 Ferdinand Freiligrath als Nationaldank überreicht werden konnten, war ein beträchtlicher Teil von Deutsch-Amerikanern aufgebracht; namentlich New York, Saint Louis und Chicago waren mit hohen Zahlen vertreten.

Von der bewundernden Anerkennung, welche Freiligrath im fernen Westen von Deutsch-Amerikanern entgegengebracht ward, gibt Friedrich Kapp einen ergötzlichen und zugleich tiefbewegenden Bericht. Ein paar Exemplare der 1858 in New York erschienenen sechsbändigen Gesamtausgabe seiner Gedichte kommen in einer Ansiedlung des fernen Nordwestens zur Versteigerung; der Kreis der Bieter setzt sich zusammen aus lauter heimatflüchtigen Männern, die der Sturm des Jahres 1848 in diese Wildnis geworfen hatte. Da sind ein Dr. jur. aus Hessen, der jetzt mit einem Joch Ochsen Fuhrmannsdienste tut, ein ehemaliger kurhessischer Justizbeamter, ein vormaliger Arzt in der ungarischen Armee, ein pfälzischer Schullehrer, ein Dresdener Schneider, ein paar Hanauer Freischärler und was der wunderlichen Menschenkinder mehr sind, die zusammen keine drei Dollar bares Geld besitzen. Dafür wird in Naturalien gesteigert; der Darmstädter Doktor ersteht die sechs Bände für eine Last Brennholz, der andere zahlt mit einem selbstgefertigten Stuhl, ein dritter mit Mehl, ein vierter mit Sägeblöcken, bis endlich trotz aller Armut sechs vollständige Exemplare abgesetzt sind. „Lass uns wenigstens die Gedichte kaufen", sagte eine verkümmert aussehende Frau zu ihrem Mann, „wäre es auch nur um das schöne Gedicht ‚Ehre jeder Stirn voll Schweiß'!" Der Blick, sagt Kapp, mit welchem die Frau ihren Mann ansah, und die Freude, mit welcher sie das gegen zwei irdene Krüge erhandelte Buch einsteckte, hatten etwas ungemein Rührendes und enthielten eine vollständige Passionsgeschichte.

Ein Farmhaus im Süden

Das deutsche Lied wird noch immer in Amerika gepflegt, und wie Schönes auf diesem Gebiete geschaffen wird, das zeigt uns das deutsche Kaiserpreislied, welches kürzlich für das nächste Sängerfest ausgewählt worden ist. Den Preisrichtern, Prof. Wood von der John Hopkins Universität, Prof. Raddatz vom City College in Baltimore und Pastor Hoffmann lagen 108 Gedichte vor; sie sprachen dem von Pastor Hildebrandt in Constableville, New York, eingesandten Gedicht den Preis zu. Es trägt den Titel „Das deutsche Volkslied" und lautet:

Du hast mit deiner schlichten Weise
Mein Herz gebracht in deinen Bann,
Dass ich aus deinem Zauberkreise,
Der mich umschlingt so lieb und leise,
Mich nimmermehr befreien kann.

Es sang mit deinem süßen Klange
Die Mutter mich zur trauten Ruh.
War noch so tränennass die Wange,
Die Mutter sang, und beim Gesange
Schloss mir der Schlaf das Auge zu.

Beim frohen Reigen um die Linde
Erklangst du in der Sommernacht.
Der Liebste singt's dem schmucken Kinde,
Der Wanderbursch im Morgenwinde
Und der Soldat auf stiller Wacht.

Da ich nun fand auf fremder Erde
Nach langem Wandern Ruh und Rast,
Bliebst du in Treue mein Gefährte
Und bist an meinem neuen Herde,
Du, deutsches Lied, mein lieber Gast.

Auf die beste Komposition findet ein weiteres Preisausschreiben statt. Der im vorigen Jahre vom Deutschen Kaiser gestiftete „Kaiserpreis" wurde vom Baltimorer „Arion" gewonnen, der ihn an den siegreichen Verein des nächsten Sängerfestes abzutreten haben wird, wenn er ihn nicht selbst behaupten kann. Die deutscheste Stadt in Nordamerika ist, wie schon oben bemerkt, Milwaukee; nicht weniger als 60% ihrer Bewohner sind deutscher Abstammung, kein Wunder, wenn diese numerische Übermacht dem ganzen Gemeinwesen ihren charakteristischen Stempel aufgedrückt hat, der sich bei dem Besuch des Prinzen Heinrich schon dadurch rein äußerlich kundtat, dass viele der offiziellen Festreden in deutscher Sprache gehalten wurden.

Schon mehrere Tage vor dem Eintreffen des hohen Besuches waren weit und breit aus der Umgegend Tausende von Deutschen zusammengekommen, die mit der über dreihunderttausend Köpfe zählenden eigenen deutschen Bevölkerung der Stadt die eifrigsten Veranstaltungen trafen, um die Anwesenheit des Hohenzollernprinzen an diesem vorgeschobenen Posten der Zivilisation gebührend zu feiern. Eine Rundfahrt durch die Stadt, wobei von der Höhe aus prachtvolle Überblicke über den Michigansee gewonnen wurden, ermöglichte es den Milwaukeeern in reichlichem Maße, ihre Begeisterung zu zeigen, und die englisch redende Bevölkerung machte von dieser Gelegenheit nicht minder Gebrauch, als die Deutschen. Im vornehmen Westviertel der Stadt, wo sich die eigentlichen Wohnhäuser befinden, waren verschiedene Colleges aufgestellt, die den Prinzen nach den Regeln ihrer Schule begrüßten; jedes College hat seinen besonderen Cheer-Comment und hält streng an demselben fest. Der technische Ausdruck für diese studentische Huldigung, die unserem Salamanderreiben ähnlich ist, lautet *„Yell"*. Brüderlich verbunden riefen die Deutschen ihr Hurra und Hoch, die Engländer ihre *„Cheers for the Prince, for Germany and for the Kaiser"*, denn des Kaisers wurde überall gedacht.

Im Jahre 1835 war hier, wo heut eine herrliche Stadt von 300 000 Einwohnern sich erhebt, die sich mit Stolz die gastfreieste Stadt der Union nennt, vollkommene Wildnis. Eine einzige Pelzhändlerhütte erhob sich und wilde Indianer durchstreiften die Prärie. Die schnell emporgeblühte Stadt befindet sich noch immer in lebhaftem Wachstum; sie liegt auf den sanften Anhöhen, welche sich zum Michigan See hin abdachen, zu beiden Seiten des Flüsschens Milwaukee. Eine Eigentümlichkeit der Stadt bildet die merkwürdig scharf durchgeführte Scheidung der Nationalitäten in verschiedene Viertel. Ganz oben auf den Hügeln wohnen die Irländer in kleinen, ärmlichen Häusern, aus deren Mitte sich jedoch eine prachtvolle, in gotischem Stil gehaltene katholische Kathedrale mit einem imposanten Turnte erhebt. Auf dem sanften Abhang selbst wohnen die Amerikaner und unten am See, auf einem Boden, der früher Morast war, jetzt aber befestigt ist, die Deutschen, deren saubere Häuser zum größten Teil mit wohlgepflegten Gärten versehen sind. Die Hauptverkehrsader ist East-Water-Street, eine Straße mit glänzenden Läden und schönen Häusern. Handel und Schifffahrt sind in lebhaftem Aufblühen begriffen und die Industrie ist durch großartige Mühlen, Eisenfabriken und Branntweinbrennereien vertreten. Auch die Bierbrauerei wird in großem Umfange betrieben, denn Milwaukee-Bier ist über die ganzen Vereinigten Staaten verbreitet. Das bekannteste ist das „Pabst-Bier", welches von dem Deutschamerikaner gleichen Namens, in der Volkssprache der „Bierpabst" genannt, hergestellt wird. Herr Pabst hatte auf seinem Wolkenkratzer, dem zweithöchsten Gebäude der Stadt, zu Ehren der Anwesenheit des Prinzen Heinrich die deutsche Flagge gehisst. Wegen seiner berühmten Brauereien wird Milwaukee auch „Bier-Athen", etwas milder „Deutsch-

Bahnhofsgebäude der Chicago-, Milwaukee- und St. Paul-Bahn, Milwaukee

Athen“ genannt. Die öffentlichen Gebäude der Stadt sind, ebenso wie die besseren Privathäuser, in vornehmstem Stil gehalten und aus gediegenem Material erbaut. Die wald- und seenreiche Umgebung ist besonders reizvoll.

Zum Empfang des Prinzen waren so ziemlich alle Einwohner auf den Beinen. Die Fabriken, darunter einige, die 3000 Arbeiter beschäftigen, hatten schon mittags geschlossen. Jubelnde Hochs, untermischt mit Zischen und Kreischen, dem höchsten Jubelausruf der Amerikaner, geleiteten auf der ganzen Umfahrt den prinzlichen Wagenzug, der gegen 17 Uhr in der Ausstellungshalle anlangte.

Auf dem Wege nach dem Ausstellungsgebäude passierte Prinz Heinrich als Erster die neueröffnete Grand Avenue und die Wisconsinstraßen-Brücke unter dem Salut von 21 Schüssen, die eine Batterie am Seeufer abgab. Im Ausstellungsgebäude waren über 10 000 Einwohner versammelt, darunter 20 Kriegervereine, einer in der Stärke von 2000 Mann. Treffliche Reden wechselten ab mit Musik und Gesangsvorträgen.

Der Bürgermeister wies in seiner Rede besonders auf den Einfluss hin, den die Deutschen in Amerika in Wissenschaft, Literatur, Kunst, Ackerbau, Handel, Industrie und auf allen anderen Gebieten ausgeübt hätten. Der Deutsche sei konservativ aber unternehmend, vorsichtig, aber mutig, liberal aber die Gesetze achtend. Auch in der amerikanischen Kriegsgeschichte stehe der deutsche Name ehrenvoll verzeichnet. In Milwaukee, das die größte deutsch-amerikanische Stadt sei, netze heute Nacht manches deutsche Mütterlein, mancher Greis mit Tränen sein Kissen in Erinnerung an die glückliche Jugendzeit im alten, teuren Vaterlande. Milwaukee öffne Heim und Herz dem königlichen Prinzen und bedaure nur die Kürze des Aufenthalts desselben. Ähnlich sprach sich der Gouverneur des Staates, La Polatte, aus. Kapitän Court, der Führer des deutschen Veteranenbundes von Wisconsin, gab als Zweck des Bundes an, deutsche Tugenden, Pflichtgefühl, Ehrbarkeit, Gesetzesliebe und die deutsche Sprache zu pflegen. „Wir gehören“, fuhr der Kapitän fort, „zum konservativen Element! Wir werden gerechnet zu den Stützen von Kirche, Schule und Haus.“ Ungemein wirkungsvoll war dann die Festbeleuchtung, welche inzwischen in den vom Prinzen zu passierenden Straßen veranstaltet worden war. Besonders die lange Hauptstraße, die zum Hotel Pfister führte und in ihrer ganzen Ausdehnung von riesigen Bogen ungezählter elektrischer Glühlampen überspannt war, nahm sich feenhaft aus; vom Rathause grüßte ein flammendes *„Welcome to H. R. H. Prince Henry"* hernieder.

Eine halbe Stunde später begann in dem wundervoll mit Fahnen, Emblemen, frischem Grün und einer Fülle von Rosen gezierten Saal das große Abschiedsdiner für den Prinzen. Ausgesucht waren die Speisen, zündend die Reden, donnernd die Hochs. Die Ansprache des Prinzen Heinrich, in welcher er seinen Dank für die genossene Gastfreundschaft ausdrückte, wich in mancher Beziehung von den üblichen ab und enthielt namentlich am Schluss eine Wendung, welche allseitig überraschte, aber mit lautem Jubel aufgenommen wurde. Im allgemeinen war sie indessen kurz gehalten, denn bei dem Prinzen begann sich doch allmählich eine gewisse Abspannung bemerkbar zu machen, und er litt seit den letzten Tagen an Heiserkeit. Er sagte folgendes:

„Meine Herren! Ich will Ihre Zeit nur wenige Augenblicke in Anspruch nehmen, da ich ein wenig heiser bin. Ich habe bei meinem hiesigen Aufenthalt etwas verloren, nämlich meine Stimme, welche ich jedoch wieder zu erhalten hoffe. Es gereicht mir zum großen Vergnügen, Ihnen für das herzliche ‚Willkommen' zu danken, welches Sie mir in dieser lieblichen, schönen und sympathischen Stadt zugerufen haben, der bedeutendsten Stadt Wisconsins, die wegen ihrer blühenden Industrie berühmt ist. Es ist mir von Ihnen und auch von anderen Leuten versichert worden, dass das Emporblühen Milwaukees hauptsächlich dem deutschen Element unter seinen Bewohnern zu verdanken ist, eine Versicherung, welche mein Herz mit Stolz und Freude erfüllt, umso mehr, als ich auf dieses deutsche Element als eins der stärksten Bänder der Freundschaft zwischen Deutschland und den Vereinigten Staaten hinblicke. Ich bezweifle keinen Augenblick, dass diese Bürger deutscher Abstammung in der Zukunft ebenso wie in der Vergangenheit dem Lande zum Ruhme gereichen werden, welches dieselben mit Stolz ihr Heimatland nennen. Die Vorzüge der Stadt Milwaukee sind wohlbekannt, seine industriellen Erzeugnisse haben einen Namen – nicht so jedoch verhält es sich mit einem gewissen Ding, das ich, als ich heute durch die gedrängten Straßen der Stadt fuhr, nicht verfehlte, zu bemerken. Ich meine, kurz gesagt, *die reizenden, hübschen, süßen und schönen Gesichtchen jener vom zarten Geschlecht, deren es hier in dieser*

Stadt so viele gibt. Gestatten Sie mir ein Glas zu leeren auf das Wohl und Gedeihen der lieblichen Stadt Milwaukee.“

Jetzt hielt es die draußen stehenden Damen, welche an der geöffneten Tür den Worten, welche sie so überraschend feierten, nicht länger. Sie wollten zeigen, dass ihre Liebenswürdigkeit in der Tat eine solche Lobrede verdiene. Sie stürmten in den Saal und brachten dem Prinzen eine rauschende Huldigung dar, indem sie ihn zugleich mit einem Blumenregen völlig überschütteten.

Hierauf überreichte der Mayor dem hohen Gaste der Stadt ein Album mit Photographien verschiedener städtischer Gebäude und Gesamtansichten. Noch eine andere recht merkwürdige Gabe wurde an diesem Tage dem Prinzen zu teil. Ein Neger, von Dank erfüllt für die Freundlichkeit, mit der der Prinz verschiedenen schwarzen Deputationen im Süden begegnet war, überreichte ihm zwei Aquarien, eins mit ungewöhnlichen Goldfischen, ein anderes mit einem jungen Alligator. Milwaukee hat in jeder Beziehung seinen Ruhm als gastfreie Stadt bewährt.

14. Nach den Niagara-Fällen

Geräuschvolle Huldigungen – Eine stattliche Reveille – Die enttäuschten Toledaner – Ein Trosttelegramm – Am Südufer des Erie-Sees – Nichts als Schnee und Eis – Ein Flottenveteran – Prinz Heinrichs früherer Bursche – „Ich bin ja der Peter Karpp." – Prinz Heinrich und Präsident Roosevelt als Taufpaten – Buffalo – Niagara Falls – Begrüßung auf der Niagara-Brücke – Ein Besuch der gewaltigsten Wasserfälle der Welt – Die „Maid of the Mist" und die „Cave of the Winds" – Der Fall im Eisschmuck – Die Niagara Power Company

Lasst uns jetzt dem Freundschaftsbunde
Unsern Glückwunsch weih'n im Lied,
Der in dieser frohen Stunde
Unsre Herzen warm durchglückt!
Möge Deutschland weiter streben,
Blühen stets Amerika!
Und in ew'ger Freundschaft leben
Columbia-Germania.

Als der Blitz-Zug sich um 10 Uhr 15 Minuten abends von Milwaukee aus in Bewegung setzte, glühte dieses auf in reicher Beleuchtung. Lange noch brausten die begeisterten Hurrarufe dem auf dem Schienenstrang enteilenden Train nach, aber weiter folgten ihm die elektrischen Scheinwerfer, die ihm noch bis auf den halben Weg nach Chicago ihre Strahlenbündel nachsandten. Noch einmal wollte die „Königin des Westens" dem deutschen Königssohn ihre Liebe und Freundschaft beweisen. Als der Zug gegen Mitternacht dort eintraf und eine Ruhepause machen musste, da ein Lokomotiv-Wechsel nötig war, erscholl ein feierlicher Choral und wieder umbrauste der Jubel von Tausenden jetzt mitten in der Nacht den Zug. Gut gemeint war's freilich, aber für den ermüdeten Prinzen nicht erquicklich.

Es war ihm nicht möglich, die so notwendige Ruhe bei seiner anstrengenden Fahrt zu finden; erst um 1 Uhr konnte er sein Lager aufsuchen. Wenn auch sein Schlafraum so prächtig und bequem wie möglich eingerichtet war, er befand sich doch immer in einem rollenden Wagen. Dies hätte sich allenfalls noch ertragen lassen, wären die Begeisterungsausbrüche nur nicht gar so geräuschvoll gewesen und hätte der Gefeierte wenigstens eine von den vielen Nächten ungestört durchschlafen können. „Es wär so schön gewesen, es hat nicht sollen sein", zitierte ein Herr des Gefolges mit bitterem Sarkasmus, als endlich – die Geisterstunde war schon vorüber – ans Zubettgehen gedacht werden konnte. Aber noch hatte sich die rosenfingrige Eos nicht von ihrem Lager erhoben, noch deckte tiefe Nacht die Lande, als dröhnendes Trompetengeschmetter jäh in die Ohren der erschreckten Schläfer klang. Dazu sangen des Morgens in der Frühe um 6 Uhr 1500 Mann die „Wacht am Rhein", eine stattliche Reveille. „Zu viel, zu viel!", murrte der sarkastische Herr, „O, dass ich nicht erwachte", frei nach Tannhäuser.

Man war in Toledo angekommen, und fast mit Ängstlichkeit lauschte das Gefolge in den Betten, ob der Prinz sich erheben würde, was natürlich auch für sie ein Zeichen zum Verlassen der warmen Lagerstatt gewesen wäre. Die Herren der Begleitung zeigten sich nämlich weit ermüdeter als ihr hoher Gebieter und begrüßten jede Gelegenheit der Ruhe mit inniger Freude. Zum Glück – unter diesen Umständen war es tatsächlich als ein seltener Glücksumstand zu betrachten – hatte die dem Zuge entgegengesandte telegraphische Depesche ihre Adresse verfehlt. Natürlich war die Enttäuschung der biederen Toledaner groß; die am Bahnhof versammelten Stadträte machten lange Gesichter, aber das Publikum brachte es trotz der Absperrungsmaßregeln fertig, einige Blumensträuße in ein offenes Wagenfenster zu werfen. Aus Cleveland sandte Prinz Heinrich später ein Trosttelegramm an den Bürgermeister von Toledo folgenden Inhalts:

„Ich möchte Ihnen meinen Dank für den Empfang am heutigen Morgen aussprechen. Zu meinem Bedauern wusste ich nicht, dass der Zug halten würde; andernfalls hätte ich den freundlichen Gruß erwidert.

Heinrich, Prinz von Preußen."

Eine gleiche Enttäuschung ward den Bewohnern von Sandusky zu teil, die sich zur feierlichen Begrüßung auf dem Bahnhof eingefunden hatten. Cleveland, Ashtabula, Erie, Dunkirk wurden nacheinander passiert; überall das gleiche Bild: Tausende von Personen auf den Beinen, Tausende voll von Begeisterung.

Die Fahrt selbst war herrlich. Der Schienenstrang führte jetzt dicht am Südufer des Erie-Sees entlang, und prachtvoll waren die Ausblicke, die man durch die glänzenden Spiegelscheiben der großen Wagenfenster genoss. So weit das Auge reichte, Schnee und Eis und wieder

Am Südufer des Erie-Sees

Schnee und Eis, aber dennoch war das Landschaftsbild nicht langweilig, da es fortwährend wechselte und einen wunderbaren Eindruck der Unermesslichkeit machte. Es sind ungeheure Strecken, welche man auf nordamerikanischen Eisenbahnen zurücklegt, und hier in diesen weniger besiedelten Gegenden fühlte man so recht die Einsamkeit der Prärie. In der Tat, wären die lärmenden Empfänge nicht gewesen, man hätte sich in dieser großartigen Winterlandschaft Herz und Geist gesund baden können. Es war anders beschlossen; hin und wieder wurde Station gemacht, aber während sich die Lokomotive verschnaufte, musste der Prinz-Admiral Huldigungen entgegennehmen.

Es hat etwas ungemein Rührendes, wie diese Deutschen in der Union, die längst amerikanische Bürger geworden sind, doch mit einer gewissen Zähigkeit die Erinnerungen an die alte Heimat pflegen. Besonders altgediente Leute von der Armee und Marine gerieten in wahrhafte Verzückung, wenn sie der bekannten Uniformen des Prinzen oder auch nur seines Gefolges ansichtig wurden. So erschien beispielsweise in Buffalo ein Flottenveteran namens Koberstein am Zuge, der durchaus Exzellenz von Tirpitz sprechen wollte. Man suchte ihn zunächst abzuweisen, allein er bestand auf seinem Wunsche und fügte hinzu, man möge nur dem Admiral seinen Namen melden; dieser kenne ihn persönlich, denn sie hätten ja beide zusammen auf der „Arkona" im Jahre 1864 gedient, der Staatssekretär als Seekadett, er selbst als Matrose. Der Admiral kam unverzüglich der Bitte des alten Waffengefährten nach, unterhielt sich längere Zeit mit ihm und machte den treuen Koberstein hierdurch unendlich glücklich.

Derartige Vorfälle ereigneten sich öfter. Einen sehr humoristischen Anstrich hatte die Begegnung des Prinzen Heinrich mit einem früheren Burschen, die auf dem Bahnhof in Cleveland stattfand, und obwohl sie durchaus nicht offiziell war und infolgedessen nicht in dem sorgfältig aufgestellten Programm stand, den prinzlichen Zug länger aufhielt, als beabsichtigt war. In dem genannten Ort hatte sich ein Mann im hellbraunen Überrock und dunklem Schnurrbart und Haar durch die Menge gedrängt und es gelang ihm auch, an den die Aufsicht führenden Polizisten vorbeizukommen. Mit raschen Schritten eilte er auf den Wagen des Prinzen zu und schwang sich auf die Plattform, ehe dies verhindert werden konnte. Sofort waren die Sicherheitsbeamten an seiner Seite, um ihn zurückzudrängen, aber der Mann behauptete seinen Standpunkt und rief dem Prinzen zu: „Königliche Hoheit, kennst Du mich denn nicht mehr? Ich bin ja der Peter Karpp." Vergebens wehrten die Beamten ab, aber dem Prinzen musste der Name aufgefallen sein; er gab ein Zeichen, den Mann gewähren zu lassen. Stramm stand der Ankömmling vor dem Prinzen und sagte in dem Tone der Meldung: „Ich habe vor zwanzig Jahren die Weltreise auf dem ‚Prinz Adalbert' mit Ihnen gemacht, Königliche Hoheit, als Du noch Unterleutnant zur See warst." Wie ein Blitz schoss es über das Gesicht des Angesprochenen und dann lachte Prinz Heinrich über das ganze Gesicht, als er die Hand des Karpp erfasste, sie kräftig schüttelte und sagte: „Ach, Sie sind das, Peter, Du warst ja 18 Monate lang mein Bursche. Nee, das freut mich aber. Hast Du mich denn noch erkannt?“ „Schuhr Ding“, sagte Karpp und dann ging das Konversieren los.

Die Menge hatte den Vorgang mit großer Spannung beobachtet, und als sie sah, wie freundschaftlich der Prinz die schwielige Faust des Arbeiters in echt demokratischer Weise ergriff und die aufrichtige Freude, den Mann zu treffen, mit dem zusammen er in Japan, China, Afrika, Australien und Süd-Sibirien gewesen, sich in seinen Zügen wiederspiegelte, da brach sich der Jubel Bahn, und *„Three Cheers for Prince Henry“* klang es wieder und immer wieder. Peter Karpp ist jetzt schon seit 19 Jahren bei einer dortigen Holzfirma tätig. Der Prinz rief den Admiral von Seckendorff herbei und auch dieser erkannte den einstigen Hornisten auf dem Kriegsschiffe, auf dem er damals als Leutnant stand. Karpp geriet im Laufe der Unterhaltung mehrere Male in die englische Sprache und der Prinz sagte dann jedes Mal: „So sprechen Sie doch nur deutsch, Sie können es ja.“ Dann fuhr er leutselig fort: „Peter, kann ich irgendetwas für Dich tun?“ „Ich möchte gerne eine neue Marine-Uniform zum Andenken an Königliche Hoheit haben“, erwiderte Karpp. „Sollst Du bekommen, mein Junge“, sagte der Prinz und schrieb sich die Adresse des Überglücklichen auf. Peter aber hatte noch einen anderen Wunsch; er bat den Prinzen, ihn bis nach Erie mitfahren zu lassen, damit er sich noch mehr mit ihm unterhalten könne. Prinz Heinrich meinte jedoch lachend, das ginge nicht gut an, die Bahnverwaltung würde es nicht erlauben. Belustigend für alle, die es hörten, am meisten für den Prinzen selbst, war die Art und Weise, wie Karpp seine Unterhaltung führte; er sprach den Prinzen stets als Königliche Hoheit, aber auch oftmals per Du an; offenbar hatte er doch in den langen Jahren, die er schon amerikanischer Bürger war, ein guten Teil seiner alten Muttersprache vergessen. Aus dem Aufenthalt von fünf Minuten war ein solcher von zwanzig geworden, und als der Zug endlich weiterfuhr, umtoste vieltausendstimmiges Hurrarufen den Prinzen, der Abschied winkend auf der Plattform stand.

Dass die „Prinzenbegeisterung“ auch sonst humoristische Blüten trieb, beweist ein Ereignis, das sich in Oswego abspielte. Karl Kaspar, ein überzeugter Deutsch-Amerikaner, Geschäftsleiter der Firma Herman Lumber Co., wurde an dem Tage der Ankunft des Prinzen Heinrich der glückliche Vater eines Zwillingspaares. Zu Ehren des denkwürdigen Tages hat er den einen seiner Sprösslinge auf den Namen „Heinrich Hohenzollern“, den anderen „Theodore Roosevelt“ taufen lassen. In seinem Vaterstolz benachrichtigte Kaspar den Präsidenten Roosevelt von dem für die Taufe von seinem Namen gemachten Gebrauch und erhielt darauf von dem Privat-Sekretär Cortelyou folgendes Antwortschreiben: „Der Präsident ersucht mich, den Empfang Ihres Schreibens zu bescheinigen und Ihnen die Versicherung zu geben, dass er das Kompliment, welches Sie ihm durch die Auswahl des Taufnamens für Ihren Sohn erwiesen haben, anerkennt. Im Namen des Präsidenten erlaube ich mir, die Hoffnung auszudrücken, dass die Zukunft eine reiche Fülle von Wohlergehen und Glück dem kleinen Knaben bescheren möge.“ Nachmittags 14.45 Uhr rollte der Spezialzug in den Bahnhof von Buffalo. Erst seit dem Jahre 1832 bildet diese Stadt, die an der Mündung des Erie-Kanals in den Erie-See liegt, den großen Stapelplatz für den Binnenhandel des Nordwestens. Sie hat das Aussehen eines großen Seehafens, aber die an der Peripherie gelegenen Stadtteile, so z.B. in der Nähe des Bahnhofs der Erie-Railroad, tragen noch recht deutlich den Charakter des Wild-West. Niedrige Häuser, meist von Holz, breite, aber schlecht gepflasterte Straßen und überall Riesenplakate und Firmenschilder. Die vornehmen Stadtteile, durchzogen von der schönen, verkehrsreichen Mainstreet mit ihren glänzenden Geschäftsläden, machen einen eleganten und wohlhabenden Eindruck. Buffalo ist ein Knotenpunkt der nach Westen führenden Eisenbahnen; die Einwohnerzahl beläuft sich auf 300 000 Köpfe.

Der Blitz-Zug bei den Niagara-Fällen

Die Niagara-Fälle liegen nicht dicht bei Buffalo, sondern etwa in der Mitte zwischen dem Erie- und Ontario-See bei dem Städtchen Niagara Falls, welches durch Eisenbahn und elektrische Straßenbahn mit Buffalo verbunden ist. Als Prinz Heinrich, der die Fahrt mit der Eisenbahn machte, in Niagara Falls eintraf, hieß ihn der Bürgermeister Butler an der Spitze eines großen Empfangskomitees willkommen.

Dann ergriff Dr. Wm. Snyder im Namen der in der Stadt ansässigen Deutschen das Wort und überreichte dem Prinzen eine Adresse, die wir ihres poetischen Inhaltes wegen im Wortlaut wiedergeben wollen:

„Die Deutschen von Niagara Falls und Umgegend bewillkommnen Eure Königliche Hoheit herzlich. Wir danken Eurer Königlichen Hoheit aus vollem Herzen dafür, dass uns eine Gelegenheit geboten wird, unsere kindliche Zuneigung zu zeigen, welche wir noch für das deutsche Vaterland und für das edle Kaiserhaus hegen, und wir danken zum andern Eurer Königlichen Hoheit dafür, dass Sie in den letzten Tagen diese Bande mehr und mehr gestärkt haben. In Eurer Königlichen Hoheit begrüßen wir Deutsch-Amerikaner das Land unserer Geburt, den Inbegriff von allem, was schön und herrlich ist. Ihre Stimme ist eine Stimme aus der alten Heimat und wir empfinden etwas wie eine höhere Freude bei Ihrem Besuch. Sie gleicht derjenigen einer jungen Gattin, welche fern von dem Lande ihrer Kindheit nach dem ihres Gatten zieht, aber beständig nicht nur ihres Geburtsortes gedenkt, wo sie die goldenen Tage ihrer Jugend verlebt hat, sondern stets alles mit Freudentränen begrüßt, was aus ihrer so teuren Heimat kommt. Ihr Besuch ruft uns, die wir in Deutschland geboren sind, das friedliche Antlitz eines Vaters, die süßen Worte einer Mutter, das fröhliche Lachen von Brüdern und Schwestern, kurz alles ins Gedächtnis zurück, was schön und liebenswert ist und niemals zurückkehrt. Wir nähren den herzinnigen Wunsch, dass, wie das Wasser über die Niagara-Fälle fließt, in dem Hochlande Amerikas entsprungen und durch seine vielen Nebenflüsse stark und mächtig angewachsen, das Mekka der Angehörigen aller Nationen geworden ist, schließlich aber friedlich in den Ozean sich ergießt, auch das friedfertige Haus der Hohenzollern, welches aus den Hochlanden von Deutschland entsprungen und im Laufe der Zeiten erhaben und groß geworden ist, das Mekka aller friedliebenden Nationen und schließlich ein Segen für die ganze Welt werden wird. Wir können uns der tiefen Rührung an diesem Tage nicht erwehren, wenn wir Ihrer edlen Vorfahren und Ihres kaiserlichen Bruders, Wilhelm II., gedenken. Was haben sie nicht für unser großes liebenswertes Adoptivland getan! Wir hoffen, dass der Aufenthalt Eurer Königlichen Hoheit das Band der Freundschaft zwischen den beiden großen Nationen der Welt stärken und mehr und mehr kräftigen wird zum Heil und Segen aller Nationen."

Prinz Heinrich hielt zur Erwiderung keine längere Rede, sondern sprach nur kurz seinen Dank aus und begab sich ungesäumt nach den Fällen, um dieses größte Naturwunder Nordamerikas in Augenschein zu nehmen. Er fuhr zunächst nach der kanadischen Seite, in Begleitung einer berittenen Eskorte, welche aus Miliz-Offizieren bestand. Mitten auf der Brücke, welche die Stromschnellen unterhalb des Falles überspannt, trat dem Prinzen Mayor F. S. Maude entgegen, welcher im Namen der kanadischen Regierung und des Volkes von Kanada eine formelle Begrüßung überreichte.

Die Niagara-Fälle im Winter: Eisformen

Der erste Eindruck, den die Niagara-Fälle auf den Beschauer machen, ist eigentlich der einer Enttäuschung, zumal im Winter. Man nähert sich ihnen durch eine völlig reizlose Ebene, die flach ist wie ein Brett; nichts deutet darauf hin, dass man einem der grandiosesten Naturwunder der Welt entgegensteht, und da man die Fälle oberhalb ihres Sturzes zuerst erblickt, so geht zunächst viel von der gewaltigen Wucht des Geschauten verloren. Das Große, das Hohe wirkt eben naturgemäß nur von unten gesehen. Hierzu kommt, dass man oberhalb der Fälle nur wenig von dem Rauschen und Donnern der Wassermassen vernimmt.

Und doch sind die Fälle über alle Beschreibung gewaltig! Es geht ihnen aber wie allem wirklich Großen in Natur und Kunst; man darf es nicht flüchtig betrachten, aber es gewinnt immer mehr, je länger man sich hineinversenkt, bis es zu stiller Anbetung niederzwingt. Die meisten Besucher gewähren den Fällen von Buffalo aus einen Tag und fahren womöglich von Ansichtspunkt zu Ansichtspunkt. Da bleibt ihnen natürlich keine Zeit, der eigenartigen Natur auch innerlich näherzutreten. Sie fassen nur das rein Äußerliche auf und der Eindruck bleibt dann auch ein rein äußerlicher.

Hat man Zeit und Muße für die Fälle übrig, dann bezwingen sie auch den Verwöhntesten, der amerikanische Fall durch heitere, farbenfrohe Schönheit, der kanadische durch ernste Größe und Erhabenheit. Am unteren Ende der Parkanlagen, die den amerikanischen Arm des Flusses begleiten, liegt Prospect Point, einer der hervorragendsten Aussichtspunkte über den Fall. Pfeilschnell schießen im breiten Strom die Wasser heran, schwingen sich über den Rand des Abgrundes und stürzen nahezu 50 Meter tief hinab, um zum Teil als Nebelschwaden nochmals aufzusteigen, als wollten sie sich verwundert die Tiefe ihres Sprungs betrachten. Grau sind die in wildem Tosen heranstürzenden Fluten, aufgelöst in schneeiges Weiß vollenden sie den Sprung. Wie ein ungeheurer Teppich liegt tief unten das Strombett, dunkelgrün und von stets bewegten, weißen Linien gemustert. Steil und braun erhebt sich das jenseitige Ufer, bis es in weich geformte waldige Höhen übergeht. Der breite kanadische Fall mit seinem Nebelmeer und der Laubwald der Ziegeninsel, jetzt seines Blätterschmuckes beraubt, schließen links den Hintergrund ab. Darüber aber blaut der weite Himmel, von dem die Sonne herniederglänzt; sie zaubert einen Regenbogen in die aufsteigenden Nebelmassen hinein, der unten im Strom beginnt und sich in dem Wolkenmeer verliert.

Fürwahr eine Fülle von Farben, nicht weich und ineinander zerfließend, wie ein schottischer Künstler sie malt, sondern sichtbar sich abhebend, manchmal fast hart, aber immer voll, warm und schön, sodass sie das Langweilige der oft allzu geraden Linien bedeutend mildern. Wie ganz anders wirkt der kanadische Fall, den man am günstigsten auch vom kanadischen Ufer betrachtet. Dort ragte einst ein tafelförmiger Stein über den Abgrund hinaus, nach dem das kleine Gasthaus in der

Nähe noch jetzt den Namen „*Table Rock House*" führt. Wind und Wetter haben ihn zerbröckelt, nur ein eisernes Geländer deutet noch an, wo er gewesen. In Hufeisenform liegt der mehr als 500 Meter sich ausdehnende Fall vor dem Beschauer, trotz der ungeheuren Breite kann ihn der Blick ganz umfassen. Milchweiß siedet und brauset und zischt es dort unten im Riesenhexenkessel, weiß sind auch die hohen Wasserwände, die ihn auf drei Seiten umschließen, nur in der Mitte deutet ihr sattes Grün die ungeheure Tiefe an. Ein Schiff von sechs Metern Tiefgang würde dort über den Rand hinwegzugleiten vermögen, ohne den Felsen zu berühren. Groß und erhaben steht die schöpferische Urgewalt hier vor uns, nicht in den steinernen, starren Formen des Hochgebirges, sondern in unzähligen Milliarden von Atomen stets von neuem sich zeugend. Gleich Orgelbrausen tönt der Donner, und in tiefster Demut lauscht der Mensch der Predigt der Natur. Nur schwer vermag er sich loszureißen, aber immer wieder kehrt er zu stiller Andacht dorthin zurück, und immer größer wird ihm das Wunder.

Der Besuch all der schönen Punkte steht jedermann unentgeltlich frei. Nur die stählerne Bogenbrücke über den unteren Niagara, die in ihren einfachen Linien dem Charakter der Fälle so ungemein angepasst ist, fordert einen Brückenzoll. Früher befand sich an ihrer Stelle eine Hängebrücke, indessen erwies sich dieselbe trotz der vielen seitlichen Versteifungen durch armdicke Drähte nicht stabil genug und schwankte bei den nicht selten von der kanadischen Seite herüberbrausenden Stürmen oft bedenklich. Für die Fahrt auf dem kleinen Dampfer und für den Besuch der „*Cave of the Winds*" (Höhle der Winde) muss selbstverständlich ein Obolus entrichtet werden. Durch ein kleines Felseneiland wird ein Arm vom amerikanischen Strom abgetrennt. In Filzschuhen, rauhem Lodengewand und Gummimantel steigt man auf enger Wendeltreppe zu den Felsen hinab, die den Fuß des Falles umlagern. Ein hölzerner Steg mit festem Geländer auf beiden Seiten führt durch die Steinmassen von außen um den abgezweigten Fall und zwischen beiden Fällen in die Höhlung hinein. Voll Entzücken sieht man anfangs empor, wie der weiße Schaum herniederwallt; herabstürzende Wasserfluten verhindern bald den Blick. Noch einmal bricht die Sonne mit Diamantblitzen durch den Nebel, dann umfängt uns nächtliches Dunkel. Prasselnd schlagen die schweren Tropfen auf

Die Niagara-Fälle im Sommer (der Weg zur Höhle der Winde)

die Gummikleidung, Sturmestosen raubt den Atem; man ringt nach Luft, sucht den Kopf zu heben und die Augen zu öffnen, um durch das Wasserdach den bleichen Himmel schimmern zu sehen, vergebliche Mühe! Die Arme um das Geländer geschlungen, vermag man sich nur langsam dem Führer folgend nach vorwärts zu schieben, bis endlich das Dunkel sich hellt und die Brust leichter und freier dem goldenen Sonnenlicht entgegenatmet.

Im Winter gehen die beiden letztgenannten Aussichtspunkte verloren. Der kleine Dampfer, der im Sommer mitten in den Strudel hineinführt bis zu beängstigender Nähe an die Fälle heran – *„Maid of the Mist"* (die Tochter des Nebels) ist sein Name – liegt jetzt untätig auf dem Strande und ruht sich aus, um Kräfte zu sammeln für die Sommercampagne. Die Höhle der Winde aber ist von enormen Eiszapfen versperrt. Ganze

Die Niagara-Fälle im Winter

Gebäude von Riesenstalaktiten grünlich schimmernden Eises flankieren auch jetzt kulissenartig den Fall auf beiden Seiten und zu seinen Füßen türmt sich der mächtige Eisberg, eine besondere Eigentümlichkeit des Niagara; er besteht aus gefrorenem Nebel, denn hier kristallisiert nach und nach der Niederschlag der zerstäubten Wasser, bis er jenen mächtigen Berg emporgetürmt hat, der erst im Juli ganz zu verschwinden pflegt.

Im Allgemeinen ist der Niagara eine Sommersehenswürdigkeit und das Städtchen Niagara Falls ist darnach eingerichtet. Die vielen Verkaufsgeschäfte, die hier, wie in unseren Badeorten, Andenken aller Art feilhalten und eine ganze Niagara-Industrie heraufbeschworen haben, sind fast sämtlich im Winter geschlossen; die Hotels in der Nähe des Falles, gegenüber der Ziegen-Insel, deren Parkanlagen jetzt von Eis starren, sind verwaist, während im Sommer in ihnen ein überaus reges Leben herrscht.

Die beiden Fälle des Niagara, voneinander getrennt durch die Felseninsel *Goat Island*, haben verschiedene Breite und Form; der dem rechten Ufer nähere, amerikanische Fall ist gradlinig und 330 Meter breit, der am linken, kanadischen Ufer bildet eine starke Kurve (Hufeisen-Fall) und ist 578 Meter breit. Auch die Höhe des Sturzes ist verschieden; sie beträgt auf der amerikanischen Seite 47 Meter, auf der kanadischen 44. Die Differenz erklärt sich daher, dass der Zug des Stromes oberhalb des Falles auf den schmäleren Teil gerichtet ist und so das Niveau des Wassers auf dieser Seite erhöht wird. Die stürzenden Wassermassen werden auf 500 000 ccm in der Minute berechnet; eine enorme Zahl!

Es wird angenommen, der Niagara-Fall sei ursprünglich da gewesen, wo das Land plötzlich zum Niveau des Ontario-Sees abfällt, und habe im Laufe der Zeit durch fortwährendes Abnagen seiner Felsenunterlage sich unausgesetzt rückwärts bewegt, werde auch auf dieselbe Weise noch bis hinauf zum Erie-See zurückweichen. Nach einigen soll er jährlich 30 cm, nach anderen 18 cm, nach noch anderen 1 m weiterrücken, und man gibt ihm in diesem Verhältnisse bis zu seiner Ankunft am Erie-See noch zwischen 35 000 und 140 000 Jahre Zeit, wie man aus jenen Annahmen berechnet hat, dass er seit 14 000 bis 60 000 Jahren bereits in Tätigkeit sei. Solche Berechnungen sind schwierig: die erodierende Tätigkeit des Wassers kann nach der örtlichen Beschaffenheit des Gesteins bald langsamer, bald schneller wirken. Am 28. Dezember 1828 und im September 1853 sind größere Einstürze erfolgt. Das Wasser arbeitet an der unterliegenden Schicht von Tonschiefer so lange, bis die darauf lagernde Kalkschicht hohl wird und nachstürzt. Etwas über 5 km unterhalb des Falles, nachdem die Wasser schon wieder beruhigt dahingeströmt sind, treten die Felsen plötzlich enger zusammen und bilden so einen Kessel, den sogenannten *Whirlpool* (Wirbelkessel), in welchem der Strom sich in wilden Drehungen herumtreibt, um beinahe im rechten Winkel gegen den Einfluss wieder heraus- und zwischen ebenso engen und steilen Ufern weiterzuströmen. Etwa 5 km abwärts und 30 m unter dem Niveau der Wasserfläche unterhalb des Falles selbst wird der Niagara wieder schiffbar, eilt aber immer noch mit starkem Gefälle weiter. Bei Queenston erst tritt der Strom aus der Hügelkette heraus und strömt in einem breiten und sanften Bette dem untersten der fünf großen Seen zu.

An den Besuch der Fälle selbst schloss sich die Besichtigung der größten Kraftstation der Welt, der *„Niagara Power Company"*, welche täglich fünfzigtausend Pferdekräfte erzeugt. Buffalo, das 26 Meilen entfernt liegt, erhält von hier sein Licht und die Kraft für elektrische Bahnen. Die Kraftstation hat neun Stockwerke, von denen sich acht unter der Erde befinden. Die Anlagen geben den Beweis davon, dass der Mensch, besonders der ingeniös veranlagte Amerikaner, die größten Naturkräfte in Geld umzuwandeln weiß. 64 000 Dollar zahlte seinerzeit der Besitzer für den die Turbinen-Anlagen treibenden Kanal; heute bringt ihm dieser Kanal jährlich 350 000 Dollar ein, und trotz dem die volle Durchführung des Kraftwerkes 73 Millionen Dollar verschlang, gibt die Gesellschaft jetzt im Ort die einzelne elektrische Flamme für 35 Cents monatlich ab und steht sich dabei sehr gut. Die Riesenanlagen werden demnächst um das Dreifache ihres bisherigen Umfanges vergrößert werden. Gegen sechs Uhr verließ Prinz Heinrich die Station Niagara Falls unter dem donnernden Hochrufen der zusammengeströmten Menge.

15. Von Boston bis Philadelphia

Rochester illuminiert – Betäubender Enthusiasmus – Syracuse – Schneesturm am Erie-See – Boston im Schnee – Die „Nabe des Weltalls", die „Wiege der amerikanischen Freiheit" – Lage und Bauart von Boston – Handel, Gewerbe und Industrie – Prinz Heinrichs Fahrt durch die Stadt – Ehrenakt in der Harvard Universität zu Cambridge – Prinz Heinrich Ehrendoktor – Rah! Rah! Rah! Harvard! – Bei Professor Münsterberg – Bankett im Somerset-Hotel zu Boston – Albany – Der Degen Friedrichs des Großen – Westpoint und die Militär-Akademie – Eine Fahrt auf dem Hudson – Luncheon bei Ogden Mills – Negerkonzert im Waldorf-Astoria-Hotel – Stiftungsfest der „Deutschen Gesellschaft" – Diner bei Vanderbilt – Im University-Klub – Ein Bierkommers deutscher Studenten – Philadelphia, die Stadt der Bruderliebe – Moderne Bauten nach antikem Muster – Eastern Penitentiary, das Zellengefängnis – Prinz Heinrich, Ehrenbürger von Philadelphia – Ein Besuch auf der Crampschen Schiffswerft – Die Prinz Heinrich-Nelke – Eine Abschiedsrede – Gala-Vorstellung im deutschen Theater zu New York

Nun eilte der Zug direkt nach Osten, der Küste des Atlantischen Ozeans zu, nach Boston. Nur zwei größere Stationen wurden auf diesem Wege gemacht. Den ersten Aufenthalt hatte der Zug in dem am Südufer des Ontario-Sees gelegenen Rochester, von dessen 150 000 Einwohnern sich gegen 20 000 auf dem Bahnhof eingefunden hatten. Es war abends 8 Uhr 15 Minuten als der Zug eintraf. Kanonendonner ertönte, ein Feuerwerk wurde abgebrannt, und Scheinwerfer beleuchteten die an einem hoch schwebenden Drachen befindlichen deutschen und amerikanischen Fahnen. Die Kapelle des 54. Regiments spielte die „Wacht am Rhein", zwei Kompagnien des zweiten Marine-Reserve-Regiments waren an den beiden Enden des Zuges aufgestellt, konnten aber die begeisterte Menge nicht zurückhalten, welche die Truppen beiseite schob.

Der betäubende Enthusiasmus machte die Gesangs- und Musikvorträge unmöglich. Der Präsident der Handelskammer überreichte dem

Prinzen ein Album und einen Kodak, beides Erzeugnisse der Industrie von Rochester, neun junge Damen überbrachten Blumen- und Fruchtkörbchen. Bei der Abfahrt wurde das „Sternenbanner“ gespielt und abermals ein Feuerwerk abgebrannt. Die zweite Station war Syracuse am Erie-Kanal mit 100 000 Einwohnern. Hier, in der Heimatsstadt des amerikanischen Botschafters zu Berlin, Mr. White, traf der Zug um 10 Uhr 55 Minuten ein und machte bei dem *City Hall Square* Halt, wo der Prinz durch den Bürgermeister feierlich begrüßt wurde. Alsdann überreichte der frühere Oberrichter des Appellhofes, Charles Andrews, eine Adresse.

Zu dem Empfang war der Prinz auf der Plattform des Wagens erschienen und dankte der Volksmenge für die ihm dargebrachten Huldigungen, die unter anderem aus einem von Studenten veranstalteten großartigen Fackelzuge bestanden. Der Syracuse Herald veröffentlichte ein Kabeltelegramm des Herrn White, welches ausdrückte, dass niemals ein edler Plan edler durchgeführt worden sei, als durch den Besuch des Prinzen Heinrich in Amerika. Die Weiterfahrt wurde nach einem Aufenthalt von 15 Minuten angetreten.

Diese Nacht endlich konnte der Prinz-Admiral sich ein wenig von den wahrhaft aufreibenden Strapazen der Fahrt erholen. Es war nachgerade dahin gekommen, dass man es zu den Seltenheiten rechnen musste, wenn er sich überhaupt einmal vor Mitternacht zur Ruhe begeben konnte. Das geschah hier. Draußen herrschte der Schneesturm. In unerhörter Fülle und Dichtigkeit fielen die Schneeflocken hernieder und fegten vom Winde gejagt über die schneebedeckte weite Fläche. Nichts als Schnee überall, Schnee weit und breit, und der Schnee war es auch, welcher der Nacht ihre Dunkelheit nahm, denn wie phosphoreszierend leuchtete die weiße Decke, hier und da von dem Licht, das aus den flüchtig dahineilenden Wagenfenstern auf sie hinausfiel, getroffen. Der Schneepflug vorn an der Lokomotive schleuderte rechts und links die weißen Massen von den Schienen, wie der Steven eines mächtigen Schiffes die zu Schaum aufgelösten Wogen beiseite wirft. Obwohl kurz vorher die Strecke freigemacht worden war, fiel doch der Schnee so dicht, dass sich alsbald starke Hügel überall auftürmten.

In Boston herrschte des heftigen Schneesturmes wegen lebhafte Besorgnis. Fürchtete doch die Bevölkerung, welche mit Ungeduld den königlichen Gast in ihren Mauern erwartete, dass infolge des Unwetters das vorgesehene Programm starke Beeinträchtigung erfahren würde. Der mit voller Wucht durch die Straßen jagende Wind riss hier und da die Festdekorationen von den Häusern und mehr als eine Fahnenstange wurde von den Dächern hernieder geschleudert. Aber das gesamte Boston schien für den würdigen Empfang des Hohenzollernsprossen arbeiten zu wollen. Die ganze Nacht hindurch wurde geschaufelt und gefegt; Tausende beteiligten sich freiwillig an der Schneeabfuhr und ganze Gebirge der immer wieder vom Himmel herabwirbelnden weißen Masse wurden nächtlicherweile vor die Tore geschafft.

Die Arbeit war nicht umsonst getan. Als der Morgen im Osten graute, legte sich der Sturm; ein schöner, klarer Wintertag dämmerte herauf, der Schneefall ließ gänzlich nach, und als der Prinzenzug um 10 Uhr in den Bahnhof rollte, da war die Sage vom Hohenzollernwetter wieder einmal zur Wahrheit geworden. Herrlicher Sonnenglanz lag auf den Dächern, die Straßen erglänzten in jungfräulicher Frische und von den Häuserfronten hernieder wallten mächtige Fahnen in den amerikanischen und deutschen Farben, bewegt von einer sanften Seebrise, dem Gruße des Atlantischen Ozeans. Die amerikanische Gelehrtenstadt *par excellence* hatte ihren Festschmuck angelegt.

Die „Nabe des Weltalls“ nennt man, nicht ganz ohne Spott, Boston, denn die Bostonianer tun sich nicht wenig darauf zugute, dass keine andere Stadt Amerikas so viele höhere Lehranstalten besitzt. In seiner nächsten Nachbarschaft liegt Cambridge mit der schon 1636 gegründeten berühmten Harvard Universität. Boston ist aber auch eine sehr große Handelsstadt mit einem vortrefflichen Hafen und großen Schiffswerften. Es ist ferner die Wiege der amerikanischen Freiheit; denn in seinem Hafen fand die berühmte *„tea party“* statt, als die über die Zölle und Abgaben erbitterten Kolonisten Tausende von Teekisten ins Meer warfen und damit das Signal zur Rebellion gegen das Mutterland England gaben.

Boston, welches im Jahre 1630 angelegt wurde, also schon zu den älteren Städten des Kontinents gehört, ist die Hauptstadt des Staates Massachusetts, die größte der sogenannten Neu-Englandstaaten überhaupt und eine der bedeutendsten der Union. Die eigentliche, alte Stadt liegt auf der Spitze der Halbinsel Shawmut, die sich in einen

Busen der Massachusetts-Bai hinausstreckt. Sie weicht von den neueren amerikanischen Städten schon dadurch ab, dass sie, wenigstens in ihrem zentralen Teile, nicht nach dem Schachbrettsystem gebaut ist. Die Straßen sind ziemlich krumm und eng, und es gibt Gebäude in denselben, welche stark an das mittelalterliche England erinnern. Bei dem unebenen Terrain, auf welchem die Stadt gelegen ist, führen die Straßen bald bergauf, bald bergab, aber dies ist gleichzeitig die Ursache, dass sie dem vom Meere Kommenden einen höchst malerischen Anblick bietet. Die Häuser überragt die imposante Kuppel des schönen Staatshauses, die dem Beschauer schon von weitem entgegenleuchtet.

Besonders interessant, ja wahrhaft imponierend wirkt das Bild abends, wenn die Lichter in Stadt und Hafen aufleuchten, und nament-

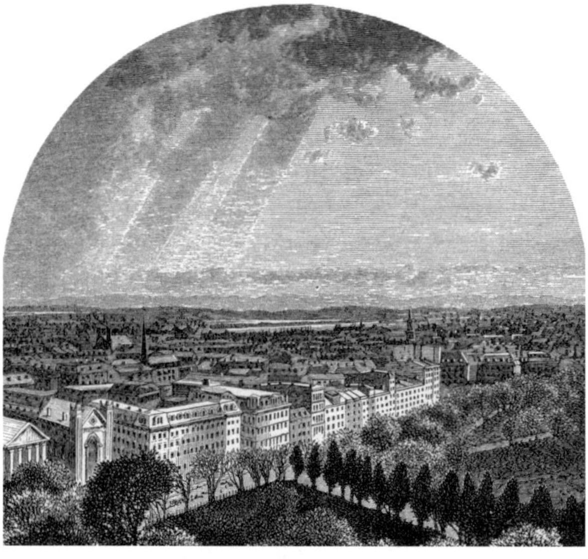

Boston, vom State House aus gesehen

lich die sehr zahlreichen, beleuchteten Brücken, deren Flammen sich im Wasser spiegeln, machen einen entzückenden Eindruck. Unter den mehr als 200 Kirchen zeichnet sich die katholische Kathedrale durch architektonische Schönheit aus; ein herrlicher Park, der Boston Common, befindet sich am Westende der Stadt. Rund um das eigentliche

Boston liegen, teils auf dem Festlande, teils auf Inseln, Stadtteile und Vorstädte, die mit der Hauptstadt durch Straßen, Eisenbahnen, Brücken und Dampffähren verbunden sind, meist weitläufig gebaut und mit schönen Gärten geschmückt. Dazu gehören Süd-Boston und Roxbury, Charlestown mit dem im Jahre 1814 angelegten Marine-Arsenal, Cambridge mit der berühmten Harvard Universität, die den Mittelpunkt der Festlichkeiten zu Ehren Prinz Heinrichs bildete, Chelsea, Brookline und Somerville.

Eisenbahnen verbinden die Stadt mit ganz Neu-England, dem St. Lorenz-Strom, den großen Seen und dem Mississippi. Die Fabrikindustrie ist hervorragend und die Manufakturen in Baumwolle und Leder sogar berühmt. Auch der Fischfang (hauptsächlich auf Wal- und Stockfische) hat große Bedeutung. Von größter Wichtigkeit aber ist der Handel mit Eis; über 250 000 Tonnen werden bei jeder Eisernte gewonnen und durch Schiffe in alle Welt exportiert bis nach Kalkutta und Canton hin. Ganz in der Nähe liegen Lexington und Bunker Hill, wo 1775 und 1776 die ersten Schlachten geliefert wurden; auf Bunker Hill erhebt sich ein 70 Meter hoher Obelisk aus Granit.

Es war ein prächtiges Bild, welches sich dem Prinzen auf dem Bahnhofe von Boston bot. Auch hier hatten sich Tausende und Abertausende von Menschen eingefunden, was insofern besondere Erwähnung verdient, als sich unter den Einwohnern der Gelehrtenstadt verhältnismäßig wenige Deutsche, überhaupt wenige Ausländer befinden. Boston ist eine derjenigen Städte, welche den reinsten amerikanischen Typus zeigen.

Nachdem eine kurwze Begrüßung durch den Bürgermeister stattgefunden, begab sich der Ehrengast der Stadt nach dem Somerset-Hotel. Der Prinz fuhr mit Admiral Evans in einem vierspännigen Wagen, eskortiert von Kavallerie, jeder Wagen des Gefolges hatte vier Vorreiter. Im Somerset-Hotel wurde der Prinz von dem Gouverneur, dem Präsidenten der Harvard Universität Eliot und anderen Würdenträgern empfangen. Das Hotel war reizend geschmückt mit Girlanden und roten Nelken, der Speisesaal in blau mit gelben Narzissen, über dem Platz des Prinzen ein amerikanisches Banner und die Prinzenstandarte angebracht. Herr C. Zinn hatte einen entzückenden Kaminschirm aus Pensees und anderen Blumen geschickt.

Im Hotel harrte eine distinguierte Gesellschaft, darunter viele Damen. Der Prinz wurde mit lebhaftem Händeklatschen begrüßt und dankte ernst, doch freundlich. In sämtlichen Empfangsräumen standen Milizposten in der der früheren österreichischen ähnelnden blauen Uniform.

Es folgte nunmehr eine Fahrt durch die Stadt, in deren Verlaufe Prinz Heinrich dem Gouverneur und dem Bürgermeister Besuche abstattete und dann das Shaw-Denkmal und die öffentliche Bibliothek besichtigte, wo der Prinz von 35 deutschen Kriegsveteranen begrüßt wurde; der Kaisersohn reichte jedem der alten Krieger die Hand. Sodann besuchte er das Staatsabgeordnetenhaus, wo gerade eine Sitzung stattfand. Überall, wo die Wagen der Gäste passieren mussten, sammelten sich große Menschenmassen, die ihm lebhafte Begrüßungen zuriefen. Wer das trotz seines Handelsverkehrs stille Boston, in dem sonst alles so ruhig und „gesetzt“ vorgeht, kennt, der konnte nicht genug erstaunen, mit wie lebhaften Freudenbezeigungen der Hohenzollernspross allerorten empfangen wurde. Der Charakter der Stadt schien völlig verwandelt; die Bostonianer hatten augenscheinlich ihre Tradition für jenen Tag vollständig vergessen.

Des Mittags um 13.30 Uhr erfolgte der feierliche Akt in Memorial Hall zu Cambridge, jenem Vororte Bostons, in welchem sich die berühmte Universität befindet, durch welche Prinz Heinrich zum Ehrendoktor der Rechte der Harvard Universität ernannt wurde. Der brausende Jubel der Studenten, welche Kopf an Kopf die Aula füllten, schien das Auditorium sprengen zu wollen. Der Präsident der Harvard Universität, Mr. Eliot, hielt hierbei eine Rede, worin er betonte, es sei das erste Mal, dass die Universität eine außerordentliche Sitzung einem fremden Prinzen zu Ehren abhalte. Für dieses einzige Vorkommnis seien gewichtige Gründe vorhanden; viele Einrichtungen, die aus England nach Neu-England gekommen, seien deutschen Ursprungs. Die Universität sei eine puritanische Gründung, daher werde auf ihr das Gedächtnis der Reformatoren, die von deutschen Fürsten unterstützt worden seien, gepflegt. Als fernere Gründe führte Redner an die deutsche Einwanderung, welche die größte und gebildetste sei; die Dankverpflichtung für Gaben der deutschen technischen Schulen und Universitäten Deutschlands außerordentliche Beiträge seit Mitte des neunzehnten Jahrhunderts zur reinen und angewandten Wissenschaft und die hohe Sympathie und Bewunderung für das nun politisch vereinte Deutschland. „Dazu kommt“, schloss Redner, „dass wir uns mit gutem Gedächtnis erinnern, dass vor 40 Jahren, als die Union sich in Todesgefahr befand, Englands Königin ihren Ministern den Krieg gegen Amerika verbot, und der Enkel dieser großen Frau steht vor uns.“

Die Studenten begrüßten nun ihren neuen Kommilitonen durch Gesang und im Anschluss daran durch den Harvard-Ruf; bekanntlich hat jede einzelne Universität ihren charakteristischen Schlachtruf. Weitere Reden von Studenten, sowie vorgetragene Dichtungen derselben folgten, dann sprach Prinz Heinrich in kurzen zündenden Worten seinen Dank aus, wobei er darauf hinwies, dass er nunmehr ein „Harvard-Mann“ sei, und als solcher fordere er die Anwesenden zu einem dreimaligen Hoch auf den Präsidenten Roosevelt auf. Noch war der rauschende Jubel hierüber nicht verklungen, als ein Telegramm Kaiser Wilhelms an den Prinzen eintraf, welches dieser vorlas. Es hatte folgenden Wortlaut:

„Ich beglückwünsche Dich dazu, dass Du heute von der Harvard Universität den höchsten Ehrengrad erhalten hast, den Amerika verleihen kann. Mögen die Kopien der Beispiele deutscher Kunst und deutscher Zivilisation, die Ich durch Dich überreiche, sowohl den Professoren, wie den jungen Akademikern ihr ganzes Leben hindurch ein Ansporn und ein anfeuerndes Vorbild sein, den deutschen Idealen zu folgen und allem nachzustreben, was erhebt und dauert.“

Die Studenten quittierten mit einem phänomenalen Harvard-Ruf auf den Kaiser Wilhelm. Präsident Mr. Eliot ließ sofort ein Danktelegramm nach Europa abgehen, welches wie folgt lautete: „Die Harvard Universität dankt Eurer Majestät für Ihr Begeisterung weckendes Telegramm an Prinz Heinrich und für Ihre hochherzige Gabe. Mögen die Handlungen Eurer Majestät die beiden verwandten Völker einander immer näher bringen.“

Später nahm der Prinz ein Luncheon in der Universitätshalle ein, worauf der Empfang in der „Harvard-Union“, einem starken Studenten-Verein, der zwei Drittel der circa 5000 Harvard-Studierenden umfasst, stattfand. Hier hielt Professor Bolling eine Rede, in welcher er ausführte: „Der Geist von Harvard findet seinesgleichen an den Universitäten von Deutschland und England. Wir sind ein Kampfkorps, das die Heuchelei, die Intoleranz und die Unwahrheit bekämpft. Kämpfend lebenslang für Harvards Traditionen mit allen Harvardleuten hinter uns, das ist der Geist der Institution, deren Mitglied jetzt Prinz Heinrich ist."

Es folgte die Begrüßungsansprache des Mayor Henry Higginson: „Sie sind uns willkommen als Repräsentant einer stolzen Nation, als Vertreter und Bruder des großen Kaisers, der entschlossen in den Spuren seiner Ahnen wandelt. Wir sind, sowohl als Nation wie als einzelne, eingedenk, wie viel wir Deutschland verdanken, seiner glänzenden Literatur, seiner herrlichen Musik und seinen Großtaten auf dem Gebiete der Wissenschaft, vor allem aber seinem edlen Beispiel des reichen, vielseitigen Menschentums der germanischen Rasse." Prinz Heinrich erwiderte bewegt und dankte für so viel Ehre und Freude, die ihm an dieser Stätte bereitet worden sei. Die schönen Stunden würden seinem Gedächtnis für alle Zeiten unauslöschlich eingeprägt sein.

Da durchbrauste das Harvard-*Yell*: „Rah, rah, rah, Harvard!" in eigentümlichem Tonfall ausgestoßen und durch Flaggenschwenken von einem Studenten dirigiert, mit wahrer Urkraft den Saal. Dieses sympathische Nähertreten zu dem Kern der gebildeten amerikanischen Jugend ist wahrlich von tiefgehendster Bedeutung für das Zusammengehen Deutschlands und Amerikas und wird in der Zukunft zweifellos herrliche Früchte tragen.

An die Feierlichkeit in der Harvard-Union schloss sich ein Besuch bei Professor Münsterberg, dem die von Kaiser Wilhelm der Harvard Universität geschenkten Photographien überreicht wurden. Der Gelehrte empfing mit seiner Gattin den Prinzen Heinrich in der geschmackvoll dekorierten Wohnung und geleitete ihn nach der Bibliothek, wo der Vorsitzende des Verwaltungsrates des Germanischen Museums Putnam in seiner Ansprache darauf hinwies, dass Professor Francke die Errichtung des Museums angeregt und der deutsche Botschafter v. Holleben sie gefördert habe. Der Prinz antwortete: „Lassen Sie mich in wenigen Worten Ihnen danken für die erwiesene Freundlichkeit und Ihnen sagen, dass die Vereinigten Staaten von der anderen

Seite des Ozeans aufmerksam beobachtet worden sind; wir kennen die Riesenindustrie, wodurch Ihr Land zu dieser Stellung gekommen, wir kennen auch die *Germanic Museum Association*; besonders Seine Majestät der Deutsche Kaiser, mein Bruder, den ich hier zu vertreten die Ehre habe, hat sein Auge darauf gerichtet und mir befohlen, Ihnen diese Photographien von Reproduktionen von Denkmälern zu übergeben, wovon die Abgüsse gemacht werden. Die Arbeit ist in dem Anfangsstudium. Es wird immerhin vier Monate dauern, ehe der Kaiser die Abgüsse senden kann." Hierauf überreichte der Prinz dem Präsidenten Eliot die Photographien mit der Bemerkung: „In Ihren Händen sind sie wohl am sichersten", und scherzend zu Putnam gewandt, fügte er hinzu, es solle dies natürlich für ihn keine Kränkung sein. Präsident Eliot bat, dem Kaiser den aufrichtigen Dank der Universität für die herrliche Gabe zu übermitteln. Nachdem alsdann Erfrischungen eingenommen waren, kehrte Prinz Heinrich in das Hotel zurück.

Am Abend gab die Stadt dem Prinzen ein Galadiner, an dem über 200 Personen teilnahmen. Der mächtige Saal des Hotel Somerset wurde durch vier lange Paralleltafeln und eine erhöhte Quertafel vollständig eingenommen, sämtlich mit einer Fülle von Rosen geschmückt, wie sie in dieser eigenartigen Verschwendung nur der Amerikaner kennt; kostet doch eine kleine Handvoll dieser Blumen inmitten des Winters etwa 60 Mark. An der Quertafel saß Prinz Heinrich mit seinem Gefolge, den Großen der Stadt und hohen amerikanischen Würdenträgern. Die erste Hälfte des Diners verlief ohne Trinksprüche, dann aber häuften sie sich zu ungezählter Menge. Die Antwort des Prinzen wurde wiederholt durch Beifallklatschen unterbrochen, zumal bei seinem Hinweis darauf, dass ihn bereits die fünfte Generation erbeingesessener amerikanischer Familien empfange.

„Ich bin", so führte der Prinz des näheren aus, „Gast der Stadt, deren Einwohner im höchsten Stolze sich als Nabe des Weltalls betrachten. Ernst gesprochen, ich würde meine Reise durch Ihr Land als unvollendet angesehen haben ohne den Besuch der bedeutendsten Stadt jenes Staates, der in der Geschichte der Union eine so wichtige Rolle gespielt hat, dessen Einfluss so groß und weitreichend ist, der der Literatur einen Emerson, Hawthorne und Longfellow, der Wissenschaft Männer wie Agassiz, Thoreau, der Geschichtsforschung Bancroft, Motley und Prescott gegeben hat. In der Nachbarschaft Ihres Staates wurde die Ära herbeigeführt, die Zeugin des Wachstums der Nation und eines sehr selten erreichten universellen Patriotismus war. In gewisser Beziehung ist mein Besuch also von besonderem Interesse für mich. Mir scheint, ich stehe an der Wiege der amerikanischen Zivilisation. Mögen auch die Bande der Freundschaft, welche so viele Jahre unsere beiden Völker vereinigen, noch fester geknüpft werden durch gegenseitigen Wettbewerb auf dem Felde der Literatur, Kunst und Wissenschaft. Sollte dies das Resultat meines Besuches Ihrer freundlichen, gastfreien Küsten sein, so will ich mir gern nachsagen lassen, dass ich mich dem gleichzeitigen Interview durch über tausend amerikanische Presseleute unterworfen habe, und ebenso die – um es offen zu sagen – Unbequemlichkeit hinzunehmen, welche mir das beständige Knipsen zahlloser Photographen bereitete. Glauben Sie mir, die Amerika-Fahrt war für mich ein Hochgenuss. Sollte ich das Glück haben, die United States nochmals besuchen zu können, dann weiß ich, dass ich nicht als völlig Fremder wiederkehre."

Es sprachen sodann der Gouverneur im Namen des Staates und Marinesekretär Long als Vertreter der Bundesregierung. Letzterer sagte in seiner Rede, Prinz Heinrich zeige bei seinem ersten Besuche in Amerika eine an Yankeeschlauheit heranreichende Weisheit, die das Beste immer bis zuletzt aufspare. Überall habe er einen warmen Empfang gefunden; hier sei ein gewisses Etwas, das er sonst nirgends gefunden habe. Wenn der Prinz, worüber alle entzückt sein würden, in Amerika bliebe, würde er als Bewerber um ein Amt so rasch populär werden, wie er sich als internationaler Gast der amerikanischen Eigenart angepasst habe; ganz demokratisch habe er freundliche Worte für jeden. Als Beispiel könne man den Besuch des Prinzen in der Marine-Akademie anführen, wo er mit seinem Takt beim Ringkampfe nicht dem Sieger, sondern dem Besiegten die Hand gereicht und jeden einzelnen Teil der Einrichtungen der Akademie studiert habe. Wenn der Prinz Amerikaner würde, so wäre ihm ein Mayorsamt gewiss, auch würde er ihn, den Redner, aus dem Marineamt verdrängen. Er sage dies nicht nur als ein verdientes Kompliment, sondern auch in anderer Bedeutung. Ihm schwebe das Dichterwort vor: *„The Parliament of Man, the Federation of the World."* Die Anwesenheit des Prinzen in Amerika bedeute ungefähr die beste Phase moderner Zivilisation: freundschaftliche Beziehungen zwischen den Völkern der Erde, die Nachbarn und Freunde, anstatt Feinde geworden seien. Wie Amerika den Prinzen bewillkommne, so bewillkommne es auch Deutschland, das Land Steubens, Goethes, Heines, Mendelssohns, das Land der Poesie, der Philosophie, Wissenschaft und Kunst, der großen Soldaten und Staatsmänner, das Land der Musik und des Gesanges.

Richard Olney, der unter Cleveland Staatssekretär war, legte dar, wie Amerika aus dem *enfant terrible* der heiligen Allianz zur Weltmacht geworden sei, nicht trotz, sondern wegen der demokratischen Förderung der Volkskraft. Das gelte auch für Deutschland, dessen Haupt alle monarchischen Häupter überrage, nicht nur durch seine persönliche Begabung, sondern weil es die lebendige, wahre Verkörperung des Charakters, der Ziele und der Ideale des deutschen Volkes sei. Den Anspruch auf diesen Ruhm habe der Kaiser nicht besser bewiesen als durch die freundschaftliche Mission seines Bruders. Die Völker selbst, nicht die Herrscher, gefährdeten heute den Frieden, darum sei das beste Mittel, einen Krieg zu vermeiden, die Völker freundschaftlich einander bekannt zu machen. Der Haager Schiedsgerichtshof sei eine große Errungenschaft, und der Kaiser suche den Frieden zu erhalten dadurch, dass er Missverständnissen zwischen den Nationen vorbeuge. Das sei besser als Heilversuche nach erfolgtem Bruche der Freundschaft. Die Entsendung des Prinzen sei sehr zeitgemäß, denn Amerika fordere die Welt heraus zum Kampfe um die industrielle Oberherrschaft, der der gewaltigste in der Weltgeschichte sei. Der Besuch des Prinzen und der überaus günstige Eindruck, welchen derselbe gemacht habe, seien unzweifelhaft geeignet, dem vorzubeugen, dass der Kampf in einen Krieg ausarte. Deutschland und Amerika verpflichten sich gewissermaßen, den Kampf in den Grenzen christlicher und zivilisierter Völker zu halten. In diesem Sinne werde der Besuch des Prinzen zu den merkwürdigsten Ereignissen der internationalen Geschichte gehören.

Während des Banketts überreichte der Großmeister der Germania-Logen Hauser dem Prinzen ein goldenes, diamantbesetztes Freimaureremblem als Geschenk einer typischen Amerikanerin, Frau Goodwin. Das Emblem ist aus einem Goldklumpen hergestellt, den der Gatte der Frau Goodwin im Jahre 1849 in Kalifornien gefunden hat. Erst um halb elf Uhr hob der Prinz die Tafel auf, um noch der Einladung des reichsten Mannes von Boston, Mr. Seels, zu folgen.

Bei einem von dem „*Thursday Evening Club*“ veranstalteten Empfang traf alsdann der Prinz auf ein Stündchen mit hervorragenden Schriftstellern zusammen, worauf er sich nach dem Bahnhof begab. Vor der Abfahrt nach Albany, welche um 2 Uhr nachts erfolgte, dankte der Prinz dem Kommandeur der Kadetten, welche den Ehrendienst im Somerset-Hotel versehen hatten.

Viel Ruhe blieb dem Prinzen Heinrich diese Nacht nicht, denn schon um halb 9 Uhr morgens traf der Zug in Albany, der offiziellen Hauptstadt des Staates New York, ein. Es liegt am Hudson und zwar an derjenigen Stelle, wo sich der Erie-Kanal abzweigt. Durch diese Lage allein schon ist bedingt, dass die Stadt kommerzielle Bedeutung hat. Eine große Menge von Eisenbahnen verbindet sie mit den Hauptverkehrszentren der Union, und das reiche und weite Hinterland macht sie vollends zu einem Emporium des Handels. Die Einwohnerzahl beläuft sich auf 150 000 Köpfe. Der Stadtteil auf der Höhe, von einem Gebäude mit stattlicher Kuppel gekrönt, liegt in vornehmer Ruhe. Ein bekannter Reisender sagt von ihrer Architektur, sie scheine ganz

Kapsel für den Ehrenbürgerbrief der Stadt Albany

verliebt in Säulen und Kuppeln zu sein. Albany hatte glänzenden Festschmuck angelegt, als der Prinzenzug in den Bahnhof einlief. Es ist merkwürdig, dass bei all den vielen Ansprachen und Empfangsreden, die doch sämtlich dasselbe Thema behandelten, immer wieder neue Gedanken auftauchten, besonders bewunderungswürdig zeigte sich in dieser Beziehung der Prinz, der jedem nicht nur etwas Angenehmes, Verbindliches, sondern auch Charakteristisches zu sagen wusste.

Der Empfang auf dem Bahnhof, zu welchem sich der Gouverneur Odell, der Generaladjutant Henry und eine Abordnung des Senates eingefunden hatten, verlief völlig zwanglos. Dann wurde unter militärischer Eskorte eine Fahrt nach dem Rathaus angetreten, wo der Mayor Gans den Prinzen mit einer Ansprache begrüßte und ihm den Ehrenbürgerbrief überreichte. Hierauf begab sich der Prinz nach dem Staatskapitol, einem monumentalen Prachtbau, wo eine Bewillkommnung durch den Gouverneur im Namen des Staates New York stattfand. Hier wurde dem Prinzen ein Degen gezeigt, der von Friedrich dem Großen dem amerikanischen Staatsmann Washington geschenkt worden war, und der jetzt in der hiesigen Staatsbibliothek aufbewahrt wird. Seine Inschrift lautet: „Der älteste General der alten Welt dem größten General der neuen Welt." Im Staatssenat, zu welchem sonst nur Senatoren und Staatsoberrichter Zutritt haben, wurde der Prinz auf das herzlichste empfangen. Der Präsident sagte in seiner Rede, die friedliche Eroberung Amerikas durch den Prinzen stehe den größten Schwertsiegen der Hohenzollern gleich. Im Repräsentantenhause bat der Sprecher den hohen Gast, Grüße an den deutschen Kaiser zu überbringen. Prinz Heinrich erwiderte, er sei überall so herzlich aufgenommen worden, dass er unvergessliche Eindrücke empfangen habe. Nachdem sich der Prinz noch in das goldene Buch eingetragen und auf dem Gange zum Repräsentantensaal im Kapitol in huldvollster Weise geplaudert hatte, wurde die Rückfahrt zum Bahnhof angetreten. Erwähnt sei noch, dass einer von den vier Veteranen, die der Prinz hier begrüßte, mit dem jetzigen Botschafter von Holleben bei den Gardehusaren gestanden hat, 1870 zweimal verwundet und mit dem eisernen Kreuz ausgezeichnet wurde. Bei der Rückfahrt vom Kapitol ertönte von der nahen Kirche, als es 1 Uhr schlug, ein Glockenspiel; die Melodie war die „Wacht am Rhein".

Die nächste Station war Westpoint, welches zwischen Albany und New York am Hudson auf einer Anhöhe gelegen ist, von Bergen und Schluchten umgeben, im Sommer in das satte Grün des herrlichen Taubwaldes gebettet, jetzt von weiten Schneebergen umgürtet. Der Besuch der Militär-Akademie in Westpoint gehörte sowohl für den Prinzen selbst, wie für diejenigen, welche ihn begleiten durften, zu den interessantesten Episoden der ganzen Reise. Von der Station aus ging es in Schlitten auf weiten Serpentinen zu der auf dem hohen Hudsonufer gelegenen weltberühmten Anstalt hinauf. Oberst Mills, der

Direktor der Militär-Akademie, und Offiziere geleiteten den Prinzen und sein Gefolge, reguläre Infanterie bildete Spalier und Geschützsalut begrüßte die Besucher vor der Anstalt, welche aus einem ganzen Komplex von Gebäuden besteht. Auf dem Exerzierplatz standen die sechs Kompagnien Kadetten, durchweg kräftige, gesundheitstrotzende junge Leute, in Paradefront aufgestellt. Sie trugen hellgraue Mäntel, mützenartige Käppis, halbhohe Gamaschen, weißes Lederzeug, über der Brust gekreuzt, und moderne Infanteriebewaffnung.

Der Prinz-Admiral schritt die Paradeaufstellung ab. Dann erfolgte ein zweimaliger Vorbeimarsch der Zöglinge in Kompagniefront, erst im Schritt, wobei sie nach amerikanischer Art kurz vor dem Standpunkt des Prinzen das Gewehr quer vor die Brust nahmen, das zweite Mal im Laufschritt mit Gewehr über – da das ganze Paradefeld mit gut einem halben Fuß Schnee bedeckt war, keine kleine Leistung. Prinz Heinrich dankte in kurzer Ansprache den Kadetten für ihre treffliche Leistung, worauf sie ihn mit ihrem eigenartigen Westpoint-Ruf hochleben ließen und mit Musik abmarschierten.

Die Militärakademie in Westpoint

Es folgte eine Besichtigung der verschiedenen Einrichtungen der Anstalt, die durchweg vorzüglich sind; auch dem Gedenksaal, in welchem Bilder berühmter Generale und alte Fahnen aufgehängt sind, wurde ein Besuch abgestattet. Vorzügliches leistete später eine Kadetten-Abteilung im Reiten und Voltigieren auf ungesattelten Pferden; kein Zirkusmann hätte die halsbrecherischen Kunststücke besser machen können. Ebenso ausgezeichnet wurden im Turnsaal Hantelübungen ausgeführt, kurzum, was die Reisenden von den Einrichtungen der Anstalt und körperlicher Ausbildung der Kadetten in Westpoint sahen, war durchaus tadellos.

Nach Beendigung der Besichtigung richtete Prinz Heinrich eine Ansprache an die Kadetten, worin er ihre vortreffliche Erscheinung belobte und sagte: „Ich freue mich, Sie, eine glänzende Schar junger

Männer, gesehen zu haben, und beglückwünsche auch die Nation, der die Dienste solch prächtiger Leute gehören. Ich hoffe, dass die bald stattfindende Jahrhundertfeier der Akademie ein schönes Fest werden wird. Es war mir eine rechte Freude, diesen schönen Ort besucht zu haben; ich danke Ihnen."

Der Prinz benutzte für seine Fahrt von Albany über Westpoint nach New York die Eisenbahn, denn er musste mit den schnellsten Mitteln von Ort zu Ort eilen. Der Tourist, welcher des Wanderns und Schauens wegen reist, macht den Ausflug von New York aus nach Westpoint und Albany auf dem Hudson, dem „amerikanischen Rhein", wie dieser Fluss häufig in Bezug auf die malerische Schönheit seiner Ufer genannt wird.

Auch ich möchte meinen Lesern kurz eine solche Stromfahrt vorführen; sie wird, wie auch unsere Touristenfahrten auf dem Rhein, nur im Sommer unternommen, da während des Winters die Passagierdampfer ihre Tätigkeit einstellen. Genussreich kann dieser Ausflug nur vom Deck des Schiffes aus sein, und für einen Aufenthalt auf demselben ist es im Winter zu kalt; auch ist der Eisgang des Stromes gefährlich. Das Wasser des Hudson, der an seiner breiten Mündung bei New York mehr einem Meeresarm als einem Flusse ähnlich sieht, ist stark salzhaltig und bis weit hinauf brakig. Da sein Gefäll außerordentlich gering ist, so machen sich Ebbe und Flut bis hinauf nach Albany bemerkbar.

Seine landschaftliche Schönheit besteht in der reichen Abwechslung von wilder Fels- und Waldgegend an seinen Ufern mit lieblich grünenden Geländen. Prächtiger Urwald und malerische Felspartien treten vielfach dicht an seine Ufer heran und engen hier und dort die Wasserfläche ein; dazwischen sind häufig seeartige Erweiterungen eingestreut. Führt man eine Fahrt von New York nach aufwärts aus, so fesseln gleich nach Verlassen des Hobokener Hafens schroffe Felswände den Blick. Es sind die sogenannten Palisaden, ungeheure Basaltsäulen, welche bis zu einer Höhe von mehr als hundert Metern senkrecht aufsteigen und sich über 30 km weit am westlichen Ufer entlangziehen.

Bei dem Tappan Zee verbreitert sich der Strom zu einer ausgedehnten Wasserfläche, die von scharf geschnittenen Bergpartien umgeben ist und eine herrliche Szenerie darstellt. Hier liegt das 12 000 Einwohner haltende Sing Sing mit dem großen New Yorker Staatsgefängnis; ihm gegenüber auf dem anderen Ufer die großartig angelegten

Der Hudson bei Westpoint

Vorratshäuser der New Yorker Eiskompagnien, welche nächst Boston die bedeutendste Ausfuhr der Welt mit diesem wichtigen Handelsartikel treiben. Weiter aufwärts kommt der schönste Punkt des ganzen Hudson-Tales, das aus weißlichem Marmor erbaute Städtchen Mount Pleasant in einer herrlichen, malerisch schönen Umgebung.

Jetzt steuert der Dampfer bei Anthony's Nose vorüber, einem schroff aufstrebenden Felsen, der sich weit in das Flussbett vorschiebt. Auf dem rechten Ufer sehen wir Westpoint liegen, die Militär-Akademie, der, wie oben erwähnt, Prinz Heinrich eine eingehende Besichtigung zu teil werden ließ, mit dem Kosciuszko-Denkmal. Dahinter erweitert sich das Flussbett wiederum bei Windsor, wo die Landschaft der zurückweichenden Ufer ebenfalls hohe, malerische Reize entfaltet. Dann treten die Flussufer wieder näher zusammen und erheben sich in den wildromantischen Catskillbergen bis zu einer Höhe von 1100 Metern.

Bis hierher ist der Fluss für Seeschiffe passierbar; doch jetzt, 200 km oberhalb seiner Mündung nehmen seine Tiefe und seine malerische Schönheit merklich ab. Wir passieren nacheinander das im Jahre 1708 von Pfälzer Auswanderern gegründete Newburgh, welches heute 30 000 Einwohner zählt, Fishkill mit 5000, Poughkeepsie mit 28 000 Einwohnern und einer Hochschule für Damen, genannt Vassar College. Die weiter aufwärts gelegene Stadt Hudson zählt 20 000 Einwohner. Den Endpunkt des Ausfluges bildet Albany, dem wir bereits oben mit Prinz Heinrich einen Besuch abgestattet haben.

Nach der Rückkehr an den Ausgangspunkt seiner Reise, New York, stieg Prinz Heinrich im Waldorf-Astoria-Hotel ab und gönnte sich den folgenden Vormittag, Sonnabend den 8. März, ein wenig Ruhe nach der äußerst anstrengenden Fahrt. Im Auftrage seines Herrn legte Adjutant von Egidy einen Kranz im Grant-Mausoleum nieder, während die Herren von Holleben, von Seckendorff, von Tirpitz und andere in Vertretung des Prinzen die Columbia Universität und das deutsche Hospital besuchten.

Erst gegen Mittag verließ Prinz Heinrich unter Polizei-Eskorte das Hotel und begab sich in das Haus der Ogden Mills, wo das Luncheon an kleinen Tischen auf Goldgeschirr serviert wurde. Nachher fand im Musikzimmer ein privates Konzert statt, bei welchem einige Berühmtheiten der Saison mitwirkten.

Den Nachmittag nahm das Negerkonzert im Waldorf-Astoria-Hotel in Anspruch, veranstaltet von einem vorzüglich geschulten Chor aus Carolina, der alte und neuere Negerlieder, fast durchweg schwermütige, aber ungemein klangvolle Weisen zum Besten gab. Der Chor zählte 30 männliche und 40 weibliche Sänger, darunter besonders bei den Frauen einzelne vortreffliche Solostimmen. Der Hautfarbe nach waren es sämtlich Mischlinge aller Schattierungen, und unter den Frauen mehrere von fast weißer Hautfarbe, jedoch alle mit dem charakteristischen krausen Wollhaar. Die Vorträge bestanden aus Chorgesängen mit Solis und wurden durchweg ohne Noten gesungen. Prinz Heinrich ließ sich eingehende Erklärungen über den Chor, die Unterrichtsmethode usw. geben und schließlich den farbigen Dirigenten heranrufen, mit dem er sich längere Zeit unterhielt. Dann schrieb er einige Worte in dessen Notizbuch und drückte ihm die Hand. Als die Negerlieder beendet waren, dankte der Prinz persönlich der ganzen Truppe für ihre vorzüglichen Leistungen, die ihn sehr interessiert hätten, und reichte auch einigen der farbigen Vorsänger die Hand. Dem Dirigenten Booker ersuchte er beim Abschied um Zusendung einer Sammlung von Negermelodien.

Besonders herzlich gestaltete sich die Abschiedsfeierlichkeit der „Deutschen Gesellschaft in New York", die am Abend desselben Tages stattfand. Der Verein konnte damit zugleich die Feier seines 118. Stiftungsfestes begehen. Auch dieses Fest wurde im Waldorf-Astoria-Hotel abgehalten; der Saal war prachtvoll geschmückt, die Galerien reich mit Damen besetzt. An der Tafel nahmen etwa 900 Personen teil; Prinz Heinrich saß zwischen Karl Schurz und Gustav Schwab. Die Reden, welche gehalten wurden, waren nicht lang, aber sehr bedeutungsvoll, in Sonderheit die des berühmten, betagten Staatsmannes, des Deutsch-Amerikaners Karl Schurz, der soeben von einer Krankheit genesen war und dem Prinzen zu Ehren das erste Fest nach seiner Wiederherstellung mitmachte.

Mayor Seth Low hielt einen humoristisch gefärbten Toast, der häufig von schallender Heiterkeit unterbrochen wurde. Unter anderem sagte er, der Prinz habe in zwei Wochen mehr geleistet als jeder Amerikaner in seinem ganzen Leben, er sei nämlich Bürger von 20 Städten geworden. Namens der Stadt New York heiße er den Prinzen nicht willkommen, sondern er beglückwünsche ihn zu seiner Rückkehr in die Stadt, die er alle Zeit als sein Heim betrachten möge.

Prinz Heinrich erwiderte: „Wenn die Stimmungen eines Volkes, eines Publikums dem Ausdruck geben können oder die Gefühle, die ein Volk hegt, ausdrücken, und ich habe keine Ursache, an der Echtheit dieser Gefühle zu zweifeln, so möchte ich glauben, dass der Wunsch Seiner Majestät des Kaisers, meines allergnädigsten Herrn, in Erfüllung gegangen ist, dem die Mission seines Vertreters zwischen zwei Nationen zu Grunde gelegen hat. Der mir bereitete Empfang ist ein weiterer Beweis der Freundlichkeit und der Begeisterung, womit ich in allen von mir besuchten Landesteilen aufgenommen worden bin. Ich schätze die Bekundungen des Wohlwollens sehr hoch und bin überzeugt, dass die ‚Deutsche Gesellschaft' viel zur Ausbreitung und Verstärkung der freundschaftlichen Gefühle zwischen Deutschland und den Vereinigten Staaten beiträgt."

Die Rede von Karl Schurz ging von dem Gedanken aus, dass Amerika, seitdem es eine Großmacht geworden und auf festen Füßen stehe, Freunde überall habe. Als jedoch die Union in Not war, sei das deutsche Volk ihr bester Freund gewesen. Andererseits sei die Herstellung der nationalen Einheit Deutschlands nirgends so sympathisch begrüßt worden wie in den Vereinigten Staaten. Alle Presshetzereien, angestiftet, die deutsch-amerikanische Freundschaft zu zerstören, seien nur kraftlose Giftmischerei und knabenhaftes Geschwätz. Ein Friedensbruch wäre ein Verbrechen, doch könne man ein solches Verbrechen getrost als unmöglich bezeichnen. Des Kaisers herzgewinnender Freundschaftsbote sei mit einem so elementaren Ausbruch von Wärme begrüßt worden, dass alle Welt sich von der Aufrichtigkeit der Gefühle überzeugen musste. Der Erfolg sei eine Freude für jeden Freund der Menschheit. Zum Schluss sprach der Redner die Bitte aus, der Prinz möge in Deutschland erzählen, wie hoch die Weisheit des Kaisers, des Urhebers dieses Freundschafts- und Friedensfestes, hier geschätzt werde. Die deutsch-amerikanische

Karl Schurz

Freundschaft verjünge die große Garantie des Weltfriedens. Diese Rede des 73 Jahre alten Karl Schurz, der in bewunderungswürdiger Frische und prachtvollster Form unter ungeteilter Aufmerksamkeit der Anwesenden sprach, war die eindruckvollste des Abends. Der Prinz selbst war tief bewegt und zeichnete Schurz, welcher zu seiner Rechten saß, durch eine längere Unterhaltung aus.

Ebenso wie die Worte Karl Schurz' traten die folgenden Reden vom Präsidenten Bartler der Columbia Universität, der den Einfluss des germanischen Gedankens auf die amerikanische Zivilisation behandelte, von Frederik Holls, der über das Deutsche in den Vereinigten Staaten, von Rudolph Keppler, der über das alte und das neue Vaterland sprach, aus dem üblichen Rahmen von Festreden heraus. Namentlich durch die beredten Worte von Schurz und Holls flutete ein so begeisterter Ton, dass den Hörern sich die Herzen weiteten. Von den Vorträgen des Arion, welche den Reden folgten, erntete das „Prinzenlied", eine Komposition des Chorleiters Dr. Lorenz, den reichsten Beifall. Das „Lied von der Muttersprache", Gedicht von Paul Grot, musste auf besonderen Wunsch des Prinzen wiederholt werden; auch das Preislied von dem mitanwesenden Komponisten Dr. Faßbender, mit welchem der Verein im vorigen Jahre den Kaiserpreis errungen, war von mächtiger Wirkung.

Der Prinz dankte in den wärmsten Worten und hob hervor, nie habe er zartere, feinere Töne von einem Männerchor vernommen. Er habe auch andere Musik in Amerika gehört, die ihn auf das höchste entzückt habe, und er habe die Ansicht gewonnen, dass der Sinn für Musik in das Herz des Menschen ohne Rücksicht auf Rasse und Hautfarbe gepflanzt sei. Prinz Heinrich verweilte bis Mitternacht in dem anregenden Kreise; als er sich zur Heimfahrt erhob, brachte der Vorsitzende Schwab ein begeistert aufgenommenes Hoch aus, und unter dem Gesang der amerikanischen Hymne schloss die in jeder Hinsicht erhebende Feier.

Der nächste Tag war ein Sonntag, was trotz der strengen amerikanischen Handhabung der Sonntagsruhe für den Prinzen Heinrich eine solche nicht im Gefolge hatte. Zum Diner war er an diesem Tage als Gast im Hause Cornelius Vanderbilts, dessen Gemahlin, als sie noch ihren Mädchennamen Wilson trug, beim Yachtwettsegeln in Kiel die

Bekanntschaft Kaiser Wilhelms gemacht hatte. Der Saal, in dem sich 52 Gäste eingefunden hatten, war in reichen Blumenschmuck gehüllt, zu dem eine Fülle von weißen und rosafarbenen Kamelien verwandt worden war; an jeder elektrischen Lampe hing ein Büschel Akazienblüten. Beim Eintreten schritten die Gäste durch eine Gasse von blühenden Pflanzen und Rosen. Auf der Tafel des Prinzen Heinrich, die im Wintergarten Aufstellung gefunden hatte, waren American Beauty-Rosen und Frühlingsblüten aufgehäuft. Die Wände waren bis zur Decke mit Azaleen, Rosen, Akazienblüten und tropischen Ranken bedeckt. Ungeheure Summen waren für diese überreiche Dekoration aufgewendet worden.

Des Abends um 8 Uhr fuhr der Prinz in geschlossenem Wagen nach dem University Club, wo er von dessen Präsidenten Howland begrüßt wurde. An dem Diner nahmen u.a. teil: Botschafter von Holleben, Generalkonsul Bünz und General Miles.

Nach 11 Uhr abends begab sich Prinz Heinrich vom University Club nach der Arion-Halle, wo 400 ehemalige deutsche Studenten einen Bier-Kommers veranstaltet hatten. Karl Beck führte den Vorsitz und begrüßte den Prinzen mit einer Ansprache. In seiner Erwiderung führte der hohe Gast aus: „Sie sangen soeben ‚Deutschland, Deutschland über alles', Sie alle tragen im Knopfloch das schwarz-weiß-rote und rot-weiß-blaue Band. Ich hoffe, dass der deutsche Idealismus, die deutsche Sprache, das deutsche Lied, die deutschen Sitten und das deutsche Denken ein Bindeglied zwischen dem teuren Vaterland und den Vereinigten Staaten sein werden." Um Mitternacht kehrte der Prinz in das Hotel zurück.

Am folgenden Tage, Montag den 10. März, trat der Prinz-Admiral noch einmal die Fahrt nach Philadelphia an, welches er schon zweimal auf dem Wege nach Washington berührt hatte, ohne sich dieser wichtigen Stadt bisher haben widmen zu können.

Philadelphia war vor der Anlage Washingtons die politische Hauptstadt der Union und Sitz des Kongresses, vor dem Aufschwunge New Yorks aber überhaupt die erste Stadt des nordamerikanischen Kontinents. Heut nimmt es den zweiten Platz unter den Städten der Union ein. Es liegt an der Vereinigung der beiden Flüsse Delaware und Schuylkill. Ersterer ist hier doppelt so breit wie der Rhein bei Mainz, bildet

Das Grab Benjamin Franklins in Philadelphia

einen vortrefflichen Seehafen und wird bis weit hinauf von Ebbe und Flut bewegt. Auch der Schuylkill bildet einen ausgezeichneten Hafen, doch bedecken sich beide Flüsse im Winter einige Monate hindurch mit Eis. Das Klima ist ein sehr gegensatzreiches, im Sommer heiß bis zur Unerträglichkeit, im Winter häufig von strengster Kälte. Man hat diesem Umstande bei Anlage der Stadt insofern Rechnung getragen, als man die Breitenabmessungen der Straßen nicht so bedeutend machte, sonst würden Hitze und Kälte noch größeren Einfluss auf die Bewohner ausüben. Auf der langgestreckten Halbinsel, welche die beiden eine lange Strecke parallel nebeneinander dahinfließenden Ströme bilden, dehnt sich das streng durchgeführte Quadratnetz des eigentlichen Philadelphia aus, während sich die Vor- und Nachbarstädte auf den jenseitigen Ufern befinden, so Camden auf dem linken Ufer des Delaware das politisch zum Staate New Jersey gehört. Am Schuylkill befinden sich die berühmten Wasserwerke von Fairmont, welche die Stadt mit Trinkwasser versorgen.

Philadelphia ist nach dem regelmäßigsten Schachbrettmuster erbaut, welches man überhaupt denken kann. Die ganze Stadt besteht fast ausschließlich aus viereckigen Blocks. Die Straßen ziehen sich endlos aber schnurgerade dahin, von jeder Ecke sieht man sie wie durch ein Fernrohr nach den vier Himmelsrichtungen entlang. Die von Osten nach Westen laufenden Straßen, unter denen die 36 Meter breite Broad Street die bedeutendste ist, sind nach Pflanzenarten benannt, die in nordsüdlicher Richtung den Flüssen parallellaufenden tragen Nummern. Die 32 Meter breite Market Street ist eine der Hauptgeschäftsstraßen der Stadt.

Die öffentlichen Gebäude Philadelphias sind zum größten Teile nach klassischen Vorbildern aus dem alten Griechenland erbaut, so

Blick auf Philadelphia von Independence Hall aus

zeigt das Gebäude der berühmten Bank der Vereinigten Staaten den Typus eines dorischen Tempels, das Feuerhaus hat die Front eines thebanischen Tempels, das Ballhaus die Form einer Pyramide, die an der Market Street gelegene Börse ist eine Rotunde mit korinthischen Säulen, das Zollhaus präsentiert sich in der Gestalt des antiken Parthenon. Geschichtlich interessant ist die in Backstein erbaute Independence Hall, das alte Staatenhaus, in welchem 1774 die Unabhängigkeits-Erklärung unterzeichnet wurde. Das kleine Zimmer im Parterregeschoss ist in demselben Zustande belassen worden, in welchem es sich bei dem historisch denkwürdigen Moment befand. Unter den Kirchen ragt die Kathedrale der Episkopalen, St. Stephens, hervor.

Grand College, Philadelphia

Ein Gebäude aber ist es insbesondere, welches die Aufmerksamkeit des Beschauers fesselt, *Eastern Penitentiary,* das in mittelalterlichem Burgenstil aufgeführte Zellengefängnis. Seine 10 Meter hohe Mauer umschließt ein Areal von 12 Hektaren. Mit seinen inneren Höfen bildet es ein regelrechtes Quadrat, jede Seite zu 210 Metern, ist aus Granit erbaut und umfasst 4 Hektare. Die Höhe der inneren Ringmauer beträgt 12 Meter, die der Türme 15 und 25 Meter. Die Hauptfront wird von 2 Türmen und das in der Mitte auf 60 Meter Länge sich ausdehnende Zentralgebäude ebenfalls von 2 Türmen flankiert, hinter denen sich noch ein fünfter, höherer Turm befindet. Der einzige Zugang zu dieser fürchterlichen, massigen Festung ist durch ein ungeheures, eisernes Fallgatter und doppelte, mit eisernen Stacheln bespickte Torflügel von dicken Eichenbohlen verwahrt. Schauerlich imposant ist das Äußere dieses düster dräuenden Zyklopenbaues. Im zweiten Hofe befindet sich das eigentliche Gefangenenhaus, das in Form eines ungeheuren Sternes erbaut ist, ein System, welches jetzt auch in Europa vielfach Anwendung findet. In der Mitte liegt ein rundes Wachtgebäude für die Aufseher; von dort aus gehen sieben lange Gänge wie die Strahlen eines gewaltigen Sternes nach allen Himmelsrichtungen und an jedem dieser Gänge befinden sich achtzig Zellen. Akustisch sind die Gänge so angelegt, dass jedes, auch das leiseste Geräusch sich in dem Zentralwachtgebäude bemerkbar macht. Der Gefangene, welcher der Einzelhaft in diesem fürchterlichen Institut verfällt, sieht niemals einen Menschen außer seinem Wächter oder dem Geistlichen in der Gefängniskirche, die so eingerichtet ist, dass jeder Inhaftierte in einem Kasten sitzt, von dem aus er nur die Kanzel sehen kann. Arbeit wird den Sträfling nur als besondere Belohnung für langjährige tadellose Führung zu teil, sodass viele der Internierten dem Tiefsinn verfallen; mancher verlässt *Eastern Penitentiary* nur im Wahnsinn oder als Leiche.

Philadelphia, eine Gründung der Quäker, einer aus England eingewanderten Religionssekte, zeichnet sich durch seine vielen religiösen, wohltätigen und wissenschaftlichen Anstalten aus und rangiert in Bezug auf Gelehrsamkeit dicht hinter Boston. Buchhandel und Zeitungswesen sind sehr stark ausgebildet; in materieller Hinsicht ist Philadelphia hauptsächlich Fabrikstadt, doch auch als Handelsstadt bedeutend; Hauptausfuhr-Artikel ist Petroleum. Unter seinen anderthalb Millionen Einwohnern zählt es rund 120 000 Deutsche.

Das alte Hohenzollernwetter war dem Prinzen Heinrich auf seiner letzten Fahrt im Lande der Gastfreundschaft treu geblieben. Lachender Sonnenschein begleitete den Ausflug nach Philadelphia und verklärte die in reichstem Flaggenschmuck prangende Stadt. Am Bahnhof wurde der hohe Gast von dem Mayor und Deputationen begrüßt und begab sich sodann nebst Gefolge, eskortiert von roten Milizhusaren und Miliz-Chevaulegers, die mächtige Raupenhelme trugen, nach der stattlichen Town Hall, welche in einen Blumen- und Flaggenpalast verwandelt schien. Hier erhielt der Prinz den Ehrenbürgerbrief der Stadt und nahm viele Begrüßungen, namentlich von Deutschen, entgegen. Der Weg bildete zugleich eine kleine Rundfahrt durch die hervorragendsten Straßen der Stadt. Enorme Menschenmassen drängten sich zu beiden Trottoirseiten, alle Fenster und Balkons waren besetzt, ja selbst auf den Vorsprüngen der Wolkenkratzer kauerten Menschen in lebensgefährlichen, schwindelerregenden Stellungen.

Wo die Schulen Aufstellung genommen hatten, pflanzte sich das Schul-*Yell* von Block zu Block fort. Das Allererfreulichste aber war, dass auf der nun folgenden halbstündigen Fahrt nach der Crampschen Werft, nachdem zuvor eine aus dem Unabhängigkeitskrieg berühmte Stätte kurz besucht worden war, die Scharen jubelnden Volkes in den ärmsten Vorstadtstraßen keineswegs abnahmen. Auf der reich beflaggten Werft wurde emsig weiter gearbeitet, was gerade für den Besuch von höchstem Interesse war, denn nun erhielt man doch ein wirkliches Abbild des Lebens und nicht ein für den Empfang zurechtgemachtes Schaustück. Bemerkenswert war, dass die Arbeiter sich nicht nur vorzüglich benahmen, sondern viele von ihnen sich ein Gedenkzeichen in deutschen und amerikanischen Farben angeheftet hatten, was freiwillig, ohne einen maßgeblich ausgesprochenen Wunsch geschehen war. Der Prinz begab sich nach der Begrüßung durch die Chefs der Firma sofort auf ein neugebautes, bereits in Dienst gestelltes, russisches Linienschiff, dessen Einrichtungen er in allen seinen Räumlichkeiten besichtigte; auch ging er durch detaillierte Fragen der Sachkenntnis der russischen Offiziere auf den Grund. Staatssekretär von Tirpitz legte besonders lebhaftes Interesse für alle Einzelheiten an den Tag. Außer dem Schiff selbst, das ebenso wie die Mannschaft einen vorzüglichen Eindruck machte, erregten die russischen Geschütz-Konstruktionen und die elektrotechnischen Einrichtungen Aufmerksamkeit. Auf einem über die Werft gemachten Rundgang wurden die fahrbaren Kräne bewundert, deren jeder gleichzeitig zu zwei Bauten Material herbeischaffen kann und die in Deutschland noch nicht verwendet werden, ferner ebenso die bei uns noch nicht in Aufnahme gekommenen hydraulischen Hämmer, welche ein ununterbrochenes Knattern wie von Schnellfeuerwaffen hervorrufen.

Bei der Fahrt von der Werft zum Gebäude des Union-League-Klub hatten sich die Menschenmassen, welche aller Orten ihre herzliche Freude über den Anblick des deutschen Prinzen bekundeten, fast noch mehr angestaut. Der bedeutende Klub war herrlich mit Blumen geschmückt, namentlich der Speisesaal, bei dessen Dekorierung in höchst charakteristischer Weise die Prinz Heinrich-Nelke, eine neue, zum Andenken an den Besuch des Hohenzollernsprosses so getaufte Art, mit Maiblumen zur Verwendung gekommen war. Dem Prinzen gegenüber war das Bild des Kaisers Wilhelm angebracht. Den Mittelpunkt der Tafel bildete eine Senkung, in der mitten in Rosen- und Nelkenpracht ein Meteor-Modell mit vollen Segeln prangte. Nach dem vorzüglichen Essen, an welchem 100 der hervorragendsten Bürger Philadelphias teilnahmen, gedachte der Klub-Präsident des Staatsoberhauptes sowie des Deutschen Kaisers und hieß den Prinzen willkommen.

Prinz Heinrich erwiderte folgendes: „Ich wünsche Ihnen zu danken für die freundliche Aufnahme, welche ich in den Vereinigten Staaten gefunden habe. Meine Herren, dies ist wohl die letzte Gelegenheit, welche ich während meines Aufenthaltes in den Vereinigten Staaten habe, öffentlich zu sprechen, und ich bin sehr betrübt darüber, dass dies so sein muss. Was ich jetzt im Begriff hin, Ihnen mitzuteilen, sage ich vor der Welt. Es ist absolut kein geheimer Zweck gewesen, der mit meiner Mission in Ihr Land verknüpft war. Sollte irgendjemand von Ihnen etwas Gegenteiliges lesen oder hören, so ermächtige ich Sie hiermit, dies rundweg zu bestreiten. Mir wurde gesagt, bevor ich meine Reise antrat, meine Augen und Ohren so weit wie möglich zu öffnen und so wenig wie möglich zu sprechen. In dieser letzten Beziehung bin ich bange, dass meine Mission fehlgeschlagen sei. Ich sah bedeutend mehr Dinge, als viele von Ihnen glauben mögen. Ich hörte gleichfalls sehr viele Dinge, unter anderem viele freundliche Worte von Personen, ebenso wie die Jubelrufe von Tausenden Ihrer Landsleute. Was ich in Ihrer Gegenwart ausspreche, spreche ich auch in Gegenwart Ihrer Nation aus, nämlich meinen herzlichen Dank für die freundliche Aufnahme und die Sympathien, welche ich während meines Aufenthaltes in Ihrem Lande fand. Es wird mir am Herzen liegen, Seiner Majestät dem Kaiser hiervon Kenntnis zu geben. Morgen trete ich meine Rückreise an. Es wäre nicht recht von mir, wenn ich sagen würde, dass es mir leid tut, wieder nach Hause zu reisen; aber gleichzeitig überkommt mich ein trauriges Gefühl, ein Land zu verlassen, in welchem ich mit so viel Güte und Gastfreundschaft aufgenommen wurde. Lassen Sie mich, meine Herren, noch sagen: Wir wollen darnach trachten, Freunde zu sein, und es auch wirklich sein."

Diese Worte machten einen tiefen Eindruck auf die Versammlung, umso mehr als sie gewissermaßen den Abschiedsgruß des Prinzen von Amerika überhaupt bildeten. Auch der Präsident des sowohl durch Zahl wie Bedeutung seiner Mitglieder ausgezeichneten Klubs führte eine herzliche und von ausgesprochenster Deutschfreundlichkeit zeugende Sprache. Durch das Spalier der Klubmitglieder schreitend, verließen der Prinz und sein Gefolge nachmittags das gastliche Haus.

Der Zentralbund deutscher Kriegsveteranen und ehemaliger Soldaten ließ durch eine Abordnung eine Adresse überreichen und besonderen Dank dafür aussprechen, dass der Kaiser eine Kanone übersandt habe zur Verwendung für die Errichtung des ersten national-deutschen Kriegerdenkmals in Amerika nach deutschem Muster. Dann wurde die Rückfahrt nach New York angetreten, die letzte Eisenbahnfahrt Prinz Heinrichs auf amerikanischem Boden.

Nach seinem Eintreffen in Hoboken begab sich der Kaisersohn sogleich an Bord des der Hamburg-Amerika-Linie gehörigen Schnelldampfers, der ihn am nächsten Tage über den Ozean nach der Heimat zurückbringen sollte. Die „Deutschland" ist einer jener „Windhunde des Ozeans", die dem deutschen Schiffbau zu hoher Ehre gereichen und die Dampfer anderer Nationen sowohl durch ihre Schnelligkeit und Zuverlässigkeit, wie auch durch die Gediegenheit und den Luxus ihrer inneren Einrichtung weit in den Schatten gestellt haben. Nur kurze Ruhe war dem Prinz-Admiral vergönnt, dann ging es zur Gala-Vorstellung in das Deutsche Theater auf dem Irving Place in New York, die am 22. Februar nicht in ihrem vollen Glanze hatte stattfinden können, da der Sturm das Prinzenschiff auf der Herfahrt aufgehalten hatte.

Als Prinz Heinrich vor dem Deutschen Theater vorfuhr, ereignete sich ein kleiner Unfall. Infolge der brausenden Hurrarufe scheuten die Pferde, und das Vorderrad des Wagens stieß heftig gegen einen der Pfosten, auf welchen die Überdachung des Trottoirs ruhte. Die Ehrenpforte stürzte mit lautem Krach ein, doch richteten der Polizei-Inspektor Thompson und der Sergeant Hodgins die Pfosten wieder auf und hielten sie fest, während der Prinz, dem beinahe die Mütze vom Kopfe herabgeschlagen wurde, den Wagen verließ.

Das Theater war in einen Blumengarten verwandelt, der Zuschauerraum überfüllt. Direktor Conried hatte alles Erdenkliche getan, um seinen hohen Gast zu ehren und die Aufführung so glanzvoll wie möglich zu gestalten. Nach der Vorstellung kehrte der Prinz-Admiral mit dem Fährboot auf die „Deutschland" zurück, um die letzte Nacht in New York zu verbringen.

Der Besuch des Prinzen Heinrich in Amerika war beendet. Das Gesamtergebnis können wir nicht besser charakterisieren als durch die Erklärung, welche der Ehrengast der amerikanischen Nation selbst durch seinen Vertreter Kapitän zur See von Müller abgeben ließ, eine Erklärung, welche durch Vermittlung der amerikanischen Presse gleichzeitig dem gastfreundlichen Volke den Dank des Prinzen für die überaus liebevolle Aufnahme, die ihm allüberall, wohin er auch gekommen, zu teil geworden, ausdrücken sollte. Prinz Heinrich sagte darin, dass er von seiner Reise in jeder Beziehung außerordentlich befriedigt sei; er wisse wohl, dass er nur einen sehr kleinen Landesteil ganz oberflächlich habe kennen lernen können; indessen habe er doch eine Idee von der Größe des Landes und seiner Hilfsquellen bekommen. Mehr als die Reiseeindrücke schätze er das herzliche Willkommen, das ihm überall bereitet worden sei und durch welches die Bevölkerung gezeigt habe, dass sie die Absicht, welche Kaiser Wilhelm bei seiner Entsendung hatte, verstehe und würdige. Er bedaure wiederholt, dass er nicht jedem Einzelnen danken konnte, besonders denen, die ihn mit Musik und Hochrufen bewillkommneten, während er noch im Bette lag. Aber niemals, solange er lebe, werde er vergessen, wie das amerikanische Volk ihn überall mit Gastfreundschaft und Sympathie aufgenommen habe.

16. Abschied und Heimfahrt

Vorbereitungen zur Abfahrt – Abschiedsbankett auf dem Schnelldampfer „Deutschland" – Prinz Heinrichs Botschaft an New York – Telegramm an Präsident Roosevelt und Erwiderung desselben – Parade des deutschen Kriegervereins – Die Abfahrt der „Deutschland" – Abschiedsjubel – Eine Dampfereskorte – Depeschenwechsel zwischen Kaiser Wilhelm II. und Präsident Roosevelt – Über den Atlantik – Captain Dinner – Nebel auf der Nordsee – Hoffen und Harren – Cuxhaven – Das deutsche Geschwader – Die Ankunft des Schnelldampfers – Kaiser Wilhelm umarmt seinen Bruder – Wieder daheim

Der Tag des Abschieds war herangekommen, ein schöner, sonniger Frühlingstag. New York hatte sein Festkleid angelegt und die Schiffe im Hobokener Hafen zeigten feierlichen Flaggenschmuck. Gegenüber der „Deutschland" lag am Pier die ebenfalls der Hamburg-Amerika-Linie gehörige Lustyacht „Prinzessin Viktoria Luise", von deren beiden schneidig nach hinten geneigten Masten zwei Reihen bunter Wimpel im Winde flatterten. Das schöne Schiff, welches mit seinem weiß gestrichenen Rumpf und seinen im hellsten Ockergelb leuchtenden Schornsteinen der Kaiseryacht „Hohenzollern" nicht ganz unähnlich sieht, war soeben erst von einer Vergnügungsfahrt nach Westindien zurückgekehrt.

Die „Deutschland" wurde schon seit den frühen Morgenstunden von einer gewaltigen Menschenmenge geradezu umlagert und wohl tausend Personen wurden zugelassen, welche alle Winkel des Schiffes auf der Prinzensuche durchirrten. Die Marinekapelle der zweiten Matrosendivision, welche von der „Hohenzollern" hierher übersiedelt war, spielte, auf der „Prinzessin Viktoria Luise" trugen Gesangvereine Abschiedslieder vor. In letzter Stunde hatten noch die Vertreter des Kommerzial-Klub von Saint Paul den Prinzen Heinrich zur Enthüllung einer Erinnerungstafel auf dem Schnelldampfer „Saint Paul" eingeladen und der Prinz hatte auch sein Erscheinen, „wenn möglich" in Aussicht gestellt; allein diese Möglichkeit war nicht mehr gegeben. Sodann war die Vereinigung der Briefträger, 2000 Mann stark, am frühen Vormittag in Hoboken erschienen, um dem Prinzen eine bronzene Gedenktafel der gewaltsam um das Leben gekommenen Präsidenten der Vereinigten Staaten zu überreichen, und fortwährend noch kamen Deputationen und Korporationen, um ihre Huldigungen darzubringen oder glückliche Fahrt zu wünschen. Außerdem aber fand ein offizielles Abschiedsbankett auf der „Deutschland" statt, an welchem 48 Personen teilnahmen. Zu den Gästen gehörten u.a. das vom Präsidenten Roosevelt für den Prinzenbesuch eingesetzte Komitee, Cornelius Vanderbilt, Ogden Mills, Mayor Seth Low, Emil Boas, der Vertreter der Hamburg-Amerika-Linie, Kapitän Albers und Unterstaatssekretär Hill. Der Prinz saß zwischen Hill (rechts) und Low (links).

An der Tafel trank der prinzliche Gastgeber den Herren einzeln zu; dann steckte er sich eine American Beauty-Rose in das Knopfloch und bemerkte dazu: „Dies ist das Abzeichen, welches ich während meiner ganzen Reise bewundert habe." Jeder der Gäste folgte dem Beispiel des Präsiden und steckte sich ebenfalls eine solche Rose an die Brust. Der Schluss der Tafel war herangenaht; Admiral Evans erhob sich, reichte dem Prinzen über den Tisch hinüber die Hand und sprach: „Ich habe Prinz Heinrich und seinen Brüdern von der deutschen Flotte noch folgendes zu sagen: Wir freuen uns, dass Sie gekommen sind, und wir bedauern, dass Sie fortgehen, aber wir hoffen, dass Sie wiederkommen. Es macht mir große Freude, als Vertreter der amerikanischen Flotte die Hand der Freundschaft zu ergreifen, welche Sie so gütig über den Atlantischen Ozean herüber ausstreckten." Beim Abschiednehmen sagte Generalmajor Corbin: „Die Erinnerung an diese Reise wird für immer in mir wohnen"; Unterstaatssekretär Hill fügte hinzu: „Das Andenken an Ihren Besuch wird stets in unseren Herzen und den Herzen des amerikanischen Volkes fortleben." Nach dem Mahle begaben sich sämtliche Teilnehmer auf das Oberdeck, um eine photographische Gruppenaufnahme machen zu lassen. Dann folgte ein herzlicher, warmer Abschied mit markigem Händeschütteln.

Ununterbrochen wurden, während der Prinz noch zahlreiche Besuche empfing, kostbare Blumenspenden herbeigetragen; es schien, als wollte das Abschiednehmen überhaupt nicht zu Ende kommen. Während vom Deck der „Prinzessin Viktoria Luise" stimmungsvolle Lieder herüberschallten, welche die vereinigten Sänger des Hudson County anstimmten, entbot der Mayor von New York dem Prinzen den letzten Gruß der Stadt. Darauf ersuchte ihn Prinz Heinrich, den New Yorkern folgende Botschaft zu übermitteln: „Ich danke den New Yorkern für alle Freundlichkeit, welche ich tief zu würdigen weiß. Wenn ich nach Amerika zurückkehren sollte, werde ich, sobald ich New York erreiche, das Gefühl haben, dass ich aufs Neue daheim bin." An den Präsidenten der Union richtete der scheidende Gast ein offizielles Telegramm, welches folgenden Wortlaut hatte:

„An den Präsidenten der Vereinigten Staaten.

Am Tage meiner Abreise möchte ich sowohl Ihnen persönlich, wie auch der Nation, deren Gast ich gewesen bin, danken für all die Freundlichkeit, Aufmerksamkeit und herzliche Gesinnung, die mir während meines Besuches in Ihrem interessanten Lande entgegengebracht worden sind. Ich hoffe, dass mein Besuch die Gefühle der Freundschaft zwischen dem Lande, dessen Vertreter ich bin, und den Vereinigten Staaten gestärkt hat. Indem ich Ihnen Lebewohl sage, wünsche ich Ihnen jeden möglichen Erfolg und bitte Sie, mich Frau Roosevelt und Fräulein Roosevelt zu empfehlen, die in so bezaubernder und so herzlicher Weise ihre Aufgabe beim Stapellauf Seiner Majestät Yacht ‚Meteor' erfüllte. Nochmals herzlichsten Dank. Hoffentlich sehen wir uns wieder.

Heinrich, Prinz von Preußen."

Die Antwort des Präsidenten Roosevelt, welche unmittelbar vor der Abfahrt der „Deutschland" in Hoboken eintraf, lautete wie folgt:

„Weißes Haus.

An den Prinzen Heinrich von Preußen.

Dampfer ‚Deutschland', Hamburger Dock, Hoboken.

Nicht allein persönlich habe ich mich über Ihren Besuch gefreut, sondern auch für meine Landsleute. Es drängt mich, Ihnen meine Freude darüber auszudrücken, dass ich Sie gesehen habe, und über das tatsächliche Gute, das, wie ich denke, Ihr Besuch bewirkt hat, indem er ein Gefühl der Freundschaft zwischen Deutschland und den Vereinigten Staaten förderte. Es ist mein ernstester Wunsch, dass dieses Gefühl ständig stärker werden möge. Meine Frau sendet Ihre herzlichsten Empfehlungen, und meine Tochter würde dasselbe tun, wenn sie nicht abwesend wäre. Ich bitte Sie, meine herzlichsten Grüße Seiner Majestät dem deutschen Kaiser zu übermitteln. Nochmals danke ich Ihnen für Ihren Besuch und wünsche Ihnen alles Gute, wo immer Sie sein mögen.

Theodore Roosevelt."

Während auf dem Deck der „Deutschland" die Abschiednehmer sich nicht trennen können, marschiert der deutsche Kriegerverein mit schmetternder Musik und fliegenden Fahnen in die Kaihalle und nimmt dem Schiffe gegenüber Aufstellung. General von Plessen und Admiral von Tirpitz schreiten, viele von den alten Kriegern ansprechend, in Yachtklub-Uniform die Front ab; die Augen der alten Krieger leuchten ordentlich vor Stolz und inniger Freude.

Eine Gruppe Columbia-Studenten bricht immer wieder in ihr College-*Yell* aus, der Bund der Gesangvereine bringt unentwegt ein Lied nach dem anderen zum Vortrag, kurz es herrscht – man kann es nicht anders nennen – ein ohrenbetäubender Lärm. Ab und zu zeigt sich, dem stürmischen Verlangen folgend, der Prinz-Admiral, und das ist dann jedes Mal das Zeichen, den allgemeinen Jubel geysirartig anschwellen zu lassen.

Endlich werden mit sanfter Gewalt und allen Künsten der List und Überredung die letzten Besucher vom Schiffe entfernt, die Taue werden losgeworfen, die letzte Planke weggenommen, die Musik stimmt „Heil Dir im Siegerkranz" an, das Hoch und Hurra der am Ufer Stehenden schwillt zum Orkan, Kommandoworte erschallen, die Klingel der Maschinentelegraphen hört man läuten, die Dampfpfeife lässt ihre warnende Stimme ertönen und ruft denen, die sie verstehen, zu: „Achtung, ich fahre rückwärts", die Schraube beginnt ihre Umdrehungen zu machen und langsam schiebt sich der Koloss in den Strom.

Ein paar Dutzend Dampfer, von Gesellschaften gemietet oder auf eigene Rechnung mit Passagieren versehen – sie machen ein vorzügliches Geschäft – umschwärmen ihn, um ihm eine Strecke weit das

Geleit zu geben; von allen wird dem scheidenden Kaisersohn zugewinkt und zugejubelt, der dort oben auf der hochgebauten Kommandobrücke des schönen Schnelldampfers im Interimsrock Posto gefasst hat und immer wieder nach allen Seiten dankt und grüßt.

Solange die „Deutschland" noch langsam fahren musste, wurde sie von den unzähligen Privatbooten umkreist. Eins derselben, mit einem Musikkorps an Bord, hatte der Besitzer des bekanntesten deutschen Bierrestaurants in der vierzehnten Straße in New York, Herr Hermann Lüchow, gemietet, und seinen Stammgästen, vornehmlich Deutschen, zur Verfügung gestellt. Er wollte dem Friedensboten aus der alten Heimat bis Sandy Hook das Geleite geben, selbstverständlich unter immer erneut emporbrausenden Hochs und unter orchestraler Darbietung sämtlicher deutschen patriotischen Lieder.

Ein anderes, eigens für die Begleitung gechartertes Schiffchen war fast nur von Damen besetzt. Jede der schönen Insassinnen besaß ein kleines Spektakel-Instrument, eine Art schriller Bootsmannspfeife, und jede verstand, dasselbe in Ergänzung der permanent ertönenden Dampfpfeife ihres Bootes mit solcher Virtuosität zu gebrauchen, dass Prinz Heinrich gar nicht anders konnte, als wiederholt den graziösen Yankeedamen zuzuwinken. Dann setzte für Minuten der pfeifende Damenchor aus, und die frischen, jugendlichen Stimmen vereinigten sich zu begeisterten *„Hip hip hurras"* auf den *„Prince Henry"*.

Seit dem Moment des Loswerfens der „Deutschland" vom Pier waren sämtliche Dampfpfeifen New Yorks und der dazugehörigen Vor- und Nachbarstädte in Tätigkeit, ein schier ohrenbetäubendes Konzert, das sich bei dem immer weiteren Vorrücken der „Deutschland" wie eine Wellenbewegung von Schiff zu Schiff fortpflanzte. Dazwischen dröhnten majestätisch die Salutschüsse der schweren Geschütze von den Forts herüber. Dann passierte das schöne Schiff die Yacht „Hohenzollern" unter dem Hurra ihrer Besatzung und ihrer Passagiere. Das Kaiserschiff war eine Stunde früher ausgelaufen und nahm nun von Sandy Hook ab einen südlichen Kurs, um über die Bermudas nach der Heimat zurückzukehren. Über eine Stunde hatte bereits der Abschiedstrubel gewährt, als die „Deutschland" allmählich freieres Fahrwasser gewann. Noch immer stand Prinz Heinrich auf der Kommandobrücke neben Kapitän Albers und dankte für die ihm dargebrachten Abschiedshuldigungen.

Schnelldampfer „Deutschland" der Hamburg-Amerika-Linie

Es war eine der letzten Fahrten, die Kommodore Albers, der älteste Kapitän der Hamburg-Amerika-Linie, ausführte. Er starb in Ausübung seines Berufes auf seiner nächstfolgenden Fahrt von New York nach Berlin. Ein Schlaganfall machte auf der Kommandobrücke seinem Leben ein Ende; der tüchtige, allgemein beliebte Schiffsführer verschied in den Armen seines ersten Offiziers, herzlich betrauert von seiner Mannschaft und allen, die ihn kannten. Ein schöner Seemannstod! Hier war Kapitän Albers noch auf der Höhe seiner Manneskraft. Das von ihm geleitete Schiff passierte Sandy Hook, den äußersten Vorposten des New Yorker Hafens. Nun begannen die Maschinen stärker zu arbeiten, höher auf rauschte die stattliche, von dem starken Vordersteven aufgewühlte Bugwelle, immer schneller und schneller durchschnitt der Schiffskoloss die fast spiegelglatte Wasserfläche. Der tolle Lärm ringsum wurde allmählich schwächer; dann verstummte er ganz. Wenige Minuten „alle Kraft" hatten genügt, die sämtlichen Geleitschiffe weit zurückzulassen; nach zehn Minuten aber raste die „Deutschland" bereits mit 23 Meilen Fahrt in der Stunde dahin. Um diese Zeit war es, als Kaiser Wilhelm folgende Depesche an den Präsidenten Roosevelt richtete:

„Jetzt, da mein Bruder die gastlichen Gestade der Vereinigten Staaten verlassen hat, empfinde ich es als meine angenehme Pflicht, Ihnen auszusprechen, wie tief dankbar ich und das ganze deutsche Volk sind für den Glanz der Gastfreundschaft und die Herzlichkeit der Aufnahme, welche dem Prinzen Heinrich von allen Klassen des amerikanischen Volkes bereitet wurden. Meine ausgestreckte Hand wurde von Ihnen mit festem, männlichem und freundschaftlichem Griffe erfasst. Möge der Himmel unsere Beziehungen mit Frieden und Wohlwollen zwischen den zwei großen Nationen segnen! Meine besten Empfehlungen und Wünsche an Alice Roosevelt!"

Die Antwort des Präsidenten Roosevelt, die sich dieser herzlichen Kundgebung Kaiser Wilhelms in der glücklichsten Form anschließt, lautet wie folgt:

„Der Besuch Ihres Bruders in unserem Lande hat viel dazu beigetragen, die Tiefe der freundlichen Gesinnungen zu erweisen, welche zwischen den beiden Nationen bestehen, und war in jeder Beziehung außerordentlich glücklich. Ich hoffe, dass Sie mir gestatten werden, Ihnen zu der bewundernswerten Art und Weise Glück zu wünschen, in welcher er sich gezeigt und die echteste und herzlichste Sympathie und Hochachtung aller sich erworben hat. Wir haben ihn um seiner eigenen Person willen willkommen geheißen, aber noch herzlicher als Ihren Vertreter und den des mächtigen deutschen Volkes. Ich danke Ihnen im Namen des amerikanischen Volkes für das, was Sie getan haben, und danke Ihnen außerdem persönlich für die huldvolle Form, in der sich Ihre Courtoisie geäußert hat."

Jetzt erst, als sich die „Deutschland" auf hoher See befand, vermochte Prinz Heinrich sich von den kaum glaublichen Anstrengungen, welche mit dieser Jagd von Festlichkeiten, mit den über alle Maßen rauschenden, fast ohne Unterbrechung dahinströmenden Ovationen verbunden waren, ein wenig zu erholen. Aber dazu genügten ihm wenige Stunden Schlaf. Am nächsten Morgen war er schon wieder früh auf und sah, als er zu einer kleinen Promenade auf dem Deck erschien, frischer aus, denn je. Noch an demselben Vormittag nahm der Prinz die Maschinenräume in Augenschein und am Tage darauf das ganze Schiff.

Prinz Heinrich (li) und Kommodore Albers (re) auf der „Deutschland"

Natürlich hatte die „Deutschland", der Stolz der Hamburg-Amerika-Linie, ihre beste Toilette für die Prinzenfahrt gemacht, und ehe der Dampfer seine Ausreise von Europa angetreten, war in Cuxhaven eifrig Tag und Nacht gearbeitet worden, um dem hohen Fahrgast den Aufenthalt an Bord so angenehm wie möglich zu machen. Die für den Prinzen bestimmten Gemächer befanden sich unmittelbar unter dem Kartenhaus und der Kommandobrücke, und dienten früher teilweise dem Kommodore Albers und den Offizieren als Wohnräume.

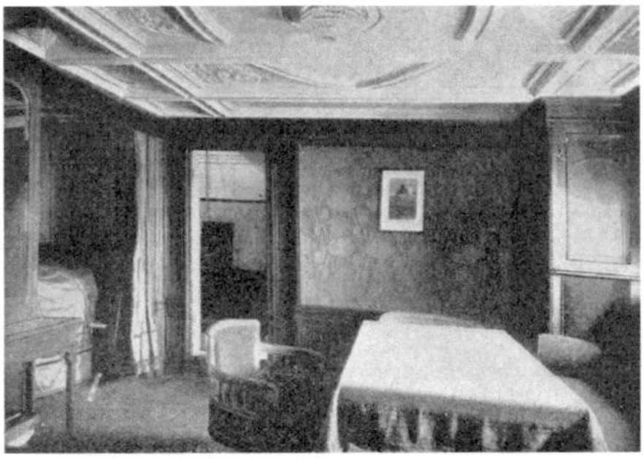

Staatskabine des Prinzen Heinrich

Die Fahrt über den Ozean ging glatt und ohne jeden Zwischenfall von statten; das Wetter war bei weitem nicht so stürmisch wie auf der Hinfahrt. Im Nordatlantik herrschen ja überhaupt die westlichen Winde vor, sodass die Schiffe von Amerika nach Europa durchschnittlich eine viel ruhigere und schnellere Fahrt machen als umgekehrt. Dies trat bei der Reise des deutschen Prinz-Admirals auch ganz bemerkenswert in die Erscheinung. Kaum war man einige Tage in See, da war der Ozean schon durchquert und man steuerte dem Englischen Kanal zu.

Das *Captain Dinner*, das feierliche Abschiedsessen, welches wir bereits auf der Hinfahrt kennen gelernt haben, wird auf dem Rückwege von Amerika an dem letzten Tage, welchen man auf dem Ozean zubringt, eingenommen, weil der Kapitän und seine Offiziere im Kanal und in der Nordsee zu sehr in Anspruch genommen sind und infolgedessen an der Tafel im Salon nicht teilnehmen können. An Bord der „Deutschland" ging es diesmal natürlich ganz besonders feierlich zu: die Stewards erschienen in der Kleidung von Matrosen der Kaiserlichen Marine mit den Mützenbändern der 17 Kriegsschiffe, auf denen Prinz Heinrich bisher gedient hat, und trugen in Zuckerguss ausgeführte zierliche Modelle dieser Schiffe auf Präsentierbrettern, angefangen von der „Niobe" bis zu dem jetzigen Flaggschiff „Kaiser Friedrich III." Das letzterwähnte Modell wurde auf der prinzlichen Tafel niedergesetzt, die übrigen auf den anderen Tischen. Der hohe Gast freute sich sehr über die originelle Huldigung und sprach dem Kapitän Albers, den er zur Tafel gezogen, seinen herzlichen Dank aus. Die während des Diners gespielten Hymnen, die amerikanische und die deutsche, hörten der Prinz und die gesamte Tischgesellschaft stehend an.

Am Mittag des 17. März machte die „Deutschland“ vor Plymouth eine kurze Rast. Hier brachte der Marine-Attachee der Londoner deutschen Botschaft, Kapitän Körber, dem Prinzen Briefe und Depeschen an Bord. Nachmittags um 5 Uhr wurde der französische Kriegshafen Cherbourg angelaufen. Dann ging es mit Volldampf auf Hamburg.

Aber die Nordsee wollte die „Deutschland“ doch nicht so ohne weiteres passieren lassen. Ein wenig musste sie sie necken und das tat sie denn auch mit einem ihrer hahnebüchenen Nebel. Nach den telegraphischen Depeschen von den Scilly-Inseln, von Plymouth und Cherbourg aus, konnte man in Cuxhaven fast auf die Minute berechnen, wann das Eintreffen der „Deutschland“ zu erwarten wäre. Man war daher nicht wenig beunruhigt, als die Zeit verstrich, ohne dass das schöne Schiff erschien.

Ungeduldig erwartete man von Borkum die Nachricht über das Passieren des Schnelldampfers; aber diese traf nicht ein. Wie sich später herausstellte, war die „Deutschland“ dort vorüber geglitten, ohne gesehen zu werden, denn es war ein trüber Tag und es mangelte an jeglicher Fernsicht. In Cuxhaven wimmelte es rings um den neuen Hafen und die Anlagen der Hamburg-Amerika-Linie von Menschen. Was in der kleinen Seestadt Beine hatte, war hinausgeeilt, um wenigstens aus einiger Entfernung Zeuge des Empfanges zu sein; auch hatten die Hamburger Züge Schaulustige in großer Zahl herbeigebracht.

Die Kriegervereine hatten auf einem Landungssteg Aufstellung genommen; eine Kompagnie Matrosen-Artillerie mit der Kapelle des Detachements war nahebei als Ehrenwache aufmarschiert. Hafen, Stadt und Reede boten ein großartiges Bild. Fahnen und Flaggen aller Art wiegten sich lustig im Winde; mitten auf der Reede, deren Spiegel in kurzer Entfernung mit dem Horizont verschwamm, lagen drei Kriegsschiffe: im Zentrum „Kaiser Wilhelm II.“, ihm zur Seite „Baden“, etwas abseits „Hela“. Das erstgenannte führte die Großadmiralsflagge und die Kaiserstandarte; der oberste Kriegsherr befand sich an Bord. Alle Schiffe hatten über die Toppen geflaggt.

Ab und zu erdröhnte ein Salut, z.B. als das Schulschiff „Moltke“, welches nach Kiel ging, das Geschwader passierte, als die Bürgermeister

Hamburgs, Mönckeberg und Burchardt, in Cuxhaven eintrafen usw. Beide Herren fuhren hinaus zum Seestern, dem Empfangspavillon der Nordseelinie, von dem aus man nach Helgoland, Borkum und Sylt fährt. In der Nähe des festlich geschmückten Seesterns sollte die Begrüßung der heimkehrenden „Deutschland“ stattfinden.

Die Matrosendivision hatte für die Absperrung gesorgt. Vor dem Pavillon sammelten sich die Admiralität und die Ehrengäste; alles schaute sehnsüchtig auf das Meer hinaus, denn die Zeit begann bereits manch einem lang zu werden. Gegen 16.30 Uhr traf ein Lebenszeichen ein. Die von Cuxhaven etwa eine Stunde entfernte Marconistation Duhnen meldete, sie glaube mit der „Deutschland“ in Verbindung zu sein. Etwas später erfolgte die Nachricht, es sei in der Tat die „Deutschland“, mit der man spreche, doch wisse man nicht, wo sie sich befinde. Um 16.45 Uhr folgte die Kunde, die „Deutschland“ liege acht Seemeilen östlich vom Borkumer Feuerschiff.

Das waren angenehme Aussichten! Darnach befand sich das Schiff noch in einer Entfernung von 82 Seemeilen von Cuxhaven und konnte erst gegen acht Uhr auf der Reede eintreffen. Die Gesichter wurden zusehends länger, die Kriegervereine lösten sich auf, ihre Fahnen wurden beiseite gestellt, die Mitglieder traten in Gruppen zusammen. Das Linienschiff „Kaiser Wilhelm II.“ signalisierte den Leichter „Willkommen“, der den Kaiser zum Empfang an Land bringen sollte, zu sich hinüber; dem Kaiser selbst schien die Zeit des Harrens zu lang zu werden.

Das schmucke Schiffchen, das für den Ehrendienst, den es zu versehen hatte, hellen Anstrich trug, kehrte bald darauf zurück; es brachte den Kaiser, der längere Zeit am Kai in Gesellschaft der beiden Bürgermeister plaudernd auf und ab ging und sich dann wieder an Bord des Leichters begab. Eine Stunde vergeht; da entsteht plötzlich allgemeine Aufregung. Der Kaiser, begleitet von den Bürgermeistern und dem Generaldirektor Ballin, kommt wieder vom „Willkommen“ herab und eilt zur Anlegestelle, die für den Schnelldampfer in Aussicht genommen ist. Trotz der draht- und trostlosen Hiobspost von vorhin muss die „Deutschland“ ganz in der Nähe sein.

Da fällt ganz unerwartet der erste Salutschuss und jetzt tritt der Koloss gleich in ganzer Größe aus dem Dunst heraus beinahe mitten in die Versammlung hinein, zur Verblüffung aller Anwesenden. Majestätisch zieht er unter dem Donner der Geschütze über die Szene. Es war ein großartiger, unvergesslicher Anblick, als das herrliche Schiff, das sich an allen Beobachtungsposten sozusagen vorbeigeschlichen, noch in halber Fahrt stromaufwärts ging, dann langsam beidrehte und nun mit Hilfe eines Schleppers näher und näher herangezogen wurde.

Wie um das Ihrige zu tun, bricht gerade in diesem Moment die Sonne zwischen den Wolken durch und es wird möglich, Einzelheiten an Bord der „Deutschland“ zu unterscheiden; Prinz Heinrich steht in Admiralsuniform und ohne jede Begleitung auf der Kommandobrücke; er beobachtet aufmerksam das Landungsmanöver; auf den Decks unter ihm drängen sich die Passagiere. Als er seines Bruders ansichtig wird, grüßt er mit leichter Verbeugung zum Kai hinab. Wieder donnern die Kanonen; gleichzeitig aber flammen längs des Bords der „Deutschland“ viele Tausende elektrischer Lämpchen auf zum festlichen Gruß für den hohen Reisenden.

Als Prinz Heinrich mit seinem Gefolge die Landungsbrücke herabschritt, war ihm der Kaiser entgegengeeilt; beide umarmten und küssten sich unter den Hurras des Publikums. Aber der Moment einer ersten Aussprache war noch nicht gekommen; für den Kaiser wie für den Prinz-Admiral galt es zunächst, Grüße zu tauschen, für den einen mit den Begleitern seines Bruders auf der Fahrt nach Amerika, für den anderen mit den zum Empfange Erschienenen, namentlich mit den Vertretern der alten Hansestadt. Sodann wurde die Front der Matrosenkompagnie und der Kriegervereine abgeschritten, der Parademarsch abgenommen und nun erst kam ein Moment des Aufatmens; der offizielle Teil des Empfanges war vorüber.

Der Kaiser und der Prinz bestiegen den „Willkommen“, um zu dem Linienschiff „Kaiser Wilhelm II.“ überzusetzen, das sie beide nach Kiel bringen sollte. Weitab von Begleitung und Gefolge plauderte der Monarch mit dem Heimgekehrten auf dem Achterdeck. Prinz Heinrich sprach still und ruhig; der Kaiser lachte wiederholt laut auf und zeigte durch die ihm eigenen lebhaften und energischen Handbewegungen, wie sehr ihn das, was der Prinz erzählen mochte, fesselte. Eine halbe Stunde später erscholl nochmals Kanonendonner, diesmal der letzte. Das Geschwader lichtete seine Anker, um nach Brunsbüttelkog zu dampfen.

Prinz Heinrichs Amerika-Fahrt war beendet, glücklich beendet in jeder Hinsicht und in anspruchsvollster und umfassendster Bedeutung des Wortes. Betrachten wir die Ergebnisse dieser an freudigen Ereignissen so reichen Fahrt, so können wir keine treffenderen Worte finden als diejenigen, mit denen unsere Regierung dieselbe in einer als halbamtlich gekennzeichneten Auslassung würdigte. Sie bilden den passendsten Epilog zu Prinz Heinrichs Amerikafahrt.

„Die Fahrt Seiner Königlichen Hoheit des Prinzen Heinrich von Preußen nach New York zur Teilnahme am Stapellauf S. M. Yacht ‚Meteor', sein Besuch in der Bundeshauptstadt Washington und an vielen anderen bedeutenden Stätten amerikanischer Geschichte und Kultur verfolgte – darüber ist man sich auf beiden Seiten ohne Belehrung von dritter Stelle einig – keinen bestimmten politischen Zweck. In der Bekräftigung überlieferter Freundschaftsgesinnung zwischen zwei großen, kraftvollen und hoffnungsreichen Nationen, der Erneuerung alten Vertrauens, der Bezeugung des lebendigen Verständnisses, das die Eigenart der Amerikaner für tüchtige Kulturarbeit gerade in demjenigen Lande Europas findet, welches der großen Republik so viele wackere Bürger geschenkt hat, erkennen wir die Bedeutung der Mission des Prinzen Heinrich. Der glückliche Verlauf dieser Mission lässt das deutsche wie das amerikanische Volk mit reiner Befriedigung auf die nun der Geschichte angehörenden festlichen Tage zurückblicken. Für dieses Wirken im Dienst des Völkerfriedens danken wir Seiner Majestät dem Kaiser, der die Reise veranlasst, wie Seiner Königlichen Hoheit dem Prinzen, der sie mit schönem Erfolg durchgeführt hat. Nicht minder danken wir dem Präsidenten, der Regierung und dem Volk der Vereinigten Staaten für die gastfreie, ritterliche und glänzende Aufnahme, welche sie dem Bruder des deutschen Kaisers bereitet haben. Und neben den amtlichen Ehrungen, die dem Vertreter unseres Herrschers, unseres Landes und Volkes so reichlich zu teil geworden sind, gedenken wir voller Erkenntlichkeit auch der ungezählten Tausenden amerikanischer Männer und Frauen, die den deutschen Prinzen überall freudig und aus ehrlichem Herzen willkommen geheißen haben. Gerade aus diesen ganz freiwilligen Freundschaftskundgebungen aller Schichten eines selbstbewussten Volkes schöpfen wir die Zuversicht, dass der gute Geist, der sich durch den Besuch unseres

Hohenzollernprinzen im Lande George Washingtons hüben wie drüben betätigt hat, in den politisch durch nichts getrübten Beziehungen zwischen dem Deutschen Reiche und den Vereinigten Staaten zum Nutzen beider Völker fortwirken wird."